生活因阅读而精彩

生活因阅读而精彩

"新文风"系列丛书

所有商务类文书写作的贴心助手

最新
适用版

即学即会
商务文书

范本　　高　谋⊙主编

中国华侨出版社

图书在版编目(CIP)数据

即学即会商务文书范本 / 高谋主编. —北京：

中国华侨出版社,2012.7 （2021.2重印）

（"新文风"系列丛书）

ISBN 978-7-5113-2649-2

Ⅰ.①即… Ⅱ.①高… Ⅲ.①商务–应用文–范文

Ⅳ.①H152.3

中国版本图书馆 CIP 数据核字(2012)第159297号

即学即会商务文书范本:"新文风"系列丛书

主　　编 / 高　谋

责任编辑 / 尹　影

责任校对 / 吕　宏

经　　销 / 新华书店

开　　本 / 787×1092 毫米　1/16 开　印张/21　字数/320 千字

印　　刷 / 三河市嵩川印刷有限公司

版　　次 / 2012年9月第1版　2021年2月第2次印刷

书　　号 / ISBN 978-7-5113-2649-2

定　　价 / 58.00 元

中国华侨出版社　北京市朝阳区静安里 26 号通成达大厦 3 层　邮编:100028

法律顾问:陈鹰律师事务所

编辑部:(010)64443056　　64443979

发行部:(010)64443051　传真:(010)64439708

网址:www.oveaschin.com

E-mail:oveaschin@sina.com

前　言

　　随着社会经济的不断发展,商务活动和商务工作越来越多,与此同时,商务文书的使用频率也日益增加。撰写商务文书,不仅是专业商务工作者的职责,也是很多人工作的一部分。

　　《福布斯》杂志的创始人——马尔克姆·福布斯曾经说:"一封好的商务信函可以让你得到一次面试的机会,帮助你摆脱困境,或者为你带来财富。"由此可见,写好商务文书不仅是工作需要,还能在一定程度上给我们带来多方面的益处。

　　为了让更多的读者了解和掌握商务文书写作知识,并能够灵活运用这种文体,我们特精心编写了这本《即学即会商务文书范本》,为广大读者提供帮助和借鉴。

　　总体来说,本书具有以下几方面优势和特点:

　　第一,内容丰富,集全面性和实用性为一体。本书对商务决策计划类公文、项目规划分析类公文、商务信函类公文、商务表格类公文、商务谈判类公文、商务管理类公文、涉外商务类公文以及工商税务类公文进行了介绍,对每种商务文书的撰写要领进行了归纳总结,同时列举了相应的范本供读者参考。

　　第二,使用方便、快捷。本书既具有一定的教科书性质,也带有一定的工具书特点,既可系统地学习,也可以随用随查。其初衷和目的是为了能够充分满足读者的实际需要,为读者进行商务文书写作提供切实的帮助。

第三，文风新颖，没有华丽浮夸的辞藻，杜绝了枯燥无味的空谈。商务文书写作与其他任何文本的撰写一样，目的是为了与别人进行交流与沟通，而沟通不仅仅是所传递出来的信息，而是被别人理解的信息。编者正是站在这一角度进行思考并形成最后的文字，希望给读者带来最好的阅读效果。

需要说明的是，本书在编写过程中参考了大量专家的研究成果及部分书籍和文献资料，在此致以诚挚的谢意。我们将参考文献以附件形式置于书后，偶有疏忽和遗漏、未曾作为标示的，还望谅解。

CONTENTS

目 录

第一章 商务决策计划类公文写作

第三章　商务信函类公文写作

第四章　商务谈判类公文写作

第五章　人力资源管理类公文写作

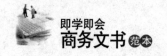

第六章　财务管理类公文写作

第八章　工商税务类公文写作

第一章

商务决策计划类
公文写作

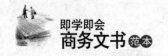
第一节 商务计划书

撰写要领

一、商务计划的概述

商务计划是商务组织在商务活动中针对今后将要进行的一定时期内的工作,制定工作目标以及为完成工作目标而采取的实施步骤、标准、要求、方法和措施。

二、商务计划的特点

1.预见性

商务计划先于将要进行的工作而制定,制定时要对未来工作实施过程中可能发生的问题、困难进行尽可能充分的预测,并提出解决问题、克服困难的应对办法。

2.时间性

商务计划都有一定的时限,为了实现计划目标,要根据计划的总体时间分解确定计划实施过程中的每一个步骤的推进时间。每一个推进阶段的起始和结束时间要准确、合理。计划的时间性是考核各项工作完成与否的首要标准。

3.可操作性

商务计划的实施步骤、标准、措施应切实可行。无论是定性的标准还是定量的标准,都应合理适当、可以衡量,这样才能保证计划目标的实现。

4.约束性

商务计划对将要进行的工作有约束指导作用。在工作实施阶段,所有相关人员应该严格按计划开展工作。

三、商务计划的分类

商务计划按小同的标准,有以下种类:

1.按时限分,有企业战略规划、阶段性经营项目计划。

2.按性质分,有生产计划、物资供应计划、市场营销计划、财务计划、人力资源计划、广告宣传计划等。

3.按职能范围分,有公司计划、部门计划、科室计划、班组计划等。

4.按内容分,有专题计划、综合计划。

5.按形式分,有条文式计划、表格式计划、文表复合式计划。

四、商务计划的写作格式

1.标题

商务计划的标题由单位名称、时限、事项和文种组成,也可以根据需要省略单位名称或时间。

2.正文

(1)前言:简要概述制订计划的依据或原因,计划的目标、计划实施的总体时间等。

(2)主体:要较详细地表述计划执行实施的过程。根据计划的总目标进行阶段性目标分解;确定推进执行分目标的责任人及其承担的工作任务、具体步骤;计划推进的节点时间,即哪项工作从什么时间开始,到什么时间完成;每一个步骤相应的执行标准(质量标准、数量标准)、应该采取的措施;奖惩办法等。

商务计划的主体内容是计划实施人员的执行依据和标准,应该根据工作任务的轻重缓急依次安排,突出重点。文中的各种数据要准确、规范。表述时,语言要平实、精练、条理清晰,切忌内容空泛、套话连篇。

3.落款

可以写明制订计划的单位全称、制订计划的时间。若前言中已经写清了,也可以省略。

五、商务计划写作要点

商务计划有很强的实践性,是落实经营管理目标的行动方案、执行标准。写作时需注意:

1.科学分解计划目标

商务计划有明确、具体的经营管理总目标。计划的制订者要结合实施者的具体情况,客观合理地分解总目标,并将其落实到计划实施的各个阶段中。

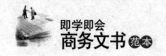

2.步骤合理、措施可行

商务计划的实施步骤是落实经营管理目标的关键,要合理分解目标、确定实施时间、制订计划实施的标准和措施,做到具体可行、可操作。

3.责任到位、分工具体

根据各阶段的目标任务,应确定各项工作的责任人和职责标准,真正做到责任到人、责任到位,保证计划目标的实现。

—— 范文经典 ——

范例 1　员工教育培训计划书

×××电器公司 20××年员工教育培训计划

一、20××年×××电器公司员工管理技术教育培训计划,是依据公司当前的经营发展状况,结合岗位工作需要编制的。

二、公司综合管理部是员工培训工作的管理职能部门,主要负责培训计划的编制、审核、检查工作。

三、培训方法:采用公司集中办班和基层办班相结合的方法。技术等级培训由公司统一集中办班,根据岗位工作需要进行的适应性培训由基层单位负责。

四、培训形式:业余培训。

五、培训重点:以提高员工业务水平为目的,突出技能、提高安全操作水平、抓好生产业务骨干和关键岗位为重点的岗位技能培训。

六、培训目标:年计划培训办班x个,其中公司集中办班x个,职能部门培训办班x个,共培训xx人。

第二节　市场决策报告

撰写要领

一、市场决策报告的概述

市场决策报告是公司企业经营者为了解决经营活动中新的重大课题（项目），围绕企业的规划、策略和重大措施与既定目标，根据市场调查、市场预测和各种信息情报进行分析研究，从两种以上的方案中选取一种方案，供决策领导参考的书面报告。

二、市场决策报告的写作格式

1.标题

一般由时限、单位名称、目标与文种构成，也可以省略某些要素。

2.签署

标明决策报告的作者、单位名称。

3.正文

正文包括以下几个方面：

（1）决策目标：确定决策要解决的问题和要达到的技术经济目标。要求开门见山、简明扼要。

（2）依据资料：按照搜集的资料，用严谨的语言加以阐述说明。

（3）设计方案：依据资料或计算，寻求实现目标的各种有效途径，设计的方案必须有两个以上。

（4）比较论证。对诸预选方案进行分析、比较论证，权衡各方案的利弊风险，然后通过合理的标准和科学的方法选出最佳方案，供领导参考。

4.结尾

写上"以上方案，请领导分析选择"等，然后署上时间，如有附件则应加附件。

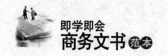
—— ❀ 范文经典 ❀ ——

范 例 1 **产品开发决策报告**

×××公司开发新产品的决策报告

一、决策目标

为了满足市场需求,提高本公司的经济效益,开发多品种、系列化的新产品。考虑到本公司现有的具体情况,拟从下面3种可能方案中选择一个最优方案:

A.改造部分加工车间,只需少量资金,可忽略不计;

B.投资新建一个加工车间,但需资金××万元;

C.将半成品承包给本公司待业青年生产,整机装配由本公司职工完成。

二、依据资料

1.根据市场需求,初步估计按照自然状态,销路好、销路一般、销路差、销路最差的概率比分别为×:×:×:×。

2.根据有关资料分析,采用3种方案的结果,××××年形成的生产能力及产生的经济效益如下表所示:

单位:万元

销路效益	方案效益	A方案	B方案	C方案
销路好	×	××	×	××
销路一般	×	××	××	××
销路差	×	-××	-××	××
销路最差	×	-××	-××	-××

根据上述计算得出:

采用A方案,××××年的经济效益是××万元;采用B方案,××××年的经济效益为××万元;采用C方案,××××年的经济效益为××万元。

三、比较分析

由此结果可以看出,采用 B 方案的经济效益最高,排除投资新建一个加工车间的费用××万元,仍比 A 方案要高出××万元,但此种方案必须预先投资××万元。采用 C 方案可解决本公司待业青年的就业问题,但经济效益太低。

以上分析,请领导决策时参考。

××××年×月×日

范例 2　风险性营销决策方案报告

××市××机厂建造车间的决策报告

我们××机厂为了在竞争中获得生存,经厂长会议决定,同意生产××新产品。为此需要建造一个车间,以保证××产品有生产的基本条件。

如果新建这个车间,需要投资××万元;若是在原有的基础上扩改建,则需要投资××万元。未来×年年度销售利润的预测结果:

单位:万元(表略)

根据上表所列各种自然状态的要求和所获得的效益,可以分别算出两种方案的效益期望值。

两个方案在×年中的效果:

新建车间:××+××+××=××(万元)

扩改建车间:××+××+××=××(万元)

两个方案在×年中的净效果:

新建车间:××-××=××(万元)

扩改建车间:××-××=××(万元)

两个方案在×年中的效益率:

新建车间:××÷××约等于××

扩改建车间:××÷××=××

由于扩改建车间方案的效益比新建一个车间的效益高(×××××),所以应该

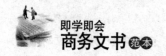

采用扩改建车间的决策方案。

以上方案,请领导裁定。

××市××机厂技术科
20××年×月×日

第三节　可行性研究报告

撰写要领

一、可行性研究报告的概述

可行性研究报告,是对拟建的项目、拟改造或者科研试验项目进行调查、分析,论证其可行性和有效性的一种书面报告。要求对该项目的技术政策、方案、措施、工程规模等进行全面的技术论证和经济评价,从而确定其可行性,并确定一个"技术上合理、经济上合算"的最佳方案与时机,为项目的决策和实施提供科学根据。

二、可行性研究报告的特点

可行性研究报告作为一种经济分析报告,具有如下几个特点:

1.真实可靠

真实性是可行性研究(分析)报告的基础。可行性论证是项目顺利实施的前提和重要保证,因此,分析必须坚持实事求是的原则,对立项的有利因素和可能存在的问题两个方面都要科学论证,数据指标必须经过认真深入的调查研究和严格的科学计算,以确保人力、物力和财力的合理、有效利用,避免损失和浪费。

2.综合研究和分析

从报告性质来说,可行性研究(分析)报告是涉及自然科学、社会科学的多学科、多部门、多行业、多层次的综合性研究报告。要把拟建项目的工程、技术、经济、环境、政治和社会等因素联系起来,进行多指标综合评价。

从分析方法上说，可行性研究不仅需要注意动态分析和静态分析相结合，还要注意定量分析、价值量分析与实物量分析、阶段性经济效益分析与全过程经济效益分析、宏观效益分析与微观效益分析等方法的相互结合与综合研究。

三、可行性研究报告的写作格式

1.标题

（1）由项目主办单位、项目内容、文种三部分组成。有时可省略主办单位名称，只突出项目内容，如：《中国网通关于中国高速互联网示范工程可行性研究报告》、《建设广深珠高速公路的可行性研究报告》。

（2）直接把论证得来的结论作为题目。这是一种变通形式的标题，为了表述更加清楚，有时可在正标题下加副标题，如：《关于水利建设的几项政策》下面加上副标题《三峡工程宜早日兴建》。

2.正文

正文一般包括前言、主体、结论三部分。

（1）前言：前言又叫概述、概况，主要介绍、说明项目提出的背景、目的、投资的必要性、实施单位的简况、研究方法及基本评价等。有的报告为增强说服力，开篇就从理论上着重说明项目实施的必要性和可行性。一些大中型项目的可行性研究报告则在总说明下，再分为"项目提出的依据"、"实施项目的重要意义"、"可行性研究的范围"等。

（2）主体：这部分是对项目做可行性分析论证，是报告的核心。项目是否必要可行，就看这部分分析论证的内容是否充分有力。由于论证的对象不一，写法也随之而异。总体上看，大致应包含以下几方面内容：

①市场调查。通过调查分析市场的现状与未来趋势，考察本项目实施后的发展状况，包括对国内外的市场需求、价格、竞争力作出分析。如果市场调查的结论是否定的，那么该项目则不可行。

②对实施规模、方案的分析或评价。这包括对项目名称、规模（规格）、技术性能、实施计划、实施方案的分析。

③技术能力的说明与分析。说明与分析项目内容包括：建立的条件、地址的选择、原料和资源的配备、技术设备、工艺流程、辅助设施、组织机构的设置、所需人员及培训方案、项目实施方案、工程设计、工程施工、工程验收、设备订货、

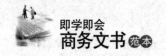

设备安装、设备调试、试生产和正式投产的时间和进度、现有环境状况及环境保护等方面的论证。

④资金来源分析。包括确定资金来源方式、对投资数额进行估算、对资金到位的时间、偿还办法、流动资金的合理安排与使用等情况的分析。

⑤财务、经济效益的分析。这主要是针对项目投资的收支、盈亏等财务问题，评价该项目的经济效益。

（3）结论：此部分是对全文内容作总结性的概括，可就项目实施的可能性提出明确的结论性意见或观点。

3.附件

很多可行性研究报告的正文后都附有一些附件，如法规、平面规划图、统计图表、设计图样、技术、试验数据、资金来源落实的有关凭证及一些文字性论证资料等。这些资料往往具有很强的说服力和参考价值，是分析论证的必要依据，因不宜放在正文中（如放入正文，一则影响观点的阐述、文气的贯通和行文的简洁；二则作为资料，其本身自成体系，较齐全，不宜分散），故作附件处理。

四、可行性研究报告的写作要点

1.做好调查研究

可行性研究是个复杂的工作，只有以实事求是的态度，认真、全面、细致地做好调查研究工作，才能获得全面、准确、可靠的资料。

2.进行科学分析论证与评价

写作前，必须对所有资料作综合、客观的分析。分析工作可分两个步骤进行：首先，按类别分析资料，然后对各种情况作出准确的判断；其次，从理论上对资料作分析与判断，对各项指标认真核算，最终得出科学、客观、可行的结论。

分析中除排除主观偏见外，还必须重视对不确定因素的分析。不确定因素，主要指有可能造成事先估算与实际情况之间产生出入的各种客观因素。不确定因素的变化有可能导致项目经济效益的变动，会给项目带来潜在的风险。

不确定因素的分析主要包括：盈亏平衡分析、敏感性分析和概率分析。

3.掌握有关专业知识

可行性研究报告具有很强的专业性。对较大一点的项目进行研究，需要组织有关经济、技术、管理方面的专家组成专家组，所以，撰写可行性研究报告者必须虚心学习与项目有关的专业知识并对整个项目有关的专业知识有个全面的了解和把握。

4.注意经济效益和社会效益并重

对各种建设项目做可行性研究报告都要考虑其经济效益，但经济效益决不能仅仅着眼于企业本身，还应该考虑国家、社会整体的利益，写作中应把两者结合起来作评价。

范文经典

范例1 项目投资可行性分析报告

关于筹建××加油站的可行性分析报告

×××公司领导：

遵照上级公司指示精神，为了尽快在××市及其周边地区再新建一批比较现代化的加油站，以利发挥×××公司石油经营的整体优势，进一步扩大成品油自销量，实现批零销售网点的良性循环，我公司特抽出精干力量组成专门班子，经过两个月时间的调研与考察，已初步选定××县××区××镇××村为新建加油站站址，筹建××加油站，为此作了如下可行性研究和效益论证，现报告如下：

一、选址简况

该站地处 A 地至 B 地的国道旁，是××省及××省通往××省运输的必经之路，汽车从 A 地开往 B 地，进入××市第一站是收费站，而收费站一过就是该站，往前走××米就是××加油站（现代化的大型加油站），再往前还有四五个大型加油站（如××加油站等），据初步考察，途经这条国道的汽车流量每天都在两万多辆（次）以上，如有×%的汽车在该站加油，每天就有××辆汽车需要加油，平均每辆车每天需要加油××升，那么一年要加油××万多升。

在××村建站还有其他一些有利条件：

1.经协商，已达成购买一家个体户开办的旧加油站的协议，该加油站占地××亩，作价××万元（分期付款，直至新站建成开业止付清），价格合适。

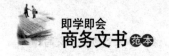

2.合作方××村村委很有诚意合作,经双方协商,同意新征土地××亩,办理征地手续由该村协作并提供一切方便条件。

3.我公司与××村签订土地租用合同,每亩地年租金为××万元,承租期××年,每××年按第一年的租用费递增×%。从租金价格看,我方是比较合算的,××村还负责供电,我方只需每月据实交付电费。

4.××站距本公司××公里,运输方便,我公司既可保证供应成品油,又能确保油罐车运输,等等。

二、建设规模构想

纵观近年来加油站经营状况,尽管××站所处地理位置优越,但市场竞争日趋激烈,实践证明中小型加油站是缺乏生命力的,要能同现代的大型加油站抗衡,我们必须要建造形式新颖、加油大厅宽敞明亮、电脑计量、车辆进出方便、经营品种齐全、配套服务健全的更现代化的大型加油站,才能立足激烈的市场竞争而处于不败之地。我们初步构想在××亩土地上建造一座加油楼(地上两层,地下一层),拥有××台加油机的加油大厅,还附有汽车小修、副食品店、快餐店、洗手间、休息室、保管室等。这座楼长××米、宽××米,框架式建造结构,用坚固而美观的篷布做屋顶,在加油大楼后面建造一座宽××米、深××米的办公楼,也为×层(地上×层,地下×层),润滑油经营部设在地上一楼,除办公室外,还设有保管室、休息室。预计投资总额为××万元,初步预算如下:

1.收购旧加油站一个,价值××万元;

2.办理新征用土地×亩(顷)的手续费用为××万元;

3.×栋×层的楼房土建费用为×××万元;

4.消防设施、防爆设施、油罐、加油机、水电安装等计××万元。

投资的资金来源向上级公司申请拨款。

三、经营范围及经营资金运算

××站经营范围:经营汽油、柴油及××牌润滑油的销售,冲洗汽车、经营副食等;浴室、餐厅也可以附随着开设营业;以成品油销售为主营业务。

轻油计划设××个油罐(品种有××#汽油、××#汽油、××#柴油等),计划储存量为××吨;润滑油以听装销售。

预计经营成品油需要的流动资金为××万元,由上级公司借用,油站每月按银行贷款利率计付贷款利息。

四、经济效益测算

(一)经济效益测算的依据:

1.加油站按比较现实的预计,日平均销油量为××吨;

2.人工工资及福利费按××人计算;

3.固定资产按××万元计算,使用期平均××年;

4.使用土地租金每年暂按××万元计算;

5.综合毛利率按×%计算;

6.销售税金及附加参照经济效益较好的××站的实绩计算;

7.经营费用、管理费用参照××加油站的平均水平计算;

8.财务费用应计利息,按年息×%计算。

(二)效益测算表:

1.商品销售收入为××千万元(××吨/天×360天×加权平均进价/吨)(含税价)

2.商品的销售成本为××千万元(××吨×360天×加权平均进价/吨)(含税价)

3.销售毛利为××千万元

4.毛利率为×%

5.销售税金及附加费:××

6.经营费用:××元

(1)运杂费:××元

(2)工资:××元

(3)福利费:××元

(4)仓储保管费:××元

(5)商品损耗费:××元

(6)其他费用:××元

7.管理费用:××

(1)折旧费:××元

(2)修理费:××元

(3)土地租用费:××元

(4)业务招待费:××元

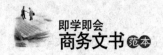

(5)水电费:××元

(6)低值易耗品摊销××元

(7)其他费用:××元

8.财务费用:××元

9.本年度计划利润:××

(三)投资回报率为:××

(四)投资回收期:××××年如果××站每天平均销油量达到××吨,即如果较计划多销×××吨,一年则可多销××吨,按每吨毛利××元计算,可增加利润××万元(假定费用不变,则净增利润××万元),那么,投资回收期只需××年,如果××站日平均销油量达到××吨,则两年半就可收回全部投资。

(五)即便投资回收期为××年,我们认为成绩仍是显著的,因为:

1.该加油站可为本公司分流富余人员××人,这本身就是效益;

2.多开辟一个零售渠道,为上级公司一年多销××吨油,如果××站日平均销量能达到××吨,一年就可销油××吨,相当于××年前上级公司销油量的总和。

(六)在效益测算中,有的费用打得偏紧(如人工工资及福利费、修理费、业务招待费、其他费用等),但有些收入可予以弥补,如全年销售润滑油收入预算××万元左右(每日销××升,一年××吨,按每吨盈利××元计算),此外,油站办的附属经营的业务如汽车小修、餐厅、浴室、便民商店收入,可以达到以副养副的目的。

以上报告,供领导决策时参考。

×××公司(盖章)

××××年×月×日

范例 ② 基地建设项目可行性研究报告

××县××工艺品出口基地建设项目可行性研究报告

一、总论

(一)项目提出的背景、必要性及目的与意义

××工艺品生产是××县的传统项目。目前,全县年生产能力达×××多万元,花

色品种达××多个,远销欧、美、东南亚、日本、中国香港等××多个国家和地区。

　　××县工艺美术公司是一个以出口××工艺品为主的外向型企业,现有职工××人,专业技术人员占职工总人数的×%,其中,具有高级职称的有××人,中级职称的有××人,初级职称的有××人。厂区面积为×××平方米,建筑面积为×××平方米,固定资产原值为×××万元。该公司有××个独立核算分厂,年出口柳蜡制品×××万元,年创汇×××多万美元,出口创汇能力占全县的×%以上,是省外贸工艺重点联营企业。该企业的××制品在全省质量评比中获第一名;××家具在全国独树一帜,××××年获首届中国国际博览会银奖。

　　××县××工艺品虽已占领了较大的国际市场,但是当前还存在一些问题:

　　1.生产工艺落后。车杆、弯曲定型、磨光等关键工序均用手工操作,生产效率低,劳动强度大,也影响质量的提高。

　　2.厂房狭窄。目前××制品生产已形成年产×××万元的生产能力,而成品仓库却仅有百余平方米,有时露天存放大批产品。

　　3.原料缺口较大。目前虽有×××公顷的××原料基地,但仍不能满足生产需要,原料缺口较大。

　　这些问题严重阻碍了我县工艺品生产的发展。为此,特提出拟建××工艺品出口基地项目,在××县工艺美术公司现有基础上扩大厂房,增添部分先进专用设备,以提高生产效率和产品质量、扩大生产和出口创汇能力。

　　(二)研究依据及范围

　　本项目可行性研究报告主要是依据调查、咨询、收集的与项目有关的基本资料,从市场需求、生产能力、基本条件、经济效益和社会效益等方面进行分析论证。

　　二、××工艺品市场预测

　　××县××工艺品集艺术性、实用性于一体,国内外市场十分广阔。据某刊物透露,仅美国、加拿大、日本、中国香港等几个国家和地区,每年就需要进口××亿元的××工艺品,而我国每年的出口能力只有××亿元,远远不能满足国际市场的需要。××县××工艺品从产品质量、花色品种到生产出口能力均占全国首位。

　　国际市场对××县××工艺品的市场容量表(略)

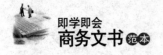
三、建设规模

(一)引进设备××台(套)(从日本、意大利进口),国内配套设备××台(套)。

(二)扩建厂房××平方米,其中生产车间为××平方米,产品仓库为××平方米,××制品自然干燥货场为××平方米。

(三)扩建××原料基地×××公顷,年产×××××万千克;扩建××原料基地×××公顷,年产×××××万条,以满足××制品年产值×××万元的需要。

四、建设条件

在××县建设工艺品生产出口基地,具有以下几大优势:

(一)充足的劳力资源。××县总人口为××万,其中农业人口××万,拥有劳动力××万,农林牧副渔业劳动力仅有××万;生产××工艺品,男女老少甚至残疾人员都能干。

(二)雄厚的技术资源。目前,全县掌握各种工艺品生产技术的达××万余人。近几年来,我们又举办各类培训班××多期,大大提高了生产人员的技术水平。

(三)理想的编制材料。××的质量受气候等影响较大。东北地区气温低,××生产期长、条质硬度大、易折断;南方气温高,柳条生长期短,条质粗糙、芯大易劈裂;在××一带,由于气温适宜,生产的××表面光滑、质地柔软,是编制工艺品最理想的材料。

(四)成熟的种植经验。在长期的种植实践中,××一带的农民积累了成熟的种植×树的经验,许多地区每公顷年产××,达×××吨。

(五)丰富的管理经验。近××年来,我们坚持龙头在县厂,龙尾在乡村,形成了一套完整的工艺品生产管理体系。20××年,省委已在全省推广了我们的"一条龙"经验。

(六)燃料、电力、水等情况。项目所需的煤、电和水均保证供应(见××县燃料公司、电业局、水资源管理委员会的证明)。

(七)交通运输便利。××县工艺美术公司位于县城东郊,厂区紧靠××公路和××铁路,原料、燃料的输入及产品的输出非常便利。

五、设计方案

(一)项目构成范围。本项目是在××县工艺美术公司现有基础上进行扩建和改造,主要是引进、配备部分先进设备,改进培杆家具生产工艺,彻底改变过去那种手工生产的落后状态,从原材料处理到成品组装,实现机械化或半机械化。

(二)引进设备及国别。我们计划增添××台(套)专用设备,其中从日本、意大利等国家引进专用设备××台(套),从国内购置生产设备××台(套)。

国内配套设备情况一览表(略)

引进设备一览表(略)

(三)设备用途及重点解决的工艺技术问题一览表(略)

(四)主要生产工艺流程(略)

六、环境保护

在蒸汽锅炉房安装消烟除尘器,做到达标排放,不会造成污染。在生产车间安装吸尘器,扬尘点达到卫生要求。本项目的建设不会造成环境污染。(见××县环境保护局证明)

七、生产组织(略)

八、项目进度(略)

九、投资概算及资金筹措

本项目共投资××万元(含××万美元额度)。申请国家扶持资金××万元,地方配套××万元,所需××万美元额度,省工艺品进出口公司给予解决。

十、效益分析

(一)经济效益分析

项目建成投产后,每年新增产值(即销售额)××万元(其中,××品××万元,××家具××万元);年新增利润××万元(其中,××品××万元,××家具××万元)

1.项目建成前后生产规模对照表(略)

2.商品销售成本计算表(略)

3.开发试验项目投资现金流量表(略)

4.投资回收期。通过计算可知:从投资年份算起,××品约××年可收回投资,××家具约××年可收回投资。

5.盈亏平衡分析。如果项目设计能力销售额大于盈亏平衡点,企业就盈利;小于盈亏平衡点,企业就亏损。所谓盈亏平衡点,就是不盈不亏时的销售额。通过计算可知:××品盈亏平衡点为××万元,该项目设计能力销售额××万元,大于××万元,企业年盈利××万元;××家具盈亏平衡点为××万元,项目设计能力销

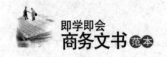
售额××万元,大于××万元,企业年盈利××万元。

通过对××制品盈亏平衡分析可知:该项目建成后,年盈利总额可达××万元,效益显著,方案可行。

6.净现值动态分析。所谓净现值是指将项目寿命期内逐年发生的净收益用基准收益率折算成项目建设开始时的价值。净现值大于零,说明项目在整个寿命期内收入大于支出,投资效果好;如果净现值小于零,说明投资效果很差,这里我们仅对××年的收益进行分析。

通过计算可知:××家具按×%的收益率折算,×年后可偿还全部投资,并盈利××万元;××制品按×%的收益率折算,××年后偿还全部投资,并盈利××万元。由此可见,该项目在财务上是可行的。

(二)社会效益分析

项目建成后,可为××名农民提供就业门路,每年使农民增加收益××万元。此外,引××渠道废弃地可得到利用(种植××),不仅扩大原料基地,而且可为附近农民解决因引××渠道占地而造成的生活困难。

本项目建成后,国家、企业、农民皆受益,具有明显的经济效益和社会效益。

十一、结论

通过多方面的分析论证,我们认为,××县工艺美术公司建设××工艺品生产出口基地项目,建设条件与生产条件均已具备,技术上先进,经济效益和社会效益显著,是切实可行的。

范例 3　项目开发可行性研究报告

关于"××山庄"项目的可行性报告

为适应国家加入 WTO 后迅猛发展的经济形势,加快××集团专业化建设步伐,提高企业经济效益,集团经充分调查、论证和董事会、办公会多次专题研究,拟利用在××房地产市场运作的成功经验以为"×××"的品牌效应,继续新征用地××亩,进行"××山庄"项目(以下简称项目)开发,并将其作为集团今后 3 年房地产开发、打造知名品牌和形式的经济增长点的重点项目,现将项目开发的可行性分析情况报告如下:

一、项目概况

1.征地位置。

拟征项目用地位于××市××区××国道东侧开发区。地理位置图(略)

2.地形环境。(略)

3.项目规划设计主要技术指标。

(1)占地面积(略)　(2)建筑面积(略)

(3)总单元数(略)　(4)建筑密度(略)

(5)容积率(略)　(6)其他需说明的参数(略)

二、房地产市场分析

(一)项目所在地××镇的经济、城建、交通环境状况

1.地理位置优越、经济发展迅速、交通便利……

2.地区规划合理、市政配套设施完善,已初具中等城市规模……

(二)项目的市场定位及理由

经过反复的市场调查和综合分析,项目的规划设计定位为中高档次。市场营销对象主要定位为下列 3 类人:一是××为最主要的客户来源;二是新一轮的内地移民白领阶层及铁路沿线和××物流中心附近的内销对象;三是满足当地富起来的居民为追求更高的生活质量、二次购房职业的需要。销售市场的这一定位,与目前整个××市的房地产市场定位及走势是基本一致的。其理由如下(略)

(三)××市房地产现状及走势(略)

三、设计分析

(一)项目的规划设计科学合理(略)

(二)采用超前的规划设计构思,突出的项目概念,树立独特的品牌形象

充分利用地形地貌,结合建筑心理学理论,在无序的自然环境因素中寻找有序的组织关系,建立清晰的轴线结构……

四、竞争实力分析

(一)竞争对手的情况

1.竞争格局。(略)

2.主要竞争对手的规模。(略)

3.竞争对手的特点。(略)

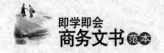

4.竞争对手的营销手段。(略)

5.竞争对手的不足。(略)

(二)×××集团在×××实业发展总公司(以下简称×××公司)于20××年初进驻××市从事房地产业,成功地进行了"××"项目的开发,取得了良好的经济效益,站稳了脚跟,为开发新的项目奠定了坚实的基础。

我们开发此项目拥有以下一些有利条件。(略)

(三)各级领导、机关的支持和重视。

五、开发效益分析

根据当地的房地产开发运作实际,工作造价按每平方米××元,商品房价格按每平方米××元,税费、开发管理费等按当地政府部门计收标准进行计算,作如下投资效益分析:

1.总收入:×× × ××=××(万元/平方米)

2.经营成本:共计××万元。

3.单位成本:××÷××=××(元/平方米)

4.利税:××-××=××(万元)

其中:

(1)税收(营业税、所得税):××万元×(×%+××5%)+××万元

(2)纯利润:××-××=××(万元)

随着××市的整体经济实力的增强,房地产业潜力巨大,现在在××市进行房地产开发是一个难得的商机。而"××山庄"的确是一个可行而不可多得的好项目。只要集团认真吸收"××"项目开发的成功经验,以创新和超前意识进行合理规划、严格施工、科学管理、营销得力,该项目的开发一定能够取得圆满成功。如果资金充裕,还可以缩短开发周期,提前达到和超过预期的效益。

×××集团有限公司

××××年×月

第四节　项目投资建议书

——🙢撰写要领🙠——

一、项目投资建议书的概述

项目投资建议书是企业通过调查研究后提出的拟建项目的大致构思。项目投资建议书是以项目的投资背景、投资基础、投资条件为依据,对投资项目进行必要的和可能性的分析后写成的一种申请类的文书。

二、项目投资建议书的写作格式

1.标题

标题通常为项目名称加"项目投资建议书"组成。

2.正文

(1)拟建项目的意义

(2)市场需求预测

(3)项目建设方案

(4)相关配套安排

(5)项目预计进度

(6)项目投资金额及筹措来源

(7)技术经济评价分析

3.落款

(1)编制提报单位署名盖章

(2)相关附件,如合资各方的意向书、关于外商资信情况的调查报告等。

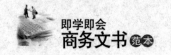

---❀ 范文经典 ❀---

范例1 服装工业园项目投资建议书

服装工业园项目投资建议书

一、项目内容

拟引进国内外知名服装企业,开发建设服装生产加工和配送基地。

二、市场分析

纺织服装与人民群众的生活息息相关,市场需求巨大。据相关资源显示:至20××年,我国城镇居民衣着消费为××元,是19××年衣着消费××元的××倍,年均递增×%。由于我国人口众多,人均消费基数仍然较低,由此可见,在"十二五"期间,我国纺织服装需求量仍将继续保持高速增长态势。该项目设在劳动力资源丰富的中原地区,靠近消费市场,可以有效地降低产品成本,经济、社会效益非常明显。

三、项目建设的优势条件

1.产业配套能力较强。纺织服装产业是××的传统产业。目前,全市已有规模以上的纺织服装企业××家,其中:化纤企业××家、纺纱企业××家、织造企业××家、服装企业××家、配套企业××家。另外,××周边的××、××还有多家印染、织布及配料企业,可为项目发展提供支撑。

2.区位及交通优势

××地处××省即将实施的××城市群的中心,位于长江经济带中上游,在××经济圈和××经济圈之间,处于承东启西的战略位置。特殊的区位造就了××既是西部大开发的桥头堡,又是促进中部崛起的重要支点。以××为中心1小时经济圈辐射××、××、××、××、及××县等市县,该区域生活着2000万人;5小时经济圈辐射××、××、××、××、××等几个省市,包括××、××、××、××、××等大中城市,在该区域内生活着超过×亿的人口。

××交通运输网络发达。由"××高速"、××高速公路以及全国铁路大动脉"××铁路"、"××复线"构成的对外陆路运输平台。××距离××国际机场和××××港口均为××分钟车程。××港是长江八大港口之一,拥有集装箱港口和众多客货运码头,形成了空中、陆地、水上立体运输网络。

××物流方便快捷,现有各类物流企业××家,其中零担货运物流××家、货运市场或货运载中心××家;为工业园区内大型企业配套的第三方物流企业××家;专业物流企业××家。截止20××年,全市货运车辆××台,货运量达××万吨,其中铁路物流量为××万吨,占全市物流总量的×%;公路物流量为××万吨,占全市物流总量的×%;水运物流量占×%。在社会物流总量中,工业品物流比重超过×%。

3.生产成本优势

电力:××邻近三峡和葛洲坝两大水利枢纽工程,是××地区唯一享受三峡直供电的县(市),电力不仅供应充足,而且价格也相对较低。目前,全市大工业用电售价为××元/度,电压合格率、配电系统供电可靠率均在×%以上。

供水:××供水能力非常充足,工业用水价格为××元/吨,生活用水为××元/吨。

天然气:××工业用(天然)气价格为××元/立方米。

劳动力:××现有适龄劳动人口××万人,现可提供纺织服装行业所需劳动力近××万人。劳动用工充裕且工资相对较低,普通工人月收入在××~××元左右,技术工人和一般管理人员月收入在××~××元左右。全市现有国家级职业培训基地××个、职业培训学校××所,可以专门为企业输送技术工人。

四、项目进展情况

服装工业园已完成××亩的规划面积,达到了"五通一平",并作为××市的重点产业园区进行招商。同时,××市将纺织服装产业作为全市工业经济的重点予以发展,力争在20××年,化纤产能达××万吨,棉纺锭达到××万锭,其中先进纺丝设备达××万台。布机超过××万台,其中各类无梭布机××万台;中高档面料染整能力××万米,棉品折用纱量××吨,服装生产能力达到××亿件。

园区招商项目:

1.引进国内外知名服装企业,建设服装生产加工基地,并依托其龙头作用发展其他协作企业。

2.引进纺织、针织、家纺企业,建设家纺基地。

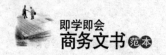
3.纺织服装配套项目引进纺织服装生产所需的刺绣、印花、水洗等生产企业。

五、××市配套扶持政策

1.积极协助企业争取国家、××省及××市等部门的相关扶持政策。

2.根据项目投资情况,确定供地、税收等配套优惠政策。

3.市政府组成工作专班,全程为项目建设提供代办(证、照)服务,对本级行政事业性收费实行全免,涉及上级相关部门及中介服务机构的收费按最低限收取。

六、合作方式

对工业园整体承接开发和单个企业落户。

联系单位:××省××经济开发区管委会

联系人:×××

联系电话:×××××××

范例 2　天然矿泉水项目投资建议书

天然矿泉水项目投资建议书

一、项目内容

拟引进资金建设年产××万吨××天然饮用矿泉水生产线。

二、市场分析

天然矿泉水由于其低矿化度、低钠、重碳酸钙镁且含有锌、锂、硒、铁、钼等十几种必要的微量元素,口感极佳而受到越来越多人的青睐。经常饮用天然矿泉水能提神祛病,对于高血压、慢性胃肠病等都有一定的预防及促进功能转化作用。随着人民生活水平的提高和营养保健意识的增强,矿泉水正受到国内外越来越多人的青睐。目前,××地区饮用矿泉水开发尚未成规模,市场上供应的主要以低端纯净水为主。以××为中心××公里半径内有武汉、重庆、长沙、成都、西安、郑州等多个大中型城市,人口××亿,市场需求量大。

三、项目建设的优势条件

××市水源为天然无污染的巩河水库,××项指标全部达到国家规定标准。目前,城区供水能力××万立方米/日,实际供水量为××万立方米/日,供水能力非常充足。天然矿物质泉水源很多,仅××寺连接××一片××平方公里内就有大小泉水点××处,其中东泉、西泉、珍珠泉、桃花泉、饮料厂泉等××处为大型泉水。经××地质矿产研究所、××冶金地质研究所、国土资源部××资源环境监督检测中心以及国土资源部地下水矿泉水及环境监测中心取样检测显示,该区域泉水属于地下深远的构造承压上升泉,是深层地下水的天然露头,其水中游离二氧化碳达××毫克/升,钠含量仅为××毫克/升,具有低钠、低矿化度、低碳酸的"三低"特点,并含有锌、锰、锶、溴等多种有益于人体健康的金属、非金属微量元素,特殊化学成份与上海××及意大利的××、法国的××等矿泉水十分相似,具有一定的营养价值和医疗保健作用。该区域泉水涌出量丰富,日涌出量达××立方米(××立方米/分钟),且口味纯正,非常适合于作饮用矿泉水开发。

四、项目建设选择方案

方案一:收购××市××水饮品厂,在其原址扩建厂房及生产线,使年产优质矿泉水达到××万吨。

1.××××水饮品厂基本情况

该厂创建于××××年,位于××镇××××,依泉而建,占地××亩,以生产桶装水为主,年产量在××吨左右,产品主要销往××及周边部分县市。其产品"××"水为××省消费者满意产品、××十大健康品牌。

2.比较优势

一是紧靠泉水点,取水加工方便;二是收购扩建可以先行购进设备,边生产产品边开工建设项目,既可缩短建设工期,又可产生经济效益;三是原"××"牌商标可以酌情考虑使用。

方案二:在城区征地××亩,新建年产××万吨××天然饮用矿泉水项目。

比较优势:邻近××主城区、交通物流运输方便、市场消费人群密集。

五、××市配套扶持政策

1.积极协助企业争取国家、××省及××市等部门的相关扶持政策。

2.根据项目投资情况,确定供地、税收等配套优惠政策。

3.市政府组成工作专班,全程为项目建设提供代办(证、照)服务,对本级行政事业性收费实行全免,涉及上级相关部门及中介服务机构的收费按最低限收取。

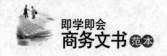

六、投资及效益分析

项目总投资为××万元,建成投产后,年可实现销售收入××亿元、利税××万元,投资回收期××年。

七、合作方式

合资、独资、合作。

联系单位:××省××经济开发区管委会

联系人:×××

联系电话:××××××××

第五节　投资申请书

撰写要领

一、投资申请书的概述

企业项目投资申请,是企业的下属分公司、部门或项目研讨组就项目的投资能否实施等相关事宜向总公司呈交并请求批准的一种上报性文书。

二、投资申请书的写作格式

投资申请书由标题、正文和落款三部分组成:

1.标题

投资申请书的标题通常为"公司名称+项目名称+申请"组成,即××公司×××的申请"。

2.正文

在标题之下,顶格书写总公司的尊称。在正文的主体部分,具体包括以下几方面内容:

(1)项目投资事因

（2）项目投资金额及其来源

（3）项目投资的配套工作及相关装备

（4）项目投资的时间安排

（5）相关附件

3.落款

署明公司名称及申请日期。

——❧ 范文经典 ❧——

范例 1　生产技术改造投资申请书

关于××公司增加生产能力进行技术改造的申请

××集团总公司：

　　自从本公司并入集团公司协同发展以来,本公司生产形势一直处于高峰状态,生产能力已达极限。原有的老设备多数已超过使用年限,虽经多年革新改造,但仍属于修补替换范围,总体潜力已挖掘殆尽。面对钢铁市场日益增长的需要,我们必须在进一步挖掘改造的同时增加新的生产能力。

　　对此,我公司在经过行业领导、技术专家和工程设计人员的充分论证后认为,目前资金虽然很紧张,但新增生产能力上去以后便可为本公司打下良好基础,生产的稳定增长既可满足市场需要又能增加利税,同时提高员工生活水平。这已成为大势所趋。

　　经过可行性研究,我公司申请的项目是：××。拟新建的××系统是××公司系统技术改造的重大配套项目,是整个规划的重要组成部分,这个改造计划如果能够实现,可以说是企业生产发展的一个新的里程碑。为了与新增的生产能力相配套、大幅度提高利税水平,还必须相应新建××系统和机组,搞好上述配套项目的技术改造。

　　这项连续配套工程的总投资约为××亿元,投资构成为：××系统投资××亿元、

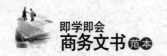
××投资××亿元、××系统××亿元、××系统××亿元。

投资来源为：银行借款××亿元、自行筹资××亿元。在××亿元中，包括××亿元外汇。除了本公司外汇留用以外，缺乏部分拟由××行调剂贷款解决。

设备来源：该项目的大部分设备由国内订购，少数高、精、尖电器设备由国外引进。××系统拟从德国购进二手设备，并请外国专家指导安装调试，争取按计划试车投产。

工程设计：以××设计院、本公司设计院为主体，全力以赴，共同承担。

施工队伍：由××冶金建设公司、××建设公司、××矿建公司承包，分工合作。

时间安排：争取在报告批准之日起，用3年半时间完成并交付使用。

这些连续配套项目工期长、困难大、资金少、风险多，我们虽然感到担子很重，但从本公司及集团公司今后长远发展来看，一旦建成，必定劳在今日、多年受益、功遗后世。因此，我们宁可现在紧一些，也要把公司的技术改造搞好。只有这样，本企业的生产能力和集团公司的实力才能保持稳定的增长。

上述报告如无不妥，请批准施行。

附：可行性研究报告3份（略）

×××分公司财务部

20××年××月××日

范例 2　游乐园项目投资申请书

建造××游乐园项目投资申请书

尊敬的领导：

为认真贯彻市委市政府"建设利于兴业、宜于人居、便于旅游新兴城市"的重要精神，完善旅游项目，丰富市民文体娱乐生活，我公司拟在××投资游乐园项目，具体投资可行性报告如下：

一、项目可行性分析

主题公园是现代化旅游娱乐发展的主题内容之一，也是未来旅游娱乐发展的重要趋势。随着中国经济的崛起和中国城市化进程的加快，主题公园这种都市型旅游游乐休闲产品将逐渐成为人们闲暇游憩的主要消费对象,中国将成为世界主题公园竞争的主场地。中国香港及广东地区、长三角地区和国内主要城市是世界主要争夺市场,民族品牌的崛起、中国主题公园的崛起大大激发了本土品牌发展壮大的愿望,国内大型旅游游乐公司、主题公园公司将加快发展产品多元化。

中国将进入一个大型主题公园发展的新时期。除了国内品牌国际化、国际品牌国内化之外,在产品上也呈现多元化的趋势。集中为3个产品方向:一是出现大型的主题公园,二是出现生态、会议展览、休闲游乐相结合的度假区,三是出现国际市场且体现民族化的大型"演艺秀",投资前景广阔。现在,各地不仅营造了良好的投资环境,而且对国际品牌和国内大型游乐企业给予了空前的优惠条件,并且在基础设施投入方面进行了大力配合。此外还采取"大旅游"等先进的开发理念,将旅游游乐发展与城市发展结合在一起,游乐项目规划与城市规划结合在一起,非常注意对资源的利用和对环境的保护。现在,旅游娱乐业包括主题公园业的发展前景日益被投资者看好,有不同行业、不同企业的资金流向主题公园,其中民营资本和境外投资的投资力度还会加大。特别是地产业受益最大,游乐园的建成将会汇聚人气,促进地产业的发展。

二、项目概况

1.项目名称:××游乐园

2.项目发起方:中外合资××××有限公司

3.项目公司简介

××××有限公司系香港独资经营的外资企业,注册资本××万美元,主营游乐设备、纺织印染设备、压力容器。下属分支有××××游乐园、××××游乐园(正在兴建,×月开业)、×××旅游公司、×××游乐园,下属工厂有香港××电子有限公司、××市××汽车摩擦器有限公司。×××游乐园、×××游乐园与××××游乐园均是自主经营投资,并取得了很好的市场效应。

三、项目投资市场因素

主推自行开发的游乐产品,带动上下游产业联动,推动整体品牌的赢利能力,在取得产品的市场效应和社会效应的同时争取更多的经济效益。

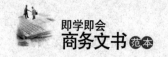

四、项目建设的重要性和必要性

中国的游乐设备行业正处于高度发展和激烈竞争的时期，产品的研发设计是否能适应时代潮流、游乐企业如何才能发展壮大，关键就是将产品更多地呈现在市场，由市场消费决定的时代潮流也会让游乐企业更好地更新产品，主题广场、游乐园的迅猛发展是游乐企业发展壮大的最好契机。

五、项目总体方案设计

项目确定后，根据地形及周边环境统一设计规划。

六、游乐项目风险控制和对策

1.游乐设备存在一定的风险性，全国各地因设备维护不当出现的事故时常发生，这往往与设备使用者对设备缺乏认知和对设备的定期维护有关，而由游乐企业自主经营和管理的游乐园，设备使用者均是培训上岗，有企业售后服务专业人员对设备进行维护，极大地减少和降低了设备使用风险。

2.游乐园项目经营存在的风险，一般的私营业主购买游乐设备虽经过一定的市场考察，但经营后发现设备的可玩性并不理想，从成本上考虑也不会轻易更换，从而导致整个游乐园人气不足。而游乐企业对设备的投资具有可比性，不同的消费市场投资不同的设备，如出现不理想状况，作为生产厂家会很快进行调整更换。

七、设备的采购

设备的投资以自主生产为主，大型设备生产周期较长，需要时间准备。小型设备条件在允许情况下可外购。

八、项目运营期间的组织与管理

项目投资运营前就要组织人员学习培训，每套设备配齐人员，经培训合格后由国家特检部门发上岗证，项目处设有医护中心。

九、总投资估算

游乐园初步投资估算为××××万美元。

恳请领导批复！

中外合资××××有限公司

××××年×月×日

第六节　项目投资决算说明书

撰写要领

一、项目投资决算说明书的概述

项目投资决算说明书是企业在企业投资项目完成之后,在对投资项目工程质量以及产生的效用进行验收后所做的有关项目实际投资额及其使用方向的一种说明性的文书。

二、项目投资决算说明书的写作格式

1.标题

标题由项目名称加"决算说明书"组成。

2.正文

(1)项目投资概述

(2)项目投资的依据

(3)项目资金运用情况

(4)结余资金及交付使用情况

3.落款

署明企业名称及制订决算说明书日期。

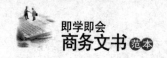

———— ❈ **范文经典** ❈ ————

范例 1 **工程竣工总决算说明书**

工程竣工总决算说明书

本工程由××市第×建筑工程集团公司承建,于20××年×月×日开工,20××年×月×日竣工,施工期为×年×个月,比原订承包合同提前××天。

这项工程自20××年×月×日至×日,曾经过初验,认为合格。工程验收领导小组又于20××年×月×日开始进行最后的全面验收。在听取施工单位关于施工与技术管理情况介绍后,又查阅了施工质量检验记录和竣工图纸以及初验的有关记录资料,并对工程要害部位进行了复验。最后验收小组评为:"基本达到设计要求,工程质量为良,可以交付使用。"现对有关问题作如下说明:

一、核算

本工程经省计委于20××年×月×日以〔××〕字第××号文批准概算为××万元;而后,又于20××年×月×日以〔××〕字第×号文批准追加概算××万元,总概算为××万元。

二、项目资金运用情况

1. 历年投资拨款累计××万元,基本建设支出累计××万元,占投资拨款的×%,结余资金为××万元。

2. 历年投资完成额累计为××万元,占历年基本建设支出的×%,其他应该核销的支出累计××万元,占基本建设支出的×%。

3. 在历年投资完成额累计中,建筑工程费用为××万元,占投资完成额的×%;安装工程费用为××万元,占×%;储备价值××万元,占×%;其他工程费用××万元,占×%。

三、结余资金及交付使用的财产情况

1. 在验收中,如发现设计上有不足之处,虽然不影响工程整体要求,但应予以弥补。因此,验收小组决定将结余资金xx万元留给工程管理单位,以"预计未完工程投资"列入决算。

2.场地清理不彻底、施工用地赔偿仍有部分争议未决,验收小组决定将临时设施回收概算xx万元,留作解决上述遗留问题之用,竣工决算中不作回收处理。

3.交付使用财产价值xx万元,占投资总额的x%。详见附表(略)。

财产已经交给省冶金局(附交接书,略)。

xx市xxx集团公司

20xx年x月x日

第七节　市场开拓计划书

撰写要领

一、市场开拓计划书的概述

市场开拓计划书是产品进入市场的具体实施方案,是关于市场定位、产品定位、广告定位的具体描述。

二、市场开拓计划书常见问题

撰写产品开拓计划书时应侧重市场推广的方向,而不注重促销;市场定位、产品定位、广告定位应准确,操作流程应简洁。常见的错误是将计划书写成促销文案。

产品市场开拓计划书一般包括:

1.产品目标

2.市场定位

3.广告宣传

4.营销操作

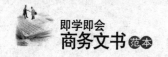

❧ 范文经典 ❧

范例 1　公司产品市场开拓计划书

×××公司产品市场开拓计划书

一、产品目标

在半年时间内，迅速提升"××公司"果蔬汁的知名度与美誉度。塑造"××"品牌形象，同时全力作用于销售终端，打开××市场，并为全国的招商服务。

二、市场定位

如××饮料一样，"××"果蔬汁面向大众，凡是喝饮料的人均是"××"潜在的消费对象。核心消费群体是：年龄 20~35 岁的、具有一定文化素养的青年人，他们为忙碌的生活而奔波、为创业而拼搏，很难顾得上自身的营养协调，同时对口味的感知又十分敏感。同时通过这样一群人的带动延及儿童、老人两大群体。

"××"果蔬汁是综合了眼下果汁与蔬菜汁的优势而形成的全新一代饮料，它在保持了饮料良好口感的同时科学地解决了长期以来饮料自身所无法解决的营养配备问题。果汁与菜汁相结合的"××"实际上就是营养与口味的牵手。从一定意义上讲，它又在更高的层面上延伸了饮料的现有功能，提升了饮料的服务价值。

三、广告定位

"××"就是飞跃，也可理解为 1+1>2；"××"就是革命，既是饮料观念上的革命，也是饮料市场的革命。

广告语：

1."我开创饮料革命，你尽管享受实惠"；"双重口味，两份营养"（一份水果的，一份蔬菜的）。

2."饮料大革命，营养、口味都来动。"

3."'××'果蔬汁，给口味配个'××'"。

4."好喝、安全、营养，一样都不能少！——'××'果蔬汁。"

5.“'××'果蔬汁:营养、安全、口味全都有!"

四、营销操作流程

1.利用权威,“划清界限”

时间:×月×日。

方式:专家辩论会。

内容:果汁专家与菜汁专家“面对面”。(公说公的好,婆说婆的妙。)

结论：双方应联合起来、融合各自的优势。(果蔬汁才是真正的“英雄好汉”。)

2.广告跟车,独占成果

时间:×月×日。

方式:报纸广告。

内容:“饮料革命了!”

“革命”的目的:让饮料好喝的同时也能解决营养的问题。

“革命”的方式:以高科技作为武器。

“革命”的成果:全新一代营养型饮料——“××”果蔬汁问世!

3,全面招商

时间:×月~×月。

方式:硬、软广告相结合。

媒介:《××报》、《××报》。

广告语:“双重口味,该出手时就出手”;“两份营养,要牵手时就牵手。”内容:

(1)辩论会也是“卖点”。

(2)“××”牵出大市场。

(3)“××”:果蔬汁如何做市场?

4.科普运作

目的:作用于消费者。

时间:×月×日。

方式:系列报道。

媒介:以《××报》为主体,并辅之以其他媒介。

内容:“今年饮料喝什么?”

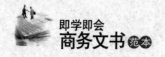

饮料市场出"××"。

饮料市场演绎"××"。

喝饮料喝什么——口味篇。

喝饮料喝什么——营养篇。

喝饮料喝什么——安全篇。

揭开蔬菜营养真面目——访国家蔬菜研究所。

××+××为何大于××——配比篇。

××+××为何大于××——营养篇。

第八节　利润分配计划书

撰写要领

一、利润分配计划书的概述

利润分配计划书是指按照国家和企业的利益分配关系所确定的利润分配数额的一种计划方案文书（包括应上缴国家的利润、所得税等利税和留归企业自主分配的利润数额）。

二、利润分配计划书的写作格式

1.标题

标题由计划单位加"利润分配计划书"组成，如《×××公司利润分配计划书》。

2.正文

(1)简要说明计划单位的基本情况

(2)制订本计划的指导思想

(3)利润分配指标及其分配方法。

3.落款

落款通常包括以下内容：

(1)制订计划的日期

（2）加盖公章

（3）抄送单位

————&% 范文经典 %&————

范 例 ① **公司利润分配计划书**

×××公司利润分配计划书

本公司为了促进各企业关心生产，增加赢利，提高经济效益，做好利润留成再分配，在董事会的指导和大力帮助下，于20××年××月制定了如下计划：

公益金：主要用于企业的员工集体福利设施支出。公益金在公司分配当年税后利润时，按照利润的×%~×%提取。

盈余公积金：按税后利润的×%提取，主要用于保证重点项目、改造和扩大生产，也可用于弥补亏损或用于转增资本金。此外，当盈余公积金已达注册资金×%时可不再提取。

利润指标的确定和考核：首先由计划科按各厂生产能力，结合大类品种的安排提供年度品种产量。由财务科根据上年实际百元利润求出各品种利润和全部产品利润总额，在适当考虑营业额支出的条件下，确定年度利润定额，以此作为奖励基金分配的依据。利润定额确定后，遇有产品结构变化时，如内销品种改出口或安排新品种，影响利润部分，利润定额予以调整，不让企业吃亏。各企业按各类品种单位利润计算出的利润定额，主要是解决安排品种时"挑肥拣瘦"的弊病和"苦乐不均"过大的问题，以促使企业充分挖掘内部潜力，增产适销对路的产品和促进节约，扩大赢利。

奖金分配办法：各厂必须完成公司下达的各项指标（产量、质量、品种、利润），按每月每人××元返回企业，以保证生产奖金的发放，××项计划指标中，每少完成××项，扣减×%，即按××元返回企业。

公司统一计提的奖励基金减去每月返回企业的数额后，除留少量作为调剂

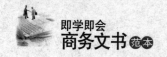

使用外,结余部分根据企业完成利润定额的情况半年预分,年终算总账的办法,按照超利润的比例,结合员工人数进行分配。即该厂员工人数乘以超利润定额比例,变成分数,以各厂分数之和去除公司结余奖励基金,得出每分的分值,再乘以该厂分数,即为该厂应得的奖励基金。计算公式如下:

实现利润–调整后利润定额=超定额利润

超额率×平均员工人数=该厂分数

该厂分数×每分分值=该厂应得奖励基金

浮动嘉奖:公司根据上级部门的要求,在不同的时期有不同的工作重点,结合奖励,确定浮动奖条件。例如:为了奖励巩固提高和创新名牌产品,经主管部门鉴定,凡漏验率在×%以上,符标率在×%以上,每个名牌产品增加超额利润率×%;银牌加×%,金牌加×%。染纱厂和整理厂制订符标条件,经公司批准后,亦执行上述嘉奖。

经济惩罚:

(1)重大事故造成死亡、火灾等,使国家财产遭受重大损失的,扣罚奖金。

(2)违反财经纪律问题较严重的,扣罚奖金。扣罚办法视情节严重程度,由公司领导决定。

20××年×月×日

最新
适用版

第二章

项目规划分析类
公文写作

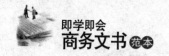

第一节　项目建议书

撰写要领

一、项目建议书的概述

项目建议书又可称为立项申请,是项目建设的筹建企业、单位或者项目法人详细考察了国民经济的发展状况、国家或者地方的发展规划、相关的产业政策、国内外市场、项目所在地的内外部的具体条件之后,对项目的可实施性进行分析,并向上级主管部门提出某个具体项目的建议文书。

二、项目建议书的特点

项目建议书作为一种申请性质的文书,具有以下 3 个特点:

1.申请性质

项目建议书是向上级报请审批建设工程或科研项目的文书,因此具有申请书的特点。因此既有报告的任务,又有请示的目的。项目建议书通过对所报项目的性质任务、预期目标、必要性和可能性、工作计划与方法步骤等内容作详细汇报,申请上级审核批准。

2.项目的可行性

作为投资项目建设之前的第一步工作,项目建议书是项目初步选择和确定的依据,是上级审核批准立项的重要参考,因此必须对该建设项目的必要性和可行性进行必要的分析、研究、论证。

3.条款的确定性

项目建议书有固定的格式,它最初是用于向国家推荐基建项目的,所以国家计委(现为国家发改委)专门发文对项目建议书的内容和要求作了明确的规定。

三、项目建议书的分类

项目建议书有多种不同的分类方法,一般来说,根据项目投资来源性质的不同,可以分为基本建设项目建议书和中外合资项目建议书两种类型。

四、项目建议书的写作格式与内容

项目建议书的内容一般包括标题、导言、正文和落款4个部分。

1.标题

要写明建设项目的名称,是反映何种项目的建议书,如"××焦化厂项目建议书"。

2.导言

简要地介绍项目主办单位和负责人的概况,并说明项目提出的依据和历史背景。

3.正文

这是项目建议书的主要部分,根据有关基本建设法规规定,这部分应写明以下几方面的内容:

(1)建设项目提出的必要性和依据。引进技术和进口设备的项目,还要说明国内外技术差距和概况以及进口的理由。

(2)产品方案、拟建规模和建设地点的初步设想。

(3)资源情况、建设条件、协作关系和对引进国别、厂商的初步分析。

(4)投资估算和资金筹措设想。利用外资项目的,还应说明利用外资的可能性以及偿还贷款能力的大体测算。

(5)项目的进度安排。

(6)经济效益和社会效益的初步估计。

4.落款

要由建设项目编制提报单位署名盖章,并注明填报时间和有关附件的名称。

以上是编制项目建议书总的内容要求。由于每个建设项目的工程内容不同,条件和环境也不一样,所以在编制项目建议书时应根据每个建设项目的具体内容和实际情况有所侧重,做到内容翔实、重点突出。

一份完整的项目建议书必须包含以下内容:

(1)建设项目的必要性和可行性

(2)生产方案、拟建规模和建设地点的初步设想

(3)资源情况、建设条件、协作关系和引进国别及厂商的初步分析

(4)项目投资估算和资金筹措设想

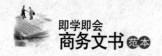

(5)项目的进度安排和时间表

(6)项目的经济效果和社会效益的初步估计,包括初步的财务评价和国民经济收入评价。

五、项目建议书的写作要点

1.材料数据真实可靠

项目建议书的撰写应遵循客观性原则,以客观数据和事实材料为依据,对项目相关方面的资料采用要求较高,不能凭着想当然的态度进行推断和猜测,否则会造成难以挽回的损失。

2.资料全面,观点鲜明统一

撰写项目建议书在坚持客观性原则的同时,还必须在统一的观点之下综合所引述的数据和事实。材料说明必须全面,观点表述必须统一。材料和数据可以分主次轻重,但观点只能有一个,不能摇摆不定,否则很难明确立项要求。

───── ❀ 范文经典 ❀ ─────

范例 1 **产品加工项目建议书**

×××饲料公司关于猪饲料深加工的项目建议书

编制单位:××省×××饲料公司

项目负责人:×××

一、项目提出的背景(略)

二、项目建设单位的基本情况(略)

三、国内外生产技术概况(略)

四、项目资金来源及投资估算(略)

五、产品名称、特征及销售方向

1.产品名称:猪饲料。

2.特征:块状固体。

3.销售方向:出口外销×%,主要销往日本、韩国、欧盟等国;国内销售×%,主要销往上海、广东、福建、深圳等省市。

4.主要原材料、电力、能源、交通运输、协作条件(略)

5.管理体制与项目实施计划(略)

6.环境保护(略)

7.经济效益分析(略)

8.结论

本项目经考察论证,认为项目投产后有较好的经济效益。

项目总投资:××万元。

销售收入:××万元。

年利润:××万元。

六、项目负责人:×××

范例 2　开发项目建议书

开发××煤炭矿区项目建议书(节选)

一、建设依据

××矿区是××省卡拉特大煤田西北部的一个新区,煤炭储量丰富,质量优良,地质构造简单,埋藏浅,开采容易。开发祖陵新区对于解决××省煤炭缺口、增产炼焦煤和化工原料煤以及提供出口煤种均有重要作用。根据国家长远能源发展规划,特提出开发××矿区的项目建议书。

二、资源概况

××矿区位于××县城西北××公里。全矿区由××和××两区组成,煤田总面积××平方公里。已探明储量为××亿吨。其中,精查为××亿吨,详查为××亿吨。

矿区构造简单,××区基本呈单斜构造,倾角×~×度,断层少;××区为一向斜构造,含煤地层休罗纪。××头区的主采煤层(即×号煤)平均厚度××米,埋藏浅,储存稳定;××区主采煤层(即4×号煤),平均厚度××米,贮存比较稳定。两区储煤钻孔取样平均灰分为×%左右,干基弹筒发量××千卡/公斤,预计商品原煤的分析基低位发热量为××千卡/公斤;原煤硫分平均低于××,可燃基挥发分为××;煤炭熔点(Tz)一般在××~××℃。在初期开采范围内,××区以一号肥气煤为主,胶质层最大厚度约××米;××区以弱黏煤为主……

三、矿区规模及开发步骤

根据现有地质工作成果和先浅后深的原则,全矿区分为两期建设。初期,先建设××区的精、详查勘探区,计有精查储量×亿吨、详查储量××亿吨,建设规模为××万吨。××区和××区尚有普查和详查储量××亿吨,划为后期建设。全矿区总的建设规模为××万吨。

四、井田划分及井型

为快出煤,拟采取大、中、小型矿井相结合的建矿方式。初期为××万吨规模,建设××万吨的大型井××处、××万吨的中型井××处、××万吨以下的小型井××处。

五、机械化程度

由于矿井地质构造简单、倾角缓、煤层稳定、厚度适中、顶底板好,宜提高采掘机械化水平。要求大型井的综合采煤机械化程度达到×%以上。

六、原煤加工和用途

原炭分粒级销售。大型矿井开采的块煤采用机械洗选,中、小型矿井口设筛选系统。生产的煤炭,初期以一般动力煤用途为主;块煤可用于机车、化工造气使用。逐步增加炼焦煤和出口用煤。

七、矿区供电和供水……

八、矿区外部铁路……

九、矿区地面布置和环境保护

十、建设投资和工期

为加快建设进度,尽快发挥投资效果,建议安排在××年内建成矿区初期规模,投资控制在××亿元之内,由国家预算和省各出一半。

编制单位:××省煤炭管理局

提报单位:××省人民政府

能源部

××××年××月××日

附件：

1.开发××矿区可行性研究报告和预审意见；

2.××矿区开发规划座谈会纪要；

3.××矿区煤炭保有储量表；

4.××矿区主要井田精查、详查勘探地质报告和批文；

5.××地区普查找水报告和批文；

6.矿区原煤煤质化验指标；

7.××铁路局关于××矿区煤炭外运意见的复函。

范例 ③　合资经营项目建议书

合资经营项目建议书

一、项目名称：合资生产（经营）×××产品项目

项目主办单位：（企业名称）××××

单位负责人：（厂长或经理）×××

二、兴办合资经营企业的理由：

从国内外技术上、产品质量上的差距，从利用外资、产品出口、培养人才、增加收益等方面，说明兴办中外合资经营企业的必要性和重要性。

三、中方合营者的情况：

介绍中方合营者的基本情况和兴办中外合资经营企业的有利条件，包括企业性质（国营或集体）、人员情况、技术力量、领导班子、固定资产、设备、场地、原有产品产量、产值、利润、产品出口等情况。

四、外国合营者的情况：

外国合营者公司名称、国别、资本、业务范围、规模、产品声誉、销售情况等。

五、合资经营主要内容：

（一）生产（经营）范围和规模

（二）合营年

（三）合资经营企业的地址、占地面积、建筑面积（新建、扩建、改造）

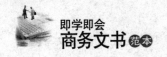

(四)合资经营企业的职工总数和构成(工人、技术人员、管理人员)

(五)投资总额、注册资本和各方出资比例

(六)投资方式和资金来源

中方以土地使用权、建筑物、房屋、机器设备等作价的估算,现金投资(外汇、人民币)和来源(自筹、贷款、租赁);外国合营者以现金、机器设备、工业产权(专利权和商标权)或专有技术等作为出资,对其作价、估价方法和估算金额。

(七)产品技术性能及销售方向

合资经营企业的产品拟达到的技术水平,在国内外具有竞争能力,产品内外销比例的估计。

(八)生产(经营)条件

合资经营企业所需主要原材料、燃料、动力、交通运输及协作配套方面的近期和今后要求及已具备的条件。

(九)初步的技术、经济效益分析

产品的性能和价格(内外销)、成本、收益估算;生产手段、生产效率提高程度;能源和原材料的节约效果;中外双方经济收益匡算:合营期间各方利润、项目投资利润率、投资回收年限的估算等。社会经济效益分析:合营期间的税收、劳动就业人数、技术水平的提高等。

六、项目实施计划

何时进行技术交流、出国考察、编写可行性研究报告、组织洽谈、签约、施工、试车和投产等。如属一次规划、分期实施项目,应列出分期工程的时间安排。

附件:

1.邀请外国合营者来华技术交流计划。

2.出国考察计划。

3.可行性研究工作计划,包括负责可行性研究的人员安排,如需聘请外国专家指导或委托咨询的,要附计划。

第二节　招标申请书

撰写要领

一、招标申请书的概述

招标申请书是准备进行招标的单位向招标、投标办事机构递交的、申请进行招标活动的呈批性文书。招标申请经主管部门审查、认定、批准后,拟招标的单位才可以组织进行招标。招标申请书主要具有招标项目的说明性和申报招标的呈批性特点。

二、招标申请书的写作格式

招标申请书由标题、正文和结尾三部分组成。

1.标题

一般的招标申请书标题应写明招标单位全称、招标项目和文种。正规的招标书还应有招标编号等项目,如《××农业局××项目招标公告》。

2.正文

招标申请书的正文又可划分为三部分:前言、招标项目和招标步骤。

前言包括的内容有:招标的缘由和根据、招标项目的资金来源、招标的范围等。

招标项目即招标项目的全面信息,撰写时应准确、全面地将招标项目内容反映出来,一般包括招标的名称、型号、数量、规格、价格、质量、工期等。

招标步骤即对招标工作作出具体安排,主要应写明招标文件的发售日期、地点和发售办法,以及投标截止时间和投标地点、开标时间和开标地点等。

3.结尾

招标申请书的结尾还包括3项内容:

(1)提交投标文件的截止时间,申明逾期的投标文件概不受理。

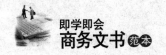

（2）具体承办招标事宜的单位名称、地址、电话号码、电报挂号、联系人等。

（3）落款写明制定招标说明书的日期，加盖招标单位印章。

———— ❦ 范文经典 ❦ ————

范例 ① 招标申请书

供暖系统安装工程招标申请书

××市招标投标办公室：

我单位××供暖系统建设项目，经××号文件批准，现已具备施工条件，特申请通过招标选择施工企业。

附：招标准备情况一览表（略）

申请单位：×××集团总公司（公章）

负责人：×××（签章）

××××年×月×日

第三节 招标书

———— ❦ 撰写要领 ❦ ————

一、招标书的概述

招标书是招标单位为了征召承包者或合作者而公布标的和条件，利用投标者之间的竞争优选投标人，向有关部门提出招标申请和进行招标的一种专门文书。

二、招标书的特点

招标书主要有以下 3 个特点：

1.格式规范

招标书的制作有固定的格式规范，其制作过程和基本内容要符合《招标投标法》的基本规定和要求,防止超越或者违反《招标投标法》的有关规定,导致招标书违法无效。

2.目的明确

即招标书的内容和要求要明确清晰、准确无误;防止含糊其辞、模棱两可,导致招标工作的失误。

3.内容具体

招标说明书一般针对某一工程建设项目任务承包或选聘企业经营者,行文时要把招标内容具体化,写清有关招标的方法、步骤和要求,不能过于抽象,没有详细可供操作的具体条款。

三、招标书的分类

按照内容可将招标书分为以下两类:

1.选聘企业经营者招标说明书。这类招标书不属于项目招标书,而是人才招标书,是一种通过招标方式引入竞争机制、择优选聘企业经营管理者的文书形式。

2.项目任务承包招标说明书,即项目任务的发包方通过公开招标的方式择优选聘承包方的文书形式。

四、招标书的写作格式

招标书有固定的格式,一般包括以下几个方面:

1.标题

全项式,即单位全称+招标事项+文种,例如《xx市城市建设规划委员会关于八达岭高速公路xx路段至xx路段的建设工程招标书》。

2.前言

前言主要是对招标单位和招标项目的简要介绍,主要应写明招标的根据、招标的目的、工程项目、商品、设备名称、规格及招标范围。

3.主体

主体部分是招标说明书的主要内容,按照相关法律规定,其内容必须包含:招标项目的技术要求、对投标人资格审查的标准、投标报价要求和评价标准等所有实质性要求和条件,以及拟签合同的主要条款。

4.结尾

结尾要写明招标单位的地址、邮政编码、电话、传真、电报挂号及联系人等。

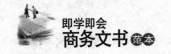
范文经典

范例 1　建筑安装工程招标书

×××建筑安装工程招标书

　　为了提高建筑安装工程的建设速度、提高经济效益,经×××(建设主管部门)批准,××(建设单位)对××建筑安装工程的全部工程(或单位工程,专业工程)进行招标(公开招标由建设单位在地区或全国性报纸上刊登招标广告,邀请招标由建设单位向有能力承担该项工程的若干施工单位发出招标书,指定招标由建设项目主管部门或提请基本建设主管部门向本地区所属的几个施工企业发出指令性招标书)。

　　一、招标工程的准备条件

　　本工程的以下招标条件已经具备:

　　1.本工程已列入国家(或部、委,或省、市、自治区)年度计划;

　　2.已有经国家批准的设计单位给出的施工图和概算;

　　3.建设用地已经征用,障碍物全部拆迁;现场施工的水、电、路和通信条件都已经落实;

　　4.资金、材料、设备分配计划和协作配套条件均已分别落实,能够保证供应,使拟建工程能在预定的建设工期内连续施工;

　　5.已有当地建设主管部门颁发的建筑许可证:

　　6.本工程的标底已报建设主管部门和建设银行复核。

　　二、工程内容、范围、工程量、工期、地质勘察单位和工程设计单位(略)

　　三、工程可供使用的场地、水、电、道路等情况(略)

　　四、工程质量等级、技术要求,对工程材料和投标单位的特殊要求、工程验收标准(略)

　　五、工程供料方式和主要材料价格、工程价款结算办法(略)

　　六、组织投标单位进行工程现场勘察,说明和招标文件交抵的时间、地点略)

七、报名、投标日期，招标文件发送方式

报名日期：20××年×月×日；

投标期限：20××年×月×日起至 20××年×月×日止；

招标文件发送方式：（略）

八、开标、评标时间及方式，中标依据和通知

开标时间：20××年×月×日（发出招标文件至开标日期，一般不得超过两个月）。

评标结束时间：20××年×月×日（从开标之日起至评标结束，一般不得超过一个月）。

开标、评标方式：建设单位邀请建设主管部门、建设银行和公证处（或工商行政管理部门）参加公开开标、审查证书，采取集体评议方式进行评标、定标工作）。

中标依据及通知：本工程评定中标单位的依据是工程质量优良、工期适当、标价合理、社会信誉好，最低标价的投报单位不一定中标。所有投标企业的标价都高于标底时，如属标底计算错误，应按实予以调整；如标底无误，通过评标剔除不合理的部分，确定合理标价和中标企业。评定结束后 5 日内，招标单位通过邮寄（或专人送达）方式将中标通知书送发给中标单位，并与中标单位在一月（最多不超过两月）内签订建筑安装工程承包合同。

九、其他（略）

本招标方承诺，本招标书一经发出，不得改变原定招标文件内容，否则，将赔偿由此给投标单位造成的损失。投标单位按照招标文件的要求，自费参加投标准备工作和投标，投标书（即标函）应按规定的格式填写，字迹必须清楚，必须加盖单位和代表人的印鉴。投标书必须密封，不得逾期寄达。投标书一经发出，不得以任何理由要求收回或更改。

在招标过程中发生争议，如双方自行协商不成，由负责招标管理工作的部门调解仲裁，对仲裁不服，可诉诸法院。

建设单位（即招标单位）：×××

地址：×××××××

电话：×××××××

联系人：×××

20××年×月×日

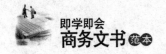

范例 ② 建设工程项目招标书

××学校校园建设工程项目招标说明书

经××省计委〔××××〕计字××号文批准,我校兴建综合楼、宿舍楼,建设前期工作已经完成。为了加快建设速度,确保工程质量,提高经济效益,经报请××省建委招标办审查批准,本工程决定采取邀请招标方式,择优聘请施工单位。

一、工程概况

××学校综合楼、宿舍楼由××省勘测设计院设计,总面积为××平方米,其中综合楼6层建筑面积××平方米,宿舍楼5层建筑面积××平方米。平面组合形式详见总平面示意图。综合楼为混凝土筏式基础、框架结构,底层有车库、门厅,6层有大会议室。宿舍楼为混凝土筏式基础,底层框架,有商店、洗衣房,超市,二层以上为砖混结构,详见设计施工图。

建设地点:××市××××街。

二、工程内容

按照××设计院××号施工图,本招标工程内容包括综合楼、宿舍楼等单项工程的土建、水电安装、装饰建筑设施,另由基础土方厂运出,数量为××立方米,运距××公里。施工图所列电梯、电话总机和场外水电均由发包单位自理。

场内道路、围墙、大门等附属工程待设计出图后,再与中标单位另行签订承包合同。

三、工程承包及结算方式

本工程采取包工包料的承发包制,中标后另行签订发包合同,合同附本送有关部门备查,按中标价一次包死。对于建设过程中发生的设计变更,根据增减数量按实调整。在合同履行期内,如遇国家统一调整预算定额和材料价格时,承包单位按文件规定及时交发包单位签认后,双方按规定执行。

四、材料供应

工程用钢铁、木材、水泥和沥青、玻璃、油毡,根据施工图预算所需数量,由发包单位分期分批供应实物,承包单位在本市指定地点自行组织提运、保管、使用。发包单位供应的材料,承包方应保证专材专用,如遇材料、规格、品种不齐全时,请承包方协助调剂。其他建筑材料由承包单位自行组织。

发包单位供应材料在承包单位提运后按××市建筑安装材料预算价格向承包单位结算。

五、工程价款

本工程材料预付款和工程进度款拨贷方法均按××省现行规定执行。

六、工程质量

本工程应严格按照我国现行施工验收规范和质量评定标准验收,若因施工过失发生质量事故,其返工损失由承包单位负责。

七、工期

本工程分别从基础土方开挖之日起,按日历天计算,综合楼工期不得超过×个月,宿舍楼工期不超过×年。因发包单位供应材料,设计变更影响正常施工,经双方确认后应予延长工期。

八、请在××××年×月×日之前提交投标文件。

××学校(盖章)

××××年×月×日

第四节　招标邀请通知书

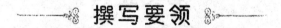

撰写要领

一、招标邀请通知书的概述

邀请招标即由招标单位邀请有关对象参加投标,它使用的文书是招标邀请通知书。这种招标方法能较好地保证投标单位的质量。一些重大工程往往用这种办法招标。

邀请招标也称为有限竞争性招标,是指招标方选择若干供应商或承包商,向其发出投标邀请,由被邀请的供应商、承包商投标竞争,从中选定中标者的招标方式。如上所述,公开招标在其公开程度、竞争的广泛性等方面具有较大的优

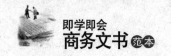

势,但公开招标也有一定的缺陷,比如,由于投标人众多,一般耗时较长,需花费的成本也较大,对于采购标的较小的招标来说,采用公开招标的方式往往得不偿失;另外,有些项目专业性较强,有资格承接的潜在投标人较少,或者需要在较短时间内完成采购任务等,也不宜采用公开招标的方式。邀请招标的方式则在一定程度上弥补了这些缺陷,同时又能够相对较充分地发挥招标的优势。

二、招标邀请通知书的写作格式

招标邀请通知书与招标公告在结构方式上有所差别,前者是书信体,后者是公文体。

招标邀请通知书由下列几个部分组成:

1.标题

它的标题较招标公告简单,只需写文种名称,即"招标邀请通知书"。

2.称谓

如书信体一样,抬头顶格写邀请单位名称。

3.正文

用以说明招标目的和依据以及招标具体事项,如另有招标公告或招标启事,则不需就招标事项进行详细说明,只需声明随函邮寄即可。

4.署名

要写明招标单位全称、地址、联系人、电话等内容。

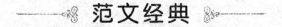

范文经典

范例 1 **工程建设招标邀请通知书**

工程建设招标邀请通知书

×××(单位名称):

　　×××工程,是我省20××年重点计划安排的项目。经请示×××同意,采取招标办法进行发包。

　　你单位多年来从事××工程建设,施工任务完成得很好。对此,我们表示赞赏,随函邮寄"××工程施工招标书"一份。如同意,望于××××年×月×日到×月×日光临××招待所××楼××号房间领取"投标文件",并请按规定日期参加工程投标。

　　招标单位:××省××厅××处招标办

　　地址:××省××市××路××号××楼

　　联系人:×××

　　电话:×××××

　　邮政编码:×××××

××省××厅××处招标办

××××年×月×日

第五节　投标申请书

撰写要领

一、投标申请书的概述

　　投标申请书是投标者在招标公告或招标通知书规定的时限内递交的申请参加投标的文件。它是投标程序中使用的第一个书面材料,是供招标者审定投标资格的,只有当它获准之后,投标者才能写投标函参加投标。

　　投标书的写作,要求实事求是、具体清晰、准确、准时。

二、投标申请书的写作格式

1.标题

标题通常只写"投标申请书"即可。

2.称谓

称谓通常是靠左端顶格写明招标企业名称。

3.正文

(1)参加投标意愿

(2)有关保证事项

(3)附件中附投标企业的详细介绍

4.署名

由于投标属于重大经济活动,因此需要双重签署和双重用印,一是署明法

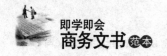
人名称和用印,二是法人代表签名和用印,并写明时间。

5.附件

是反映投标资格的详细资料,包括介绍投标单位基本情况以及与招标项目有关的经历、资力、能力等。这是投标申请书中最重要的部分。

━━━━━━⊰※ 范文经典 ※⊱━━━━━━

范例 1　　土地使用权投标申请书

投标申请书

xx市土地房产交易中心:

经认真审阅贵中心关于xxx宗地招标出让文件,并实地踏勘宗地编号为xx的地块,我们完全接受并愿意遵守本宗地招标出让文件中的规定和要求,对本宗地现状瑕疵及所有文件均无异议。

我们承诺,所提交的相关文件真实准确。

我们现正式申请参加贵中心于xxxx年x月x日xx时至xx时xx分在xx市xx路东xx号设计大厦xx楼举行的上述地块土地使用权招标活动,并参与投标。

我们已按招标出让文件规定的时间将履约保证金xx万元人民币(或xx币)汇入指定的银行账户。

如能中标,我们保证按照土地使用权招标出让文件的规定和要求履行全部义务、即时签订中标确认书,同时签订《xx市土地使用权出让合同书》,并严格履行。

如我们在土地使用权招标出让活动中出现不能按期付款或有其他违约行为,我们愿意赔偿由此产生的损失,并承担全部法律责任。

特此申请和承诺。

投标单位:xxx公司(章)

负责人:xxx(章)

xxxx年x月x日

范 例 2 施工投标申请书

施工投标申请书

××市招标投标管理办公室：

我单位根据现有施工能力,决定参加××项目工程投标,我方保证达到招标文件的有关要求,遵守其各项规定。

特此申请。

附:《投标企业简介》(略)

投标单位:×××建筑安装工程公司(章)

负责人:×××(章)

××××年×月×日

范 例 3 高速公路服务区投标申请书

高速公路服务区投标申请书

致:××省高速公路集团有限公司

根据贵方《××省高速公路服务区招商文件》,投标人×××(全名、职务)经正式授权并代表申请人××××(投标方公司名称、地址)申请参加××××(合同包编号)合同包×××(服务区)的招商,现提交下述文件正本一份,副本一式两份。文件包括:

1.申请书;

2.资格证明文件;

3.其他文件(如果有)

据此函,签字宣布同意如下:

1.合同包(服务区)意向承租价格为(大写):人民币××××元整(¥××元)。

2.如通过申请审查,申请人在接到邀请后,将按招商文件的规定参加第二阶段招商竞争,并履行相关责任和义务。

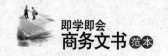
3.申请人已详细审查全部招商文件,包括修改文件(如有的话),以及全部参考资料和有关附件。我们完全理解并同意放弃对这方面有不明及误解的权利。

4.在此承诺:我们将负责任地参加本次招商活动,同意并接受招商工作程序和要求,履行文件规定的申请人职责和义务,不参加任何违反正常商业竞争之行为;同时,我们有志加入到××省高速公路服务区经营中,以提供优质公共服务为第一追求,公平竞争、守法经营。如有违反,对贵方将我们列入信誉不良记录、取消服务区招商参与资格等处罚不持异议。

申请人:×××

法人(自然人)或代表人:×××

地址:×××××

邮编:×××××

电话:×××××××××

传真:×××××

日期:××××年×月×日

第六节　投标书

❧ 撰写要领 ❧

一、投标书的概述

投标书是投标单位在领会招标文件、进行现场实地考察和调查的基础上所编制的一种申请类的文书。

二、投标书的写作格式

投标书一般由标题、称谓、正文、落款四部分组成。

1.标题

(1)只有文种。如《投标书》、《投标答辩书》、《投标申请书》。

(2)投标项目名称+文种。如《xx工程投标书》。

(3)投标单位名称+投标项目名称+文种。如《xxx公司承包xx工程投标书》。

2.称谓

称谓即招标单位全称、主送机关或主管部门,在标题下一行左顶格书写。

3.正文

投标书的正文内容,包括投标人的态度和能力,一般包括前言、主体两个部分。

(1)前言。前言是表明投标的项目名称、交代投标的依据和目的、介绍投标单位的基本情况,以及对该投标项目的态度。

(2)主体。主体要根据实际情况写清楚商品数量、技术要求、商品价格、商品规格、交货日期、工程项目开工及竣工日期、具体提出完成该项目所要采取的措施,如专业技术、组织管理,以及安全生产措施、造价及各项费用预算、投标书有效期限等的说明。有的还要附上对本单位优势的分析,阐明投标单位的指导思想、经营方针,要求招标单位提供的配合条件、标价明细表等。由于标的不一样,需要写明的条款也各有侧重。

4.落款

落款包括投标单位及法人代表签名盖章,同时写明单位联系方式(联系人信息、单位地址、邮编、电话、传真、银行账号等)和投标日期。

三、投标书的写作要点

1.在撰写投标书前,应熟知投标程序。其一般程序为:

(1)及时掌握招标信息,必要时可与业主或用户取得联系,了解招标项目、工作进度、设备选型和采购倾向等情况;

(2)向招标单位递交投标申请书,介绍自己的情况,通过招标单位的前期资格预审;

(3)购买招标文件并认真研究,根据自己的技术与经济实力决定投标项目和投标方案;

(4)填制投标文件、编制答辩词;

(5)按规定期限递交投标书;

(6)派人参加开标会;

(7)参加澄清会、回答业主提出的各种问题;

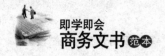

(8)若中标,持中标通知书按期与招标单位签订合同,并交纳履约保证金或开保函,数额一般为合同价的10%;

(9)中标者执行合同、组织生产或施工,按期交货或交工。

2.用语要准确无误,避免产生歧义和误解,给项目实施造成不必要的麻烦和纠分。

3.要体现出自身优势,重点突出"我有他无,他有我强"的竞争能力。

4.要在规定的有效期内递交投标书。

范文经典

范例 1 承包项目投标书

承包×××电子机械厂投标书

如果我公司中标,我将把"荣辱与共、创新求实"作为企业精神,执行"一业为主、多种经营"的方针,严格把关产品质量,信誉至上。

一、主要经营指标及实现的依据

1.主要经营指标

(1)产值、利润指标:20××年年产值达到××万元、利润××万元;20××年年产值×××万元、利润××万元;20××年年产值×××万元、利润××万元;20××年年产值××万元、利润××万元。

(2)产品品种和质量指标

3年内研制两个售油器新品种,20××年制冷产品达到部颁标准,20××年肉食机械达到部颁标准,3年内创市优产品××个。今后每年要更新换代一个新产品。

(3)管理水平指标

不断加强和完善企业基础工作,提高各项管理水平,××年内达到国家×级企业标准。

(4)员工收入指标

奖金分配贯彻按劳分配。20××年人均收入为××元,以后两年逐年递增×%。

2.实现依据

(1)该厂有雄厚的技术力量。现有高级工程师××名、工程师×名、助理工程师××名。×%的工人受过专门训练,技术熟练。

(2)设备工艺较先进。现有××台(套)先进设备,一半以上生产工艺为国内××世纪××年代中后期水平。

(3)员工素质好。大中专毕业生占全体员工的×%。员工的市场竞争、经济核算、时间意识比较强。

(4)投标基数是在查阅了近××年的产值、利润实际完成数额,进行分析论证后制定的,因而它符合实际,通过努力能够达到。

(5)×××仪器机械,我国年生产能力××台,缺××台。原因是技术不过关。我曾学过这个专业,××年,我在××厂工作期间曾任这个厂的工程师,这个厂就是生产这种机械的定点厂。因而在半年内生产这种机械,利润为××万元。

(6)我准备采取员工集资和其他渠道筹集资金的办法,解决资金短缺的困难。原材料涨价是不利因素,但国家有关部门已下达了不准随意涨价的通知,价格不会像以前那样大幅度上涨。投标基数是按涨价×%计算的,比国家规定的涨价幅度高×%,实际用的原材料资金比投标预算少。

二、步骤与措施

整个工作分两步走,第一年主要理顺管理体制,打好基础,后两年主要让企业管理上等级、抓产品质量的达标和新产品的开发。

采取的主要措施是:

1.狠抓技术,提高产品质量。一年半之内,对一线工人全部实行技术培训,厂里每周举行一次技术讲座,生产线工序之间实行承包责任制,对外协作单位实行择优录用。逐步增添检验设备,增加××名检验人员,对检验人员分期培训。

2.抓好经营,提高服务质量。教育员工树立市场服务观念、信息观念和经济效益观念,主动积极搞好本厂产品的生产和经营,使产品做到人无我有,人有我优,人优我廉。同时,设立公共关系部,提高本厂及产品知名度,选拔××培训后做推销员。在本市做到产品送货、安装、维修三上门。

3.改革人事制度,精简机构。对厂内领导干部实行逐级聘任制,定期考核,随时把有真才实学的员工提拔到领导岗位。对科室干部和工人实行优化组合,精

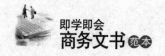

简科室和人员。

4.加强民主管理,充分调动员工积极性。一是推行群体经营工作法,发挥每个人的特长,人尽其才;二是搞好分配,对奖金实行责、权、利相结合的两级分配。厂方对各承包群众进行一级分配,各部门、车间对班组个人进行二级分配,将奖金和贡献紧密挂钩。厂内部门间互相协作,互相支持帮助,保证企业整体利益;三是加强企业民主管理,建立企业利益共同体。

5.改进和加强思想政治工作。关心员工文化生活,开展各种有益活动,购买必要的文体用具,给予必要的经费,满足员工开眼界、得信息、学技术、求新知的要求,领导干部以身作则、廉洁奉公,以实际行动为员工做榜样。

6.自觉接受党委的保证监督(略)。

我有决心、信心和全体干部员工一起竭尽全力,精诚团结,为改变机械厂面貌贡献自己的力量。

投标人:×××
20××年×月×日

范例② 设备投标书

投标函

×××投标单位:

我单位收到贵单位××号招标文件,经详细研究,我们决定参加该项目设备招标活动并投标。为此,我方郑重声明以下诸点,并负法律责任。

1.愿意按照贵单位招标文件中的一切要求提供招标设备及技术服务。

2.投标总报价为人民币××××(大写)万元。

3.我方提交的投标文件有正本一份,副本三份。

4.如果我们的投标文件被接受,我们将履行招标文件中规定的每一项要求,按期、按质、按量完成任务。

5.我们理解最低报价不是中标的唯一条件,你们有选择投标者中标的权力。

6.我方愿按《中华人民共和国合同法》履行自己的全部责任。

7.我们同意按招标文件规定交纳投标保证金,遵守贵机构有关招标的各项规定。

8.我方的投标文件在开标后××天内有效。

9.所有关于本标书的函电,请按下列地址联系。

投标单位:×××公司(印章)

地址:×××××

开户银行:×××××

账号:×××××

电话:××××××××

传真:×××××

电报挂号:××××

邮政编码:×××××

授权代表:×××

20××年×月×日

第七节　中标通知书

撰写要领

一、中标通知书的概述

所谓中标通知书,是指招标人在确定中标人后向中标人发出的通知其中标的书面凭证。招标通知书的内容应当简明扼要,只要告知招标项目已经由其中标,并确定签订合同的时间、地点即可。对所有未中标的投标人也应当同时给予通知。投标人提交投标保证金的,招标人还应退还这些投标人的投标保证金。

中标人确定后,招标人应当向中标人发出中标通知书,并同时将中标结果通知所有未中标的投标人,中标通知书对招标人和中标人具有法律效力,中标通知书发出后,招标人改变中标结果或者中标人放弃中标项目的,应当依法承

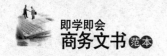

担法律责任。中标人应当自中标通知书发出之日起 30 日内按照招标文件和招标人签订书面合同。

二、中标通知书的写作格式

中标通知书由标题、主送单位、正文和落款四部分组成。

1.标题

一般由事由和文书种类构成。如"××工程中标通知书",也可以用文书种类作为标题,写为"中标通知书"。

2.主送单位

即中标的投标单位名称,应顶格书写,后面用冒号。如果中标者是投标者个人,这个项目叫称谓,写法与书信要求相同,应顶格书写,后面用冒号。

3.正文

包括前言、主体、结尾三部分。

(1)前言,交代通知依据。

(2)主体,说明通知事项,即中标决定以及有关事宜,如工程标价数目、工期、质量标准等项内容。

(3)结尾,提出执行要求。

4.落款

写明签发中标通知书的单位名称,并在其下写上日期、加盖公章。

———— 范文经典 ————

范例 1 物业服务中标通知书

物业服务中标通知书

××××公司:

本次"××"小区前期物业服务招标,根据评委会评分意见,经招标领导小组审查,确定你公司为本小区前期物业服务的中标单位。请贵公司于××××年×月×

日上午xx时前按招标规定到我公司财务部办理退回投标保证金和交纳《xxx前期物业服务合同》履约保证金手续,并于同日下午xx:xx时派员参加在xxx接待处举行的《xxx前期物业服务合同》签约仪式。

特此通知

招标单位:xxx房地产开发有限公司

xxxx年x月x日

范例 ② 建筑工程中标通知书

xxx长途汽车客运站建筑工程中标通知书

xxx建筑总公司第一分公司:

〔20xx〕第xx号招标文件中的xxx长途汽车客运站建筑招标工程,通过评定,确定贵单位中标。

中标总价为人民币xx万元。工程日期自 20xx年x月x日至 20xx年x月x日。工程质量必须达到国家施工验收规范的优良标准。请于今年x月x日到xxxx运输筹建管理局招标办公室签订工程承包合同。

xx省xx市xx局招标管理处(章)

20xx年x月x日

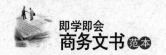

范例 ③ 采购中标通知书

采购中标通知书

中标书编号			中标单位名称		
中标 内容	设备名称				
	单位		数量		
	技术规格				
	交货时间		交货地点		
	中标价格		付款方式		
履约保证金	金额		支付方式		
	交纳日期				
	银行账号				
	开户行名称				
正式合同签订日期					
其他要求					
招标单位					
招标单位法人代表 （签字盖章）			招标单位公章		
发放日期					

第三章

商务信函类公文写作

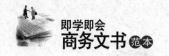
第一节　商贸请示

撰写要领

一、商贸请示的概述

在商业活动中,邀请客商来访,组织出国小组出国推销,举办小型交易会、展销会,处理较重大的索赔、理赔等,凡下级单位不能自行决定和处理的,就需要向上级主管单位、部门请示。

二、商贸请示的写作格式

商贸请示的格式写法与一般公文中的请示大致相同,内容具有较强的针对性,时效性更强,要求及时、迅速、不能拖拉,请示事项要明确,提出的具体要求和处理意见则切忌含糊其辞或模棱两可。

范文经典

范例 ① 处理索赔请示

关于处理×××公司因我方历年到货损失提出索赔的请示

总公司:

今年×月,我们产品代理的×××公司董事长×××、副经理×××来我公司洽谈业务,口头提出要求解决历年到货的损失问题。春交会上,该公司正式以书面形式详列20××年至20××年到货的损失情况及损失金额,总计人民币××万元(详附信及明细表影印本),提交我方要求予以解决。

68

　　×××公司每年经销我们产品金额约人民币××万元。过去，由于我方产品质量不稳定，部分产品包装简陋，加上辗转运输，到货不免有破损、霉变、爆裂、油漆剥落、粘纸等情况。20××年×月×日，客户就曾来信提出索赔，当时我方未予以明确表态。现事隔多年，他们又对历年所到货的损失一并提出索赔要求。按照一般贸易惯例，显然不符有关索赔的规定。但考虑到双方友好的贸易关系，且过去到货又确有损失，对此事宜作出处理。我们建议：

　　1. 为鼓励×××公司的经营积极性，对20××年至20××年到货损失共人民币××万元给予×%的赔偿，计人民币××万元。××公司如有异议，赔偿金额可酌量增加，但最高不超过×%。对于20××年以前的损失不再予以考虑。

　　2. 上述问题打算在×月×日××小交会上与客户协商解决。为顺利解决此问题，请总公司与×××公司协助一同做好客户工作。

　　上述意见当否，请指示。

　　附件：××公司来信，明细表影印件3份。（略）

×××手工艺品进出口公司

20××年×月×日

第二节　产品说明书

撰写要领

一、产品说明书概述

　　产品说明书是一种以说明为主要表达方式，全面、明确地介绍产品知识（包括性能、用途、特征、构成、使用和保养方法等）的文书。

　　要写好产品使用说明书，首先必须对产品本身有深入的了解，特别是产品的特征和卖点；其次，必须掌握产品说明书的内容结构和写作要求，条理清楚、规范准确而又比较通俗地传达应该传达的信息；最后，还必须注意消费者的心

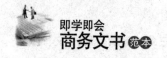

理,斟酌用语,以贴近消费者的需求。

二、产品说明书的写作格式

1.标题

(1)通常由产品名称或说明对象(如品牌、型号)加文种构成。文种可以是"说明书"、"说明"、"指南"等。如《西门子360可扩展数字无绳电话机说明》。

(2)有些说明书侧重介绍使用方法,称为使用说明书,如《松下吹风机使用说明书》。

(3)产品名称直接做标题,如"××高钙牛奶"、"××三合一咖啡"。

2.正文

正文是说明书的主体,内容因物而异,一般应该写明产品的基本情况,如名称、性能、构造、成分、用途、功效、使用方法、使用范围、注意事项、保养(储藏)、安装、维修等,有的还简要介绍生产商的基本情况或产品声誉等。正文可以根据不同类型产品的不同特性作各有侧重、详略得当、具体细致的介绍说明。

正文常见的写法大致有3种形式:

(1)概述式,对产品的有关知识作概括性的叙述、介绍。这种形式通过一气呵成的概括叙述,突出产品的个性,给人留下比较完整、深刻的印象。

(2)条文式,逐项分条介绍有关产品的各方面知识,如性能、构成、使用方法等。这种形式层次清楚、详细具体,表述上严谨有序。

(3)综合式,是概述式和条文式的结合。既有总体概括的介绍,又有分项的具体说明。这种形式往往给人以全面的知识介绍。

3.结尾

结尾一般包括提供生产经销等相关企业或单位的名称、地址、电话、邮编、传真号码、网址等内容。

三、产品说明书的写作要点

1.正文条理清晰

写作时,可以考虑将需要说明的内容分成几个部分,例如,"特点"、"安装"、"启用"等,这样可以使用户很快找到了解产品性能的相关部分。

2.说明用语确切

介绍产品性能、特点、用途等要求客观如实,不可虚构编造,特别是涉及一些技术性强、操作复杂,事关生命安全、财产安危的产品,如药品、家用电器、化工品、高档品等,语言必须准确无误、一丝不苟。

3.文字表达简洁、规范、准确

避免文字表达不致而产生歧义,出现模棱两可、多种理解的现象。同时要注意用语通俗,尽量从读者的视角去考虑如何说明,可以将自己设想为第一次接触某产品的消费者,去构思说明的内容。

❧ 范文经典 ❧

范例 1　自动电饭锅产品说明书

××型保温式自动电饭锅××系列产品使用说明书

(×××电器(集团)公司××电饭锅厂)

我厂是××省二轻厅家电公司直属企业。

××系列××牌保温式自动电饭锅款式新颖、外形美观、式样独特,产品符合我国国家标准 GB8968—88。

××系列××牌保温式自动电饭锅除煮饭外,也可以蒸馒头、做汤和煮稀饭。它具有热效率高、双层保温效果好等特点。

××系列××牌保温式自动电饭锅是食堂和家庭的理想炊具,产品出厂前均经严格检验,安装可靠。

一、主要技术参数及使用性能指标

额定电压:××V　额定频率:××Hz

额定功率:参见六 CF×B 型号××系列电饭锅产品规格表(略)

限温温度:(T+××+××)℃(T 等于当地沸点温度,适用在海拔××米以下)

保温温度:60~80℃

二、电器原理图

直角型双指示灯系列(图略)

普及型单指示灯系列(图略)

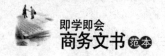

三、使用方法

1.把米洗净后,倒进内锅中

把米用其他容器洗净后,倒进内锅中,不宜直接用内锅洗米,以免碰撞引起锅底变形,影响使用。

放米和水,可按照一杯米约加××杯水的比例。

2.内锅的放置

将内锅放进电饭锅外壳内,同时把内锅左右旋转几次,使它与发热板接触良好。

四、注意事项

1.煮汤、煮粥、蒸食物时,蒸煮到所需的时间,须将按键开关关掉。

在蒸煮过程中如有液体溢出,可短时关掉按键开关。

2.锅底部、边缘和发热板均不能碰撞,并要保持干净,锅底及发热板面不能附有水点、饭粒等杂物,以免影响煮饭效果甚至烧坏元件。

五、常见故障的判别与维修(表略)

六、保修范围

本产品实行"三包":自购买日起一年内,因制造质量影响使用的,凭发票和保修卡可免费维修。

因使用不当或保养不善而损坏者不属"三包"范围,但也可以到我厂下属的维修部修理,修理费用由用户负责。(内锅由于使用不当,造成锅底变形而引起其他故障不属保修范围)

七、本产品配上蒸笼,便成为多用电饭锅

可以蒸包子、饺子、馒头等,配件任君自由选购。

范例 2 **中药产品说明书**

××中药产品说明书

××透骨丸系纯中药制剂,具有通经络、祛风湿、镇痛祛寒之功效,本品服用方便,作用迅速、止痛快、易吸收,诚为风湿病患者必备之良药。

风寒湿痹、四肢痹痛、神经麻痹、手足麻木属于中医痹症的范畴。中医医学认为,人体肌表经络遭受风、寒湿侵袭后,气血运行不畅,引起筋骨、肌肉、关节的酸痛、麻木、伸屈不利和关节肿大,故有"风、寒、湿三气杂至,合而成痹"之说。

本品运用中医医学理论,集古今治风湿良方之大成,选用上等地道中药材精制而成,方中、制川乌、制草乌、桂枝、细辛温经通络而止痛,白芷、秦艽、防风、羌活祛风胜湿而蠲痹。根据中医"治风先治血,血行风自灭"的理论,方中又以当归养血活血,川芎、香附、赤芍养血行气而舒经脉。全方20多味药同用,标本兼治,共奏追风透骨而安痛、和畅气血而安正之功,诚为治顽痹宿疾之良药。

【主要成分】

乳香、没药、当归、赤芍、防风、桂枝、麻黄、制川乌、白术、秦艽、制天南星、甘草等24味。

【功能与主治】

通经络、祛风湿、镇痛祛寒。用于风寒湿痹、四肢痹痛、神经麻痹、手足麻木。

【用法与用量】

口服,一次××(约×瓶盖),一日×次。

【注意】

孕妇禁用。

【规格】

一日×次。

××克/瓶。

【贮藏】

密闭,防潮。

【批准文号】

(××)粤卫药准字第××号。

专制号:××××××

××× (药业)股份有限公司

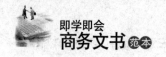

范例 ③ 石英钟使用说明书

××石英钟使用说明书

衷心感谢阁下惠顾本公司产品。

××牌系列石英挂钟是引进国外名厂原装机芯,走时精确,性能稳定,经久耐用,月误差不过××秒。本品外形设计独特,采用××型塑料和先进表面处理工艺。款式新颖,美观大方,为计时及室内装饰之佳品。

使用要点:

1.电池:本钟耗电较少,使用一节五号电池可连续走时一年。更换电池时请注意电池夹注明的安装极性。

2.机芯背面旋钮,即可调整时分针进行对准时间。

3.待秒针指到"××"位置时,把机芯背面开/停键拨到停处,秒钟停止走动。当收音机报出标准时间最后一响,此时把键拨回开处,即可得到秒针的标准时间指示。

保养:

可用柔软布或棉纱抹擦,保持外壳干净。不宜把本品置于潮湿、高温、烟尘等不良环境之下,避免振动撞击及阳光直射。

保用:

为向用户负责,本厂产品自出售之日起一年内,用户在正确使用的情况下,如确因生产造成的质量问题,本公司负责免费修理或更换,请您填写保修卡有关的栏目,并携带发票到保修卡指定的地址进行保修。

××市××轻工电子配件公司

地址:××市××路××号后楼

电话:×××××××

第三节　产品推销信函

撰写要领

一、产品推销函的概述

产品推销函是公司企业为了推销自己的产品或商品而向销售商和顾客发出的信函,它是市场营销过程中的一个重要条件,也是企业经营成功不可或缺的重要因素之一。

产品推销函通常包括业务介绍、产品信息和推销服务项目。

二、产品推销函的特点

其特点是卖方主动介绍和推销自己的产品,并以优惠价格及付款条件、优良的质量和售后服务承诺来吸引顾客,产品价目单、说明书或样品可作为附件一并寄出,以便于客户更多地了解产品。

三、产品推销函的写作格式

1.标题

准确简要地概括主要内容。

(1)标明文种名称,用"关于"连接各项内容。例如,《关于优惠出售××的函》。

(2)使用能够表达主旨的词语或短语点明事由。例如,《事由:建立贸易关系》。

2.称谓

对方单位名称,有时写对方单位领导人的姓名和职务。

3.问候语

传达企业对客户的良好问候。

4.正文

可以由多个段落组成,也可以由一个段落组成,一般分为 3 个层次:

(1)发函缘由:初次给对方去函,先作自我介绍,使对方了解本企业的业务

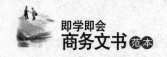
范围或本企业产品的情况;有长期合作关系的,可以简述合作情况,以示亲近;如双方频繁来往的,直截了当说明发函的目的,进入主旨。

(2)发函事项(重点)。列举产品的各种优点及优惠办法,以引起对方的兴趣。价目单、说明书、样品可作为附件一并寄出,以便用户了解更多信息。

为了将潜在客户的兴趣提升到有强烈购买意愿的程度,可以依据事实进行产品介绍,客观分析产品的特点和不同之处,突出特色;也可以提及价格的合理性;还可以适当采用用户的表扬信,增加认同感。

(3)对收文者的希望与要求。呼吁、激发读者的购买欲,如希望对方填一个订单或打一个电话,最后感谢对方。有的没有希望和要求,就用习惯语结束全文:"特此函商,务希见复"、"特此函达"。

(4)祝颂语。"顺致(颂)商安(商祺)"。

(5)附件(需要时可用)。随函附发的有关材料。

(6)签署。发函单位名称或个人名称,另起一行书写年月日。

四、产品推销函的写作要点

此种信函的写作要求文种清晰、简洁,产品描述具体、准确,以实现商家和客户之间有效沟通,达到成功销售本公司产品的目的。

———— 范文经典 ————

范例 1　工艺品推销信函

工艺品推销信函

×××公司:

从我国驻×××使馆商务处来信中获悉贵公司希望与我国经营工艺品的外贸出口公司建立业务联系。我们高兴地通知贵公司,我们愿意在开展这类商品的贸易方面与贵公司合作。

我公司经营的工艺品有××、××、××、××、××以及××和××等。这些品种均制作精美、质量上乘。特别是××,式样新颖、色泽鲜艳、形态逼真,可与××媲美。目前在欧美、亚洲等许多国家极为畅销,深受消费者的喜爱。现寄上××样照一套供参考,欢迎来信联系。

×××进出口公司

20××年×月×日

范例② 服装推销信函

服装推销信函

敬启者:

我公司的男装销售额去年增加×%,我们认为这有两种原因,第一、我们的制作成本虽然增加,但售价未增;第二、本公司的产品原料好、技术高,而且在设计和可靠性方面是独一无二的。能有机会把我公司季节性服装介绍给贵方,至感欣慰。有的同行产品可能比去年更具诱惑性,但我公司的价格比较便宜。我们确信阁下会同意,我方的样品可以证明我们所说的真实性。我方盼接到贵方比去年更多的订单。

×××敬上

××××年×月×日

第四节 询价函

❧ 撰写要领 ❧

一、询价函的概述

询价函是指交易一方预购买或出售某种商品,向对方发出的探寻买卖该商品及有关交易条件的一种信函。

询价函是联系客户的一种方法,也是了解市场行情的一种手段。现代社会

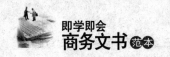

商务往来越来越多,询价函的使用也越来越频繁。它通常由买方发出,询价只表示一个意愿,没有必须购买的义务;卖方也没有必须回答的义务,但出于礼节,卖方应尽快答复。

询价函的目的是请对方报价,因此,询价函对交易双方都没有法律上的约束力。

二、询价函的分类

1.客户对商品有兴趣而就某项商品交易的条件向卖方询问商品的价格及咨询信息;

2.卖方有目的地征询客户和收信人对某产品意见的一份问卷;

3.卖方发出广告主动邀请客户回复询问信以索取样品、产品目录或资料。

三、询价函的写作格式

1.称谓、问候语(根据需要)

2.正文

开头:感谢对方公司所提供的产品目录,说明本公司对哪几项产品有兴趣,应明确说出品名及货号。但若双方公司是第一次接触,应说明由何处获知对方公司的信息。

主体:具体明确写明询问的事项。

(1)将本公司有意购买的商品的货号、数量、规格等明确列分,请对方公司报价,将出货时间、付款条件、保险、包装、折扣等详细列出。

(2)应介绍本公司的经营项目及范围,并说明本公司的经营状况、优点及经验,也可说明本地市场的供需情况。

结尾:说明与对方公司贸易往来的诚意,并诚恳期望对方回复。

(3)联系方式与联系人。

(4)祝颂语。"顺致(颂)商安(商祺)"。

(5)签署(落款)。发函单位名称或个人名称,另起一行书写年月日。

范文经典

范例 1 政府采购询价函

询价函

（×采询 20×××××××）

　　××市市级机关事务管理局政府采购办公室受采购人的委托,拟依法公开组织询价采购下列公务用机动车辆,欢迎具有供货能力的各厂(供应)商参加报价。报价宜包括以下几点内容:

　　1.报价方式:(盖上密封章)密封好后来人送达。

　　2.报价时间:20××年×月×日上午×:××~×:××。

　　3.报价单后须附以下证明:

　　(1)营业执照正本复印件(加盖公章)

　　(2)法人或委托代理人(持有法人委托授权书)的身份证明复印件

　　(3)产品及服务授权及认证

　　联系电话:×××××××

　　传真:×××××××

　　联系人:陈××、张××

　　联系地址:××市政府采购办公室

　　邮编:×××××

××市政府采购办公室

20××年×月×日

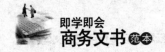
范例 2 公司采购询价函

询价函

×××先生：

我公司对贵单位生产的黄山毛峰感兴趣,需订购。

品质:××级。

规格:每包××克。

望贵厂能就下列条件报价:

1.单位。

2.交货日期。

3.结算方式。如果贵方报价合理,且能给予最优惠折扣,我公司将考虑大批量订货。

希速见复。

×××副食品公司

20××年×月×日

第五节　报价函

撰写要领

一、报价函的概述

报价函就是指卖方向买方提供商品的有关交易条件的信函。报价函起通知买方价格的作用,对卖方没有约束力,可更改。

二、报价函的写作格式

报价函的写作格式一般包括:

1.称谓、问候语(根据需要)

2.开头

说明接到对方来信,感谢对方的询问。

3.主体

针对询问的事项,具体周到地答复。通常来说,报价函中应该明确以下条款:

(1)产品的名称、数量和质量;

(2)产品的规格、标号;

(3)产品的单价、总价和优惠情况;

(4)产品的包装;

(5)货物的运输;

(6)产品的交货时间、结算方式等。

4.结尾

"如有问题,欢迎再询"。

5.祝颂语

"顺致(颂)商安(商祺)"。

6.签署(落款)

发函单位名称或个人名称,另起一行书写年月日。

三、报价函的主要内容

报价函一般与买方的询价函相对应,其格式也类似,但主要内容应包括产品的价格、结算方式、发货期、产品规格、可供数量、产品包装、运输方式等。报价不同于国际贸易中的报盘。报价起通知买方价格的作用,对卖方没有约束力可更改。

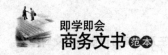
范文经典

范例 1 茶叶报价函

茶叶报价函

×××商场：

　　贵方×月×日询价函收悉，谢谢。兹就贵方要求，报价详述如下：

　　商品：××××茶

　　规格：一级

　　容量：每包××克

　　单价：每包××元（含包装费）

　　包装：标准纸箱，每箱××包

　　结算方式：商业汇票

　　交货方式：自提

　　交货日期：收到订单××日内发货

　　我方所报价格极具竞争力，如果贵方订货量在××包以上，我方可按×%的折扣收款。

　　如贵方认为我们的报价符合贵公司的要求，请早日定购。

　　恭候佳音。

×××茶叶厂

××××年×月×日

范例 2 节能类管报价函

节能类管报价函

×××发展有限公司：

　　贵方20××年×月×日第××号询价函收悉。兹按贵方需求，报价如下：

商品：××节能灯管

规格：一级

单价：每支××元

包装：标准硬质纸箱，每箱××支

结算方式：商业汇票

交货方式：送货上门

送货日期：收到订单××日内

我方所报价格很有吸引力，如果贵方订货量在××箱以上，可按照×%的折扣计算。如符合贵方要求，敬请早日订货。

恭盼佳音。

×××有限公司(章)

××××年×月×日

第六节　订购函

撰写要领

一、订购函的概述

订购函是买卖双方经过磋商接受了交易条件后，买方按双方谈妥的条件向卖方订购所需货物的函件。

订购函有两种形式，一种是在接受说明所要订购的货物，另一种是下订单，即把订购函制成订单式，以表格形式列明各项交易条件。

二、订购函的写作格式

1.标题

写明"订购函"3个字并居中。

2.称谓

对方姓名如"先生"或"女士"。

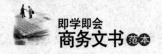
3.正文

订购函的正文必须包括以下内容：商品名称、牌号、规格、数量、价格、结算方式、包装、交货日期、交货地点、运输方式、运输保险等内容。

4.结尾

署名及日期。

范文经典

范例 1　订购函

订购函

×××先生：

贵厂×月×日的报价函已收到，谢谢。贵方报价较合理，特订购下列货物：

××—100 打印机××台，单价××元，总计××元

××—2463 打印机××台，单价××元，总计××元

××—5240 打印机××台，单价××元，总计××元

交货日期：××××年××月底之前

交货地点：××仓储部

结算方式：转账支票　烦请准时运达货物，以利我方市场需要。我方接到贵方装运函之后将立即开具转账支票。请即予办理。

×××公司

××××年×月×日

第七节　确认订购函

撰写要领

一、确认订购函的概述

确认订购函是卖方在收到客户的订购函后予以回函确认,并同时告之客户货物办理程度和货款支付等事宜,询问客户是否还有其他要求的信函。

二、确认订购函的写作格式

1.标题

写明"确认订购函"并居中。

2.称谓

顶格写上受函人(公司)名称。

3.正文

首先写明收到对方订购函的时间,告知对方货物即将发出,希望对方查收,同时,告知对方货款的支付方式。最后简明扼要地询问客户是否还有其他要求,并写上结尾语。

4.结尾

写明发函公司和具体日期。

写作时要详细说明货物办理情况和货款支付情况,以便对方及时收货和付款;结尾一般要向对方致谢,并表达继续合作的意愿。

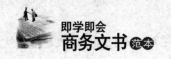

❦ 范文经典 ❦

范例 1　确认订购函

确认订购函

×××女士：

　　非常高兴收到贵方×月×日第××号××台××空调订单,我方将速予办理,货物将在贵方要求日期内运抵指定地点。

　　根据商业汇票的规定,我方通过××银行开出以贵方为付款人的银行承兑汇票,面额为××元,承兑期限为××个月。我们相信此汇票必得承兑。

　　贵方对此货还有何要求,请即函告。

　　感谢贵方的惠顾,希望我们能保持经常的贸易联系。

×××公司

××××年×月×日

第八节　装运通知函

❦ 撰写要领 ❦

一、装运通知函的概述

　　装运通知函是说明货物装运日期、装运车号、所附的单据等以便买方提货的商务信函。

二、装运通知函的写作格式

1.首部

(1)标题只写"装运通知函"即可。

（2）顶格书写受函公司名称或个人姓名。

2.正文

（1）对方订货号、货物品种及数量

（2）包装情况

（3）装运时间及估计到达时间

（4）装运单据名称

3.落款

编制信函的公司名称及日期。

三、装运通知函的写作要点

1.在国内贸易中,货物的提取若是发货形式,卖方应负责装运。为避免意外,卖方还要为货物投保。

2.装运条件包括装运方式和运费、保险金的支付等。采取何种装运方式以及装运费用、保险金的支付方式主要根据交易双方的协商而定。

3.如果买方要求卖方将货物发送到指定地点,则买卖成交后,卖方就应履约,按规定期限将货物装运,并立即用电报、信函等形式通知买方,说明装运日期、装运车号,并将提单、发票、检验单、保险单等单据副本寄出,以便买方办理提货手续。

范文经典

范例 1　装运通知函

装运通知函

×××先生、女士:

　　贵公司第××号订购函所订××台打印机,已于×月×日交付托运,预计一周后到达××市。××台打印机分××箱包装,每箱上均标有标记。

　　兹随函附寄下列装运单据,以便贵公司在货物抵达时顺利提货:

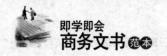
1.我方第××号发票一份

2.第××号货运提单一份

3.第××号装箱单一份

4.第××号保险单一份

5.第××号检验单一份

感谢贵公司对我公司的支持,希望继续来函询价、订购。

×××电脑公司

20××年×月×日

第九节　道歉函

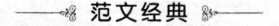

撰写要领

商务道歉函,是指在商业活动中,为了将发生在商务往来业务上的小问题协调好,以便搞好业务而书写的一系列信件。

范文经典

范例 1　商业道歉函

商业道歉函

尊敬的×××小姐:

×月×日来函指示因敝店店员态度不佳而引发不快之事,诚属不胜汗颜。

鄙人平素一再要求店员举凡应对或服务顾客时务必亲切、礼貌周全,但现在一些年轻人的毛病是一有过于啰唆的要求就有反抗的倾向，动辄一走了之。在人手不足的商店中，此类店员教育之难处令人困恼不已。

但店员对特地前来敝店惠顾的客人如此无礼，令客人不悦，对敝店的信用及将来发展有重大负面影响，实不能置之不理。径行训斥后，店员本人彻悟过错，发誓今后不再犯，是故仰请××小姐能宥鉴。专此以书函请安，并致歉。

×××商场谨启

××××年×月×日

范例②　难以供货道歉函

难以供货道歉函

尊敬的×××先生：

非常感谢您×月×日的××号订单。我们很抱歉通知您，您所要求的××—12型号的产品已不再生产。但是，我们可向您提供××—36型号的同类产品，并可立即送货。

××—36与旧式的××—12相似，只是形状稍长一些。通常它的价格为每件××英镑，但是我们愿意按××—12的价格—以每件××英镑出售给您。随信附上××—36的照片和详细资料，供您参考。

您订单项下的余货将于×月×日发出，第二天便可到达。请通知我们您是否愿意接受××—36。如果愿意的话，我们将于同一天发货。

您真诚的朋友×××

销售协调员

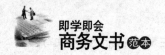
范例 3 **延期供货道歉函**

为延期的货物致歉

尊敬的×××先生：

　　我特致信对您×月×日第××号订单项下货物的延期发送一事表示歉意。

　　我公司在进口产品××的零部件时遇到了问题,目前我们正转向本国的供应商。因此,我们预计会在今后的两星期内发送您订购的货物。再次对给您造成的不便表示歉意。

　　献上最美好的祝愿。

您的朋友×××

销售部经理

范例 4 **误发货物道歉函**

为误发的货物致歉

尊敬的×××先生：

　　感谢您×月×日的来信。我很抱歉得知,我们向您误发了××件××,而不是您订购的××件××。这是我们的疏忽,请您谅解。

　　我们正在准备您所订购的产品,将于星期三早上发货给您,并同时收回误发的××。

　　再次为这个不幸的错误向您致歉。我们已采取措施,保证今后不再出现此类事件。

您真诚的朋友×××

客户服务部主管

第十节　商品检验证明函

撰写要领

一、商品检验证明函的概述

商品检验证明函是交易双方就商检证书出具的选择及其效力等问题进行磋商所用的信函。

二、商品检验证明函的写作格式

1.首部

(1)标题只写"商品检验证明函"即可

(2)顶格书写受函公司名称或个人姓名

2.正文

(1)引述证明函的要求

(2)表明本方的态度

(3)提出处理意见

3.落款

编制信函的公司名称及日期。

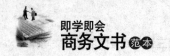

❀ 范文经典 ❀

范例 1   商品检验证明函

商品检验证明函

××商贸中心：

×月×日的信函及第××号订单收到。对订单所载的产品——××牌××ml 纯果汁的质量应具有商检证明,如发生索赔,以目的港公证机构的检验为依据的条文,现答复如下：

我方出口交易一般条款明确规定：由中国进出口商品检验局出具的有关商品品质和重量的证明书作为依据。至于你方需要复验到货,则可由你方决定。如发生异议,要求索赔,则必须按照我方规定在货物到达目的港后××日之内提出,同时须提供经我方同意的公证机构出具的检验报告。

希洽并复。

×××进出口公司

20××年×月×日

第十一节　催款函

❀ 撰写要领 ❀

一、催款函的概述

催款函是指业务相对方有拖欠付款时,收款方友好发出的请求对方支付款项的书函。

催款函不是断交信,是卖方在规定期限内未收到货款,提醒或催促买方付款的函件,旨在提醒对方付款结账,同时还要用信函方式继续保持双方的友好关系。

催款函既有商务性质又有法律内涵。

二、催款函的写作格式

1.标题和编号

如果催收的是紧急的款项,可在标题前写上"紧急"二字。标题一般要注明编号,以便于查询和联系,并且一旦发生了经济纠纷而走上法庭时,它也是一份有力的凭证;也有的不编号。

2.催款和欠款单位的名称和账号

催款函要清楚、准确地写上双方单位的全称和账号。必要时,要写明催款单位的地址、电话及经办人的姓名,若是银行代办催款的,还必须写明双方开户银行的名称及双方账号名称和账号。

3.催收内容

这是催款函的主体部分,应清楚、准确、简明地写出双方发生往来的原因、日期、发票号码、欠款的金额及拖欠的情况,以便使受文单位明确情况,及时地交款。

4.处理意见

催款方在催款函上提出处理办法和意见。这种意见一般都是从以下 3 个方面予以说明:

(1)要求欠款户说明拖欠的原因

(2)重新确定一个付款的期限,希望对方按时如数交付欠款

(3)再次逾期不归还欠款将采取的罚金或其他措施

5.落款

写明催款单位的全称,并加盖公章,然后注明发文日期。

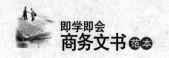

——❧ 范文经典 ❧——

范例 1 索取逾期账款

索取逾期账款

亲爱×××的先生：

第××号账单，鉴于贵方总是及时结清项目，而此次逾期一个月仍未收到贵方上述账目的欠款，我们想知道有何特殊原因。

我们猜想贵方可能未及时收到我们×月×日发出的××美元欠款的账单，现寄出一份，并希望贵方及早处理。

你真诚的×××

20××年×月×日

范例 2 逾期借款催收函

××市信托投资有限公司逾期借款催收通知书

×投司〔××〕××号

借款单位：××钢铁公司（地址：××市××区××路×号。开户行：工商银行××市支行××分理处。账号：0100587××××。经办人：×××。联系电话：88×××5688×××）

你单位于20××年×月×日向我公司借款×佰万元，根据贷款合同规定，借款期限为一个月，于20××年×月×日到期。现已逾期××天，你单位尚欠逾期本金×佰万元，利息××万元。接到本通知后，请于20××年×月×日前来我公司办清还款手续。如到期仍不还款，我公司将主动从你单位存款账户中扣收，并对逾期借款按规定加收利息，依照合同约定及法律规定处理担保（抵押）物，收回贷款本息或由担保人偿还贷款本息。

请积极筹措资金，抓紧予以归还，否则，我公司将按《经济合同法》和《借款合同条例》及有关规定进行处理。

特此通知。

催款单位:×××信托投资有限公司(公章)

地址:××区××路×号

开户行:×××银行××支行

账号:010005××××

经办人:×××

20××年×月×日

第十二节　投诉处理函

⟡ 撰写要领 ⟡

一、投诉处理函概述

投诉处理函是与客户沟通的重要手段之一，是为客户服务的一种形式。投诉处理函就是指回复客户的投诉,并提出处理意见的信函。

二、投诉处理函的写作格式与内容

投诉处理函的写作格式一般包括:

1.首部

(1)标题只写"投诉回复函"即可。

(2)顶格书写受函公司名称或个人姓名。

2.正文

(1)引述投诉要点

(2)表明己方态度

(3)提出处理意见

3.落款

编制信函的公司名称及日期。

投诉处理函的内容包括:

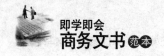

1.引述投诉函要点。

2.表明己方态度。

3.提出处理意见。

三、投诉处理函的写作要点

在撰写投诉处理函时,要注意言语用词,态度必须认真坦诚,本着"顾客是上帝"的原则,不管对方的投诉理由是否充足,都应对其投诉表示接受,感谢对方对己方的工作提出意见。语言要礼貌得体,用词要冷静平和。信尾应有单位领导的签名。

范文经典

范例 1 投诉处理函

投诉回复函

××用户:

我公司于本月××日收到您给我公司寄来的信函,感谢您对我公司工作的批评和建议。您在信中提到家中部分新购的××家具出现脱胶、接缝不牢等现象,我们认为可能是由于您家中湿度过大的原因而造成的。

针对这一情况,我公司已经责成公司驻贵市办事处的工作人员夫您家中作实际检查并作出处理意见。我公司将严格遵守《产品质量法》和我公司的销售承诺,妥善解决好您的问题,请您放心。

特此函复。

××省××家具制造有限公司

20××年×月×日

范例② 投诉处理函

投诉处理函

尊敬的×××先生：

得知您对我们公司的(产品名称)不尽满意,让我们相当关切。

您提到(重复客户指称的问题),这(是,可能是)因为(提供解释)。我们已经通知了(质检主任、出货总监、区域经理)对事情进行了解,如果有需要,他/她还会与您联系,请教进一步的问题。

谢谢您本着互助精神告知我们这项状况,请接受随信附上的(调整补偿)以及我们的歉意。我们会更努力地让您在未来购买我公司产品时完全满意。

顺致诚挚问候!

随函附件:(调整补偿)(略)

××公司

20××年×月×日

投诉回复函

×××先生：

×月×日来函收到,感谢您在信中指出我们工作的差错。

由于我们工作的疏忽,未及时发货。对由此给贵方工作带来的不便,我们深表歉意。

贵单位需要的货物现已以加急方式发往贵方。

我们保证今后不会出现类似情况,望能继续加强合作。

特此函复。

×××电器厂

20××年×月×日

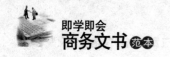

第十三节　索赔函

撰写要领

一、索赔函的概述

索赔函(书)是商贸活动中的买方就卖方行为违背合同条款所造成的损失，向卖方提出经济赔偿所使用的信函或专用文书。

二、索赔函的写作格式

索赔函一般由标题、编号、受函者、正文、附件、签署六部分组成。

1.标题

标题的形式比较灵活，既可以根据实际情况写成包括索赔事由、文种的完全标题样式，如《关于××的索赔函》；也可以简明扼要地写成不包括索赔事由而只写文种的简单标题形式，如《索赔函》。

2.编号

编号是为了联系与备查用，写在右上角。一般由代字、年号、顺序号组成。

3.受函者

写明受理索赔者的全称。

4.正文

(1)缘起。提出引起争议的原因。

(2)索赔理由。具体指出合同项下的违约事实及根据，进而陈述对方违约给自己带来的损失。

(3)索赔要求和意见。根据合同及有关国家的商法、惯例，向违约方提出要求赔偿的意见或其他权利。

5.附件

为解决争议，以有关的说明材料、证明材料、来往的函电作为附件。

6.签署

要写明索赔者所在地和全称,以及致函的日期。

三、索赔函的写作要点

1.分清是非责任。

2.收集足够的书面文件和证明,可作为信函的附件。

3.冷静地说明索赔项目,清楚具体地解释索赔的理由。

4.索赔要求合情合理,不漫天要价。

5.措辞和语气讲究礼貌,促使事态朝有利于赔偿的方向发展。

范文经典

范例 1　品质不合格索赔函

关于镀锌铁皮品质索赔书

编号:20××年××字第××号

×国×××公司:

　　××型镀锌铁皮由"××号"轮装运,于20××年×月×日到达大连港,共计××吨。经我商品检验局从中任取×%件数,逐张进行检查,发现每张镀锌铁皮板的底面顺着轧制方向,有贯通整张板面的划痕××条至××条、断续划痕××条至××条,深度×微米至×微米。有的还有穿孔、露铁、破边和锌块黏结(见照片)现象。

　　根据检查结果来看,该批镀锌铁皮的缺陷实系生产因素造成(发货前造成)的,其品质与合同规定的标准不符,应贬值×%,合 DM××××,商检费 DM×××,共计应赔偿 DM××××。

　　商检证书正副本各一份。

　　见信后,请迅速处理。候复。

　　附件:商检证书正副本各一份。(略)

中国×××进出口总公司

20××年×月×日

99

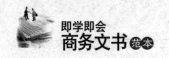

第十四节　理赔函

撰写要领

一、理赔书(函)概述

理赔书的概念　在贸易活动中，当合同一方就对方违约向其提出索赔时，对方用以接受索赔事实的专用复函，即为理赔书(函)。理赔书对于交易双方达成谅解和继续发展贸易关系具有积极的意义。

二、理赔书(函)的特点

1.事实性

理赔书写作要求本着实事求是的原则，一切从实际出发。处理贸易纠纷应尊重事实，属于我方责任的应勇于承担，并积极提出解决问题的办法，如采取轻率或回避的态度，只会引起对方反感而影响日后贸易的发展。

2.证据性

在写作时，无论是索赔一方向对方提出赔偿要求，还是理赔一方受理对方的赔偿要求，都要依据合同所规定的义务和责任而定。所以在写作之前，都需仔细研读合同项下的有关细则，或引用有关国际贸易惯例、规则及有关法规条文作为证据，甚至双方在交易过程中的有关往来电函，必要时也可作为写作时的重要证据。

三、理赔书(函)的写作格式

1.信头

信头包括标题、编号、收文单位。标题由事由和文种名称组成，例如"质量不符理赔函"。

2.正文

它是信函的主体，由开头、主体、结尾语、落款组成。

(1)开头。转述对方来函内容。

(2)主体。对索赔的理由与索赔的要求进行答复,或者同意对方意见要求,进行赔偿;或者不同意对方意见要求、理由,从事实和法律根据方面阐述自己方的理由,驳斥对方的意见,拒绝对方的要求。

(3)结尾语。或者为回复性的结尾语。如“特此回复”,或者对己方的违约表示歉意。

(4)落款。署名、签章、日期、附件。

范文经典

范例1　理赔函

质量不符理赔函

编号:×××

×××贸易有限公司:

你公司×月×日函收悉。所提合同××号项下红木家具部分接口有破裂一事,已引起我方关注,经向有关生产单位了解,出厂家具完全符合合同要求,并经检验合格,至于部分接口破裂,是由于我方在出仓时搬运不慎造成的,对你方的损失,我们深表歉意。请贵公司提供家具受损的具体数字以及公证人检验证明书,我方将按实际损失给予赔偿。

候复。

×××公司(公章)

××××年×月×日

第四章

商务谈判类公文写作

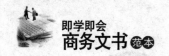
第一节　商务谈判策划书

撰写要领

一、商务谈判策划书的概述

商务谈判策划书,是指在谈判之前根据谈判目的和要求预先以书面形式拟定的具体的内容、方法和步骤。

策划方案内容要符合国家的有关政策和法律规定。拟定前要做好调查研究工作,以实际情况和可靠的数据为写作依据。

二、商务谈判策划书的写作格式

1.标题

通常为谈判项目名称加"谈判策划书"组成

2.正文

(1)前言。应写明谈判的总体构想、原则以及谈判内容和谈判对象的情况。

(2)具体条款。其中包括谈判主题、谈判目标、谈判程序、谈判组织等内容。

3.落款

注明方案制定者(集体或个人)的名称和具体日期。

范文经典

范例 ① 延迟交货索赔问题谈判策划书

商务谈判策划书

一、谈判主题

解决汽轮机转子毛坯延迟交货索赔问题,维护双方长期合作关系

二、谈判团队人员组成(甲方:×××　乙方:×××)

1.主谈:×××,公司谈判全权代表

2.决策人:×××,负责重大问题的决策

3.技术顾问:×××,负责技术问题

4.法律顾问:×××,负责法律问题

三、双方利益及优劣势分析

1.双方利益分析

(1)我方利益:要求对方尽早交货;维护双方长期合作关系;要求对方赔偿,弥补我方损失。

(2)对方利益:解决赔偿问题,维持双方长期合作关系。

2.双方优势分析

(1)我方优势:我公司占有国内电力市场 1/3 的份额,对方与我方无法达成合作,将对其造成巨大损失。

(2)对方优势:在法律方面,有罢工属于不可抗力的规定;对方根据合同,由不可抗力产生的延迟交货不适用处罚条例。

3.双方劣势分析

(1) 我方劣势：在法律上有关罢工属于不可抗力范围这点上对对方极为有利,对方将据此拒绝赔偿;对方延迟交货对我公司已带来的利润、名誉上的损失;我公司毛坯供应短缺,影响恶劣,迫切与对方合作,否则将可能造成更大损失。

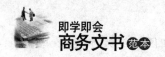

(2)对方劣势:属于违约方,面临与众多签约公司的相关谈判,达不成协议将可能陷入困境。

四、谈判目标

1.战略目标

体面、务实地解决此次索赔问题,重在减小损失并维护双方长期合作关系

2.原因分析

让对方尽快交货远比要求对方赔款重要,迫切要求维护与对方的长期合作关系

3.索赔目标

(1)报价:

①赔款:450万美元

②交货期:两月后,即11月

③技术支持:要求对方派一技术顾问小组到我公司提供技术指导

④优惠待遇:在同等条件下优先供货

⑤价格目标:为弥补我方损失,向对方提出单价降5%的要求

(2)底线:

①获得对方象征性赔款,使对方承认错误,挽回我公司的名誉损失

②尽快交货以减小我方损失

③对方与我方长期合作

五、程序及具体策略

1.开局

方案1:采取感情交流式开局策略:通过谈及双方合作情况,形成感情上的共鸣,把对方引入较融洽的谈判气氛中。

方案2:采取进攻式开局策略:营造低调谈判气氛,强硬地指出对方因延迟交货给我方带来巨大损失,开出450万美元的罚款,以制造心理优势,使我方处于主动地位。

2.对方提出有关罢工属于不可抗力的规定拒绝赔偿的对策

(1)借题发挥的策略:认真听取对方陈述,抓住对方问题点,进行攻击、突破

(2)法律与事实相结合原则:提出我方法律依据,并对罢工事件进行剖析,

对其进行反驳。

3.中期阶段

(1)红脸白脸策略:由两名谈判成员其中一名充当红脸,另一名充当白脸辅助协议的谈成,适时将谈判话题从罢工事件的定位上转移到交货期及长远利益上来,把握住谈判的节奏和进程,从而占据主动。

(2)层层推进、步步为营的策略:有技巧地提出我方预期利益,先易后难,步步为营地争取利益。

(3)把握让步原则:明确我方核心利益所在,实行以退为进策略,退一步,进两步,做到迂回补偿,充分利用手中筹码,适当时可以退让赔款金额来换取其他更大利益。

(4)突出优势:以资料做支撑,以理服人,强调与我方协议成功给对方带来的利益,同时软硬兼施,暗示对方若与我方协议失败将会有巨大损失。

(5)打破僵局:合理利用暂停,首先冷静分析僵局原因,再可运用肯定对方行式,否定己方实质的方法解除僵局,适时用声东击西策略打破僵局。

4.休局阶段:如有必要,应根据实际情况对原有方案进行调整。

5.最后谈判阶段

(1)把握底线:适时运用折中调和策略,严格把握最后让步的幅度,在适宜的时机提出最终报价,使用最后通牒策略。

(2)埋下契机:在谈判中形成一体化谈判,以期建立长期合作关系。

(3)达成协议:明确最终谈判结果、出示会议记录和合同范本,请对方确认,并确定正式签订合同时间。

六、准备谈判资料

1.相关法律资料:《中华人民共和国合同法》、《国际合同法》、《国际货物买卖合同公约》、《经济合同法》

2.备注:《合同法》违约责任

(1)第一百零七条:当事人一方不履行合同义务或者履行合同义务不符合约定的,应当承担继续履行、采取补救措施或者赔偿损失等违约责任。

(2)联合国《国际货物买卖合同公约》规定:不可抗力是指不能预见、不能避免并不能克服的客观情况。

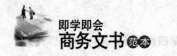

合同范本、背景资料、对方信息资料、技术资料、财务资料(见附录和幻灯片资料)

七、制定应急预案

双方是第一次进行商务谈判,彼此不太了解。为了使谈判顺利进行,有必要制定应急预案。

1.对方承认违约,愿意支付赔偿金,但对450万美元表示异议。

应对方案:就赔款金额进行价格谈判,运用妥协策略,换取交货期、技术支持、优惠待遇等利益。

2.对方使用权力有限策略,声称金额的限制,拒绝我方的提议。

应对方案:了解对方权限情况,"白脸"据理力争,适当运用制造僵局策略,"红脸"再以暗示的方式揭露对方的权限策略,并运用迂回补偿的技巧来突破僵局;抑或用声东击西策略。

3.对方使用借题发挥策略,对我方某一次要问题抓住不放。

应对方案:避免没必要的解释,可转移话题,必要时可指出对方的策略本质,并声明对方的策略影响谈判进程。

4.对方依据法律上有关罢工属于不可抗力从而按照合同坚决拒绝赔偿。

应对方案:应考虑到我方战略目标是减小损失并维护双方长期合作关系,采取放弃赔偿要求,换取其他长远利益。

5.若对方坚持在"按照合同坚决拒绝赔偿"一点上不作出任何让步,且在交货期上也不作出积极回应。

应对方案:我方先突出对方与我方长期合作的重要性及暗示与我方未达成协议对其恶劣影响,然后作出最后通牒。

范例 2 业务洽谈合作谈判方案

业务洽谈合作谈判方案

一、形势与分析

x国×××公司代表继去年××月份访京之后,将于今年××月份再次来我国访问,与我方洽谈羊绒、驼毛业务。近一两年来,我国羊绒市场一直处于供大于销的冷淡局面,各地库存严重积压,外销市场疲软,尤其是羊绒几乎无人问津。出现这种情况的原因除经济环境的影响外,还在于外商对我方羊绒价格的下调有足够的思想准备。大多数前来洽谈的外商都是试探性质,估计在我方调价前不会轻易买货。

根据我们对市场的调查以及从各外商机构处得到的信息……上述情况表明市场虽不乐观,但却出现了一些松动,适当降价将有利于羊绒的出口。在这种形势下,对×××公司代表的来访,只要我们做好接待、谈判工作,将价格调至合理水平,成交一些业务以安定市场,促使羊绒市场转机的提早到来是有可能的。

二、来访意图

去年××月×国×××公司代表来京访问,谈判时,由于对方提出对已签合同推迟交货、延期付款的要求,因此,谈判中气氛比较紧张。这次该公司委派董事会主席来访,可能带有缓和气氛、与我搞好关系以加强与我友好合作的目的。此外,还可能有以下几个意图:

1.探讨我方××年羊绒的经营方针、商讨羊绒现行价格调整的可能性及幅度。

2.鉴于经济衰退、信贷紧缩、成品销售下降等不利因素,该公司代表这次来访还可能意图向我们提出改变以往每年在交易会分两次定购的做法,而采取分期分批随需随买的方式。

3.该公司代表还可能向我方提出增加佣金和同意延期付款的要求。

三、谈判中的策略和做法

谈判拟采取先听情况后开价格的方法。先让对方介绍市场情况,提出对价格的意见,在摸清对方买货意向的基础上亮出我们的新价。关于下调价格,初步研究内部掌握白绒下调×%~×%左右。争取能按此价与客户成交。

鉴于目前的经济危机、信贷紧缩,如对方提出放宽付款条件,又根据实际业务的大小,适当考虑同意临时性延迟××~××天付款,佣金可适当提高×%。

这次成交数量如在××~××吨左右,我们即按上述调价幅度掌握,争取达成交易。除非购货量能决定我方今年羊绒销量的大局,才再行考虑降价新幅度。如果对方无意买货,我们仍应开出新价,为与其他客户做新的业务铺平道路。

整个谈判仍坚持以往的做法,姿态要高,不计较枝节问题,不介意购货数量

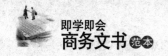

的多少,不能使商人产生我方急于求售的错觉。总之,谈判中采取内紧外松的原则,紧紧把握住价格这一关键问题,通过洽谈达到我们预想的目的。

若羊绒在谈判中对方仍采取避而不谈的策略,谈判中如涉及驼毛业务可酌情考虑安排洽谈。

×××皮毛进出口公司

××××年×月×日

范例 3　技术引进谈判方案

关于引进×××公司重型汽车及生产技术的谈判方案

5 年前,我公司曾经经手×××公司的重型汽车,经试用性能良好,为适应我矿山技术改造的需要,打算通过谈判再次引进×××公司同类汽车及有关部件的生产技术,×××公司代表于×月×日应邀来京洽谈。

具体内容如下:

1.谈判主题

以适当价格谈成××台同类重型汽车及有关部件生产的技术引进。

2.目标设定

(1)技术要求

①汽车车架运押××小时无开裂。

②在气温为××摄氏度条件下,汽车发动机停止运转××小时以上,在接入××V 的电源后,发动机能在××分钟内启动。

③汽车的出动率在×%以上。

(2)试用期考核指标

①一台汽车试用××个月(包括一个严寒的冬天)。

②出动率达×%以上。

③车辆运行××h,行程××km。

④车辆运行达××km。

(3)技术转让内容和技术转让深度

①利用购××台车为筹码,×××公司无偿(不作价)转让车架、厢斗、举升杠、转

向缸、总装调试等技术。

②技术文件包括:图纸、工艺卡片、技术标准、零件目录手册、专用工具、专用工装、维修手册等。

(4)价格

①20××年购买×××公司重型汽车,每台车单价为××万美元;××年后的今天,如果仍能以每台××万美元成交,那么定为价格下限。

②××年按国际市场价格浮动×%计算,今年成交的可能性价格为××万美元,此价格为上限。

小组成员在心理上要做好充分准备,争取价格下限成交,不急于求成;与此同时,在非常困难的情况下,也要坚持不能超过上限达成协议。

3.谈判程序

第一阶段:就车架、厢斗、举升杠、总装调试等技术附件展开洽谈。

第二阶段:商定合同条文。

第三阶段:实行价格洽谈。

4.日程安排(进度)

×月×日上午×:××~×:××下午×:××~×:××为第一阶段

×月×日上午×:××~×:××下午×:××~×:××为第二阶段

×月×日晚上×:××~×:××为第三阶段

5.谈判地点

第一、二阶段的谈判安排在公司××楼洽谈室。第三阶段的谈判安排在×××饭店××楼咖啡厅。

6.谈判小组分工

主谈:×××为我方谈判小组总代表,为主谈判。

副主谈:×××为主谈判提供建议或见机而谈。

翻译:×××随时为主谈、副主谈担任翻译,还要留心对方的反应情况。

成员 A:负责谈判记录的技术方面的条款。

成员 B:负责记录财务及法律方面的条款。

重型汽车引进小组

20××年×月×日

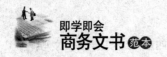

第二节　商务谈判接待方案

❧ 撰写要领 ❧

一、商务谈判接待方案的概述

商务谈判接待方案是指在生产厂家代表、客商或上级主管部门代表到来之前,企业的有关部门准备怎样做好接待工作,并事先拟出接待的安排日程、活动内容、参加者、次数、规格等书面材料,呈报单位主管领导,经审批同意后,即按安排进行,通常也称接待工作方案。

二、商务谈判接待方案的写作格式

1.标题

标题通常有 3 种写法:即接待××代表团前来洽谈业务的方案、××代表团前来洽谈业务的接待方案、对××代表团前来洽谈业务的接待方案。

2.正文

(1)介绍来访缘由,需要说明是应我方邀请,还是来访者的要求。

(2)来访者的职务、一行人、负责人、访问时间、目的、对象、任务等。

(3)接待工作的原则及具体接待安排。

(4)接待方案需呈报上级审批,需以"以上安排妥否,请批示"等作结束语。

3.附件

附件说明接待人员及客人名单。

4.落款

署上编制方案单位及日期。

⋇ 范文经典 ⋇

范例 ① 洽谈业务的接待方案

×××酒业公司总经理前来洽谈业务的接待方案

应我公司邀请,×××酒业公司总经理等一行××人,将于本月××日到达我公司洽谈业务,时间暂定××天。

该公司是我国西南地区的大型酒类生产厂家,产品在国内外市场上一直供不应求。该公司与我公司有多年的业务联系,系供应我公司×××酒的唯一厂家,对我公司业务往来积极,态度友好,每年均与我公司有成交实绩。

对他们此次前来洽谈业务,我方拟本着友好、热情、多做工作的精神予以接待,望洽谈卓有成效。

具体安排如下:

1.客人抵、离京时,由有关业务人员迎、送。

2.由我公司总经理、副总经理会见并宴请两次。

3.由我方总经理负责与其洽谈。

4.客人在京期间适当安排参观游览、文化娱乐活动。

5.客人在京费用由我公司承担。

以上意见妥否,请公司领导指示。

附件:×××酒业公司客人名单(略)

本公司接待人员名单(略)

×××百货公司公关部

20××年×月×日

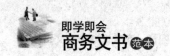

第三节 商务谈判备忘录

——·❈· 撰写要领 ·❈·——

一、商务谈判备忘录的概述

商务谈判备忘录是指在谈判过程中,记载双方的谅解与承诺并作为下一步洽谈参考的文书。

商务谈判备忘录要全面体现商务谈判的内容,包括双方存在的分歧、尚未达成共识的事项等,充分体现备忘功能。语言要朴实、准确。

二、商务谈判备忘录的写作格式

商务谈判备忘录的内容主要包括标题、谈判双方情况、事项、落款四部分。

1.标题

标题只写"备忘录"或谈判项目名称加"备忘录"即可。

2.正文

(1)谈判双方情况,如单位、名称、谈判代表姓名、会谈时间、地点、会谈项目等。

(2)事项,是指双方通过谈判后,各自作出的承诺。

3.落款

双方谈判代表署名,并写明时间。

❧ 范文经典 ❧

范例 ① 项目合资谈判备忘录

备忘录

（20××年×月×日）

中国×××公司×××分公司（简称甲方）与×国×××公司（简称乙方）的代表，于20××年×月×日在中国××市就兴办合资项目进行初步协商，双方交换了意见，达成了谅解，双方的承诺如下：

1.依据双方的交谈，乙方同意就合资经营××项目进行投资，投资金额大约××万美元，投资方式待进一步磋商。甲方所用于投资的厂房、场地、机器设备的作价原则和办法，亦待进一步协商。

2.关于利润的分配原则，乙方认为自己的投入既有资金，又出技术，应该占×%~×%。甲方认为应该按投资比例分成。双方没有取得一致意见，但乙方代表表示利润分配比例愿意考虑甲方的意见，并另定时间进行协商确定。

3.合资项目生产的××产品，乙方承诺在国际市场上销售产量的×%，甲方希望乙方提高销售额，达到×%，其余的在中国国内市场上销售。

4.工厂的规模、合营年限以及其他有关事项均没有详细地加以讨论，双方都认为待第二项事情向各自的上级汇报确定后，其他问题都好办。

5.这次洽谈虽未能解决主要问题，但双方都表达了合作的愿望。期望在今后的两个月再行联系，以便进一步商洽合作事宜，具体时间待双方磋商后再定。

中国××公司×××分公司　　　　　　×国×××股份有限公司
代表：×××（签章）　　　　　　　　代表：×××（签章）

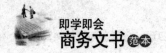

范例 ② 技术引进谈判备忘录

技术引进谈判备忘录

（20××年×月×日）

×××股份有限公司(以下简称甲方)和×××公司(以下简称乙方)的代表,于××年××月在甲方公司本部就技术引进一事进行了初步协商,双方交换了意见,达到了了解,形成了以下初步意向:

一、××产品技术转让问题:

合资双方共同努力以加快技术引进速度。前期可进行技术引进谈判,若谈判成功,双方先签定合同,编写可行性研究报告。

二、乙方的合作意向

1.××××年××月,乙方组织了一批考察团对中国生产企业进行了考察之后,经董事会决定,只选择甲方谈技术转让或合资。

2.×××公司董事会认为,主要以技术转让为主,基本上不与国内客车厂谈合资,即使合资,也只是象征性地投入非常少的资金。

三、甲方公司技术引进的意向

1.甲方董事会已决定和外国公司进行技术合作,乙方是首先考虑的合作对象,并且认为若双方不尽快进行谈判,则会失去许多国内外的市场,因此甲方希望尽快在合作上有所进展。

2.甲方谈了和有关公司谈判的进度情况,并承诺保留和乙方谈判的优先权。

四、甲方与乙方公司合作方式:

1.双方认为以引进技术的合作,则能生产国际性的最有竞争力的产品。这种国际间资源组合是产品成本降低的最有效途径。

2.双方均不赞成×%+×%股份的合作方式。

3.认为开始合作时,最好以贸易方式进行。

4.技术引进的主要产品为:(略)

五、这次洽谈,虽未能解决主要的问题,但双方都表达了合作的愿望。期望在之后的两个月内再进行接触,以便进一步商洽合作事宜,具体时间待双方磋商后再定。

中国×××股份有限公司　　　　　×国际股份有限公司

代表×××(签字)　　　　　　　　代表×××(签字)

××××年×月×日　　　　　　　　××××年×月×日

第四节　商务谈判合作意向书

——✿ 撰写要领 ✿——

一、商务谈判合作意向书的概述

商务谈判合作意向书是商务活动中的双方或多方在进行贸易或合作之前,通过初步谈判,就合作事宜表明基本态度、提出初步设想的协约性文书。它主要用于洽谈重要的合作项目和涉外经营项目,如合资经营企业、合作经营贸易、承包国际工程等方面,可以在企业与企业之间、地区和地区之间、国家和国家之间等使用。

商务谈判合作意向书主要是表达贸易或合作各方共同的目的和责任,是签订协议、合同前的意向性、原则性一致意见的达成。商务谈判合作意向书制作既可以使磋商合作的步伐走得稳健而有节奏,避免草率从事、盲目签约,也可以及时抓住意向、开拓发展,避免失去商机。

二、商务谈判合作意向书的分类

商务谈判合作意向书按照内容的不同来分,常见的有技术合作意向书、工程确立意向书、联合投资意向书和经济洽谈意向书等。

按签署方式的不同来分,意向书有单签式意向书、联签式意向书、换文式意向书3种类型,其中最常见的是联签式意向书。单签式意向书由出具方签署,合作方在副本上签字认可;联签式意向书由双方联合签署,各执一份,是使用较多的方式;换文式意向书由双方各自签署后交换文本。

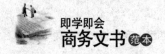

三、商务谈判合作意向书的写作格式

1.标题

可直书"意向书"3字,也可在"意向书"前标明协作内容,还可在协作内容前标明协作各方名称。

2.正文

(1)引言:在引言中写明签订意向书的依据、缘由、目的。表述时比经济合同、协议书相对灵活些。有时引言部分要说明双方谈判磋商的大致情况,如谈判磋商的时间、地点、议题甚至考察经过等。意向书一般不在标题下单独列出立约当事人名称,所以在引言部分均要交代清楚签订意向书各方的名称,并在名称后加括号注明"简称甲方"、"简称乙方"等,以使行文简洁方便。

(2)主体:以条文的形式表述合作各方达成的具体意向。如果是中外合资经营企业,需要就合资项目整体规划、合营期限、货币结算名称、投资金额及规模、双方责任分担、利润分配及亏损分担等问题表明各方达成的意向。一般来说,主体部分还应写明未尽事宜的解决方式,即还有哪些问题需要进一步洽谈、洽谈日程的大致安排、预计达成最终协议的时间等。在主体部分最后应写明意向书的文本数量及保存者,如系中外合资项目,还应交代清楚意向书所使用的文字。

3.落款

包括签订意向书各方当事人的法定名称、谈判代表人的签字、签署意向书的日期等内容。

四、商务谈判合作意向书的写作要点

写作应注意语言相对比较平和,意向书内容不像经济合同、协议书那样带有鲜明的规定性和强制性,而是具有相互协商的性质,因此,行文中多用商量的语气,一般不要随便使用"必须"、"应"、"否则"等。同时,因为意向书不具备按协约履行的法律约束力,所以,在主体部分里不写违反约定应该承担什么责任的条款,也不规定意向书的有效期限。

❧ 范文经典 ❧

范例 1 地产项目合作意向书

地产项目合作意向书

甲方:(以下简称甲方)

乙方:(以下简称乙方)

为使项目(以下简称本项目)在××高新技术产业开发区实现产业化,根据国家及地方有关法律、法规,双方本着平等、自愿、有偿的原则,订立本协议。

一、土地问题

1.土地位置及出让方式

甲方同意本项目进入××出口加工区实现产业化。初步确定项目建设地点位于××,占地约××亩。其中独自使用面积××亩,代征道路面积×亩,确切位置坐标和土地面积待甲方规划土地建设管理部门实测后确认。甲方将国有土地使用权以有偿出让方式提供给乙方。

2.土地价格

为体现对本项目的支持,甲方初步确定以××万元人民币/亩的优惠价格,将项目所需该宗土地的使用权出让给乙方,出让金总额为××万元人民币。该宗土地征用成本与出让值差额计××万元,由高新区参照项目单位纳税中高新区财政收益部分给予相同额度的扶持。

3.付款方式

××高新技术产业开发区规划土地建设管理部门与乙方签订正式土地使用权出让合同。乙方在该合同签订后××日内,一次性向甲方付清土地使用权出让金。甲方收到全部土地使用权出让金后,按国家有关规定,尽快办妥国有土地使用证等有关手续。

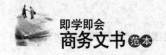
二、工程建设

1.开工条件

(1)按照乙方建设规划要求,甲方承诺于××年×月×日前,保证本期用地具备上水、污水、雨水、热力、宽带网、公用天线、通电、通信、通路和场平,即"九通一平"的基本建设条件,确保乙方顺利进场,否则承担由此给乙方造成的经济损失。

(2)甲方积极协助乙方办理有关建设手续。乙方则负责按规定时间、额度缴纳有关费用。

2.工程进度

乙方必须在××××年×月×日前进场开工建设,并严格按照施工进度计划投入资金进行建设,保证建设进度。

3.竣工时间

乙方必须在××××年×月×日前竣工,延期竣工时应于原定竣工日期前××日以上时间内向甲方提出延期说明,取得甲方认可。

三、违约责任

1.如果乙方未按《土地使用权出让合同》约定及时支付土地出让金等其他应付款项,从滞纳之日起,每日按应缴纳费用的××‰缴纳滞纳金。逾期××日而未全部付清的,甲方有权解除协议,并可请求违约赔偿。

2.乙方取得土地使用权后未按协议规定建设的,应缴纳已付土地出让金×%的违约金;连续两年不投资建设的,甲方有权按照国家有关规定收回土地使用权。

3.如果由于甲方原因而使乙方延期占用土地使用权时,甲方应赔偿乙方已付土地出让金×%的违约金。

4.为避免国有资产流失,保证甲方对本项目的补贴在一定时间内得到补偿,自本项目正式投产起××年内,乙方向高新区税务机关缴纳的各种税金(退税或创汇奖励)低于乙方已报送给甲方的项目报告书中所承诺的相应税种(退税或创汇奖励)金额的×%时(优惠政策除外),乙方应赔偿给甲方其税金差额,即乙方在项目报告书中承诺的某一税种具体金额×%=乙方当年该税种实际缴纳金额。

四、其他

1.在履行本协议时,若发生争议,双方协商解决;协商不成的,双方同意向××市仲裁委员会申请仲裁,没有达成书面仲裁协议的,可向人民法院起诉。

2.任何一方对于因发生不可抗力且自身无过错造成延误不能履行本协议有关条款之规定义务时,该种不履行将不构成违约,但出事一方必须采取一切必要的补救措施以减少造成的损失,并在发生不可抗力××日内向另一方提交协议不能履行的或部分不能履行的,以及需延期的理由报告,同时提供有关部门出具的不可抗力证明。

3.本协议一式两份,甲、乙双方各执一份。两份协议具有同等法律效力,经甲、乙双方法定代表人(或委托代理人)签字盖章后生效。

4.本协议于××××年×月×日在中华人民共和国××省××市签订。

5.本协议有效期限自××××年×月×日起至××××年×月×日止。

6.本协议未尽事宜,双方可另行约定后作为本协议附件,与本协议具有同等法律效力。

甲方:(章)＿＿＿＿＿＿＿＿＿　　乙方:(章)＿＿＿＿＿＿＿＿

法定代表人(委托代理人):＿＿＿＿　法定代表人(委托代理人):＿＿＿＿

法人住所地:＿＿＿＿＿＿＿＿＿＿　法人住所地:＿＿＿＿＿＿＿＿

邮政编码:＿＿＿＿＿＿＿＿＿＿　　邮政编码:＿＿＿＿＿＿＿＿

电话号码:＿＿＿＿＿＿＿＿＿＿　　电话号码:＿＿＿＿＿＿＿＿

范例 2　建立合资企业意向书

建立合资企业意向书

中国××市开发区××科技有限公司(以下简称甲方)和×国(×)×××公司(以下简称乙方),根据中华人民共和国的有关法律法规,本着平等互利的原则,通过友好协商,同意在中华人民共和国共同投资建立合资企业,双方达成意向如下:

第一条　按照《中华人民共和国中外合资经营企业法》和其他相关法律法规,双方同意在中国境内××市经济开发区建立合资公司。

合资公司名称:(待定)

公司地址:××市经济开发区(具体待定)

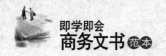
第二条 合资公司为中国法人,受中国的法律、法规和有关规章制度的管辖和保护,在遵守中国法律的前提下,从事约定范围内的一切合法经营活动。

第三条 合资公司的法律形式为有限责任公司,合资公司的责任以其全部资产为限。

第四条 目的

合资双方希望加强经济合作和技术交流,从事第五条所规定的经营活动,为投资双方带来满意的经济利益。

第五条 合资公司生产和经营范围:研发、生产太阳能电池片、电池组件及相关设备;自营和代理各类商品及技术的进出口业务。

第六条 合资公司生产规模:初步预计年产太阳能电池片××兆瓦,年产太阳能电池片设备××套。

第七条 总投资约××万美元,投资比例初步定为甲方占×%,乙方占×%。

第八条 投资方式

1.甲方:依据现有的土地、厂房、设施和生产技术出资,具体折算方式有待双方进一步确定。

2.乙方:以现金形式一次性注资,投资额度约为××万美元。

第九条 经营年限

合资公司经营年限自营业执照签发之日起××年。

第十条 本意向未尽事宜,由双方在合同中约定。

第十一条 本意向书一式两份,双方各执一份。

××市开发区××科技有限公司(盖章)　　　×国(×)××(盖章)

甲方代表:×××(签字)　　　　　　　　乙方代表:×××(签字)

20××年×月×日　　　　　　　　　　　20××年×月×日

范例 3　合资生产产品意向书

合资生产产品意向书

20××年×月×日至×月×日,×国×××公司(以下简称甲方)×××先生与××市×××

自动化设备厂（以下简称乙方）厂长×××先生就双方合资生产××产品事宜进行了多次商谈,现达成初步意向如下:

一、合资生产的××产品,年生产量初步确定为××吨。

二、双方投资比例初步确定为:投资总额××万人民币,其中甲方占×%,乙方占×%。

三、生产××产品的年利润预算约达到××万人民币,双方按投资比例分成或另行商议,利润分配方式在签订合同时将予以明确规定。

四、该合资项目预定在20××年××月前正式投入生产。

五、双方于20××年×月×日前准备好各自的可行性研究报告的有关资料。20××年××月前由乙方编写项目建议书上报行政主管部门,经批准后即告知甲方。

六、未尽事宜,双方将及时沟通,进而形成商谈备忘。在正式生产前签订生产××产品合同。

七、本意向书一式两份,双方各执一份。

甲方:×国×××公司(盖章)　　　乙方:××市×××自动化设备厂(盖章)

代表:×××(签字)　　　　　　　代表:×××(签字)

20××年×月×日　　　　　　　　20××年×月×日

第五节　商务谈判纪要

❧ 撰写要领 ❧

一、商务谈判纪要的概述

商务谈判纪要是指按照谈判的实际情况,将谈判的主要议程、议题、涉及的问题、达成的结论及存在的分歧等加以归纳总结,整理成书面材料,经双方代表签字确认后,便成为正式的谈判纪要,它对谈判双方具有一定的约束力,但没有法律约束力。

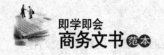
二、商务谈判纪要的特点

作为当事方之间建立某种经济关系的凭证性质、备忘录性质的业务洽谈纪要，它是业务开展过程中一种常用的重要文书，常具有以下特点：

1.纪实性

业务洽谈纪要作为一种纪实性文本，具有纪实性特点。纪要所反映的必须是洽谈中所发生的情况，是洽谈中所讨论的问题和洽谈结果的如实记载和记录。

2.平等性

参与洽谈的各方都是平等的。任何一方都不得将自我的意愿强加给另外一方，洽谈各方也不应受到任何外界的干扰。体现在纪要中就是客观真实地将各方的意见陈述出来，常采用各自的语气加以表达。

3.协商性

作为进一步合作的指导性文件，业务洽谈纪要不同于合同。它不要求将条款制订得非常具体、细致，而是着重确定双方合作、建立商贸关系的大方向，在重要事项上作出原则性约定，以指导今后的进一步合作。双方在洽谈的过程中更多的是一种建立在互利基础上的协商。

4.备忘性

业务洽谈纪要需要全面记录洽谈中的所有相关事项，比如双方达成的共识、存在的分歧，以及双方所表达的欲进一步接触的意愿等。业务洽谈纪要应充分体现出它的备忘性。

5.约束性

业务洽谈纪要虽不具备法律约束力，但对洽谈各方也有一定的道德约束力，这主要表现在商业信誉上。作为一个成熟的企业，必须树立良好的企业形象、创建并维护良好的商业信誉。

三、商务谈判纪要的写作格式

1.标题

标题通常是事由名称加"谈判纪要"组成。

2.正文

（1）开头，综述谈判情况，包括谈判双方当事人名称、谈判代表姓名、谈判时间和地点、谈判目的、谈判议题及谈判的总体评价等。

（2）主体，概括列出谈判的主要议题，并在议题下写明谈判双方（或多方）经谈判协商后取得的一致意见；如果一方提出意见，另一方未同意或有所保留，写出要求的内容，并说明另一方对此问题所持的态度。

3.落款

署上谈判各方单位名称及代表人姓名，并签署日期。

————❧ 范文经典 ❧————

范例 ① 补偿贸易谈判纪要

补偿贸易谈判纪要

×××丝绸公司（以下简称甲方）代表×××、×××与中国香港×××丝织品贸易公司（以下简称乙方）代表×××、×××于20××年×月×日到×月×日在×××饭店就双方进行补偿贸易问题进行了初步会谈。现将会谈主要内容记录如下：

1.为了保证货源，扩大丝织服装贸易，甲乙双方经协商，一致同意在互惠互利的基础上开展丝织服装补偿贸易。

2.乙方要求甲方提供稳定的生产厂家，为乙方生产所需的丝绸服装。甲方同意乙方的要求，准备于近期内在××市投资××万元新建一家丝绸服装厂，并于20××年×月×日前建成投产，生产乙方所需的以真丝为面料、不绣花的各式服装，年产量约××万~××万件。如乙方需要，产量还可逐年提高。

3.会谈中，乙方多次表示了对质量问题的关注，希望甲方在人员配置、职工培训、质量检验等方面加大投入、加强管理。甲方对乙方的要求表示理解，并表示在工厂筹建和投产后的生产管理等方面愿意积极听取乙方意见，采取各种措施，保证产品质量。

4.双方商定，乙方向甲方提供价值大约××万美元的丝绸服装生产专用设备和附属设备。应甲方的要求，乙方同意在双方正式签订补偿贸易协议后一个月内向甲方提交设备名称、价格说明文件，供甲方确认。购置设备所需款项全部由

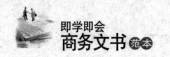
乙方垫付,不计利息;甲方分3年,即在20××年、20××年、20××年内各归还1/3,归还方式为乙方来料加工的加工费中扣除。

5.双方商定,甲乙双方的丝绸服装贸易和乙方的材料加工,其产品的规格、款式、质量要求、交货期限、付款方式等应逐项签订合同。其中的价格条款,原则上以双方签约时大陆的出品价格为标准协商确定。

6.应甲方的要求,乙方同意派出技术人员来甲方投资新建的丝绸服装厂进行技术指导,帮助服装厂提高产品质量。同时乙方同意乙方技术人员前来服装厂进行技术指导时所产生的费用全部由乙方自行承担。

7.双方商定,甲方在本纪要签署后一个月内将投资新建丝绸服装厂的具体方案寄给乙方,由乙方确认后,双方约定适当时间,就补偿贸易问题进行进一步会谈,确定协议内容。

8.本纪要用中文书写,一式两份,甲乙双方各执一份。

×××丝绸公司(章)　　　　中国香港×××丝织品贸易公司(章)

代表:×××(签字)　　　　代表:×××(签字)

20××年×月×日　　　　20××年×月×日

范例② 业务洽谈纪要

业务洽谈纪要

中国×××公司×××分公司(简称甲方)的代表与×国×××公司(简称乙方)的代表于20××年×月×日在中国××市××宾馆就兴办××合资项目进行了协商, 双方交换了意见,现达成初步意见如下:

一、依据双方的洽谈,乙方愿意就合资兴办××项目投资约××××元(大写数字),但投资方式有待进一步协商。甲方愿意以自己的厂房、人工、技术、设备为投资资本,但如何作价则要等甲方统计好相关数据后双方再作决定。

二、双方一致同意20××年××初××合资项目全面展开,具体开工时间有待进一步磋商。总体原则是尽量创造条件,尽快上马新项目。

……

六、经过本资洽谈，双方合作意愿明确。期待在今后的一个月内再行接触，以便进商洽合作事宜，具体时间待双方协商后再定。

七、本洽谈纪要一式两份，用中文书写。甲、乙双方各执一份。

中国×××公司×××分公司（盖章）　　　　×国×××公司（盖章）

代表×××（签字）　　　　　　　　　　代表×××（签字）

20××年×月×日　　　　　　　　　　20××年×月×日

第六节　商务谈判合同书

撰写要领

一、商务谈判合同的概述

商务谈判合同是缔约双方当事人为实现一定的经济目的，在自愿、互利的基础上，经过协商一致，确定双方权利和义务关系的一种协议。

二、商务谈判合同的特点

商务谈判合同具有以下几个特点：

1.合同是双方或多方的法律行为。

2.合同是当事人基于平等地位达成的意思表示一致的法律行为。

3.合同是当事人确定、变更、终止权利义务关系的协议。

4.合同是具有法律约束力的行为。合同一经依法签订，立即具有法律约束力。

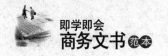

——❧ 范文经典 ❧——

范例 1 商务合作合同

商务合作合同

甲方:中国×××石化公司

乙方:×国×××公司

甲乙双方本着平等互利、优势互补的原则,就结成长期、全面的化工材料领域战略伙伴关系,实现资源共享、共同发展,并为以后在其他项目上的合作建立一个坚实的基础,经友好协商达成以下共识:

一、权利与义务

1.甲乙双方皆承认对方为自己的战略合作伙伴,并在彼此互联网站的显著位置标识合作方的旗帜徽标链接或文字链接。

2.甲乙双方授权合作方在其互联网站上转载对方网站上的相关信息,该信息将由双方协商同意后方可引用(具体合作项目另签协议)。

3.甲乙双方在彼此互联网站中转载引用合作方的信息时须注明该信息由×××(合作方网站)提供字样,并建立链接。

4.甲乙双方必须尊重合作方网站信息的版权及所有权,未经合作方同意,另一方不得采编其站点上的任何信息,且不得在其网站以外的媒体发布来自合作对方站点的信息,否则构成侵权。被侵害方有权单方面终止合作并视情节选择要求对方承担损害赔偿的方式。

二、相互宣传

1.甲乙双方应在彼此站点追踪报道合作方的市场推广计划及相关营销活动。

2.在甲乙双方都认可的适当时间内,双方在彼此站点上开设专栏、撰写并宣传与合作方商业行为有关的话题(具体合作项目另签协议)

3.甲乙双方在有关化工材料专题的研讨会和金融、金融等行业的各种展览会上互相帮助、共同宣传,共同推进双方的品牌。

4.双方还可就其他深度合作方式进行进一步探讨。

三、其他

1.甲乙双方的合作方式没有排他性,双方在合作的同时都可以和其他相应的合作伙伴进行合作。

2.本协议有效期为××年,自20××年×月×日起到20××年×月×日为本协议商定合作方案的执行期限。

3.甲乙任何一方如提前终止协议,须提前一个月通知另一方;如一方擅自终止协议,另一方将保留对违约方追究违约责任的权利。

4.本协议一式两份,双方各执一份,具有同等法律效力。

5.本协议为合作框架协议,合作项目中的具体事宜须在正式合同中进一步予以明确。框架协议与正式合作合同构成不可分割的整体,作为甲乙双方合作的法律文件。

6.本协议期满时,双方应优先考虑与对方续约合作。

7.双方的合作关系是互利互惠的,所有内容与服务提供均为免费。

甲方:＿＿＿＿＿＿＿＿＿＿＿＿　　乙方:＿＿＿＿＿＿＿＿＿＿＿＿

代表签字:＿＿＿＿＿＿＿＿＿＿　　代表签字:＿＿＿＿＿＿＿＿＿＿

日期:20××年×月×日　　　　　　日期:20××年×月×日

盖章:　　　　　　　　　　　　　　盖章:

范例 2　商务采购合同

商务采购合同

合同编号:×××××××

签订日期:20××/×/×

签订地点:×国××公司

甲方(采购方):＿＿＿＿＿＿＿＿

乙方(供应方):＿＿＿＿＿＿＿＿

本合同在甲方和乙方之间订立。按照以下规定的条件和条款,甲方同意购买且乙方同意售出下述商品:

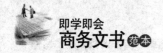
1.商品名称、规格和数量

甲方根据技术标准购入所需产品,名称列入附件一。所附技术协议、质量保证协议及保密协议均为构成本合同不可分割的一部分。在甲方同意的情况下,乙方有责任采取一切与合同供货相关的必要措施,如投资及有效地利用其生产能力。

2.合同价格:价格和有效期列于附件一。(略)

3.交货目的地:×国××公司

4.交货时间;交货时间及数量将另作规定。

5.包装:依据具体规定包装。

6.交付

(1)货物的交付在到达甲方指定的目的地,并经甲方验收合格后视为完成。

(2)如果预料发生交货或提供服务的延迟,乙方应立即通知甲方。同时,乙方必须及时做出相应的补救措施并报告甲方。

(3)乙方应在对甲方不造成任何经济负担的条件下确保有一定成品的安全库存量。在附件一中,甲方将对每种产品的数量作出明确的规定。甲方保留在任何时候检查库存的权利。

(4)如果乙方因不可抗力外的原因不能按时交货,甲方可在总额不超过合同价格×%的范围内要求其按每延迟一周交货支付合同价格的×%作为罚金。

7.风险转移和发运

(1)货物的风险只在货物已到达第 3 条规定的甲方指定的交货地点并已办理收货手续后才转移给甲方。

(2)通常情况下,装卸运输费用应由乙方负担,特殊情况另作协议。

(3)每批货物都应有装箱单或包裹附单以表明其内容和完整的订货参考。

8.发票

发票应表明订单序号或送货单的号码。如果发票内容或提供资料不完整,则发票不能支付。发票的复印件应注明副本。

9.付款

(1)合同支付的款项应自完成供货且甲方接受到发票之日起××天内支付。

(2)支付行为并不表示对供货符合合同要求的认可。

10.质量保证

乙方必须与甲方签订《质量保证协议》,并严格执行。

11.技术

乙方必须与甲方签订《技术协议》,并严格执行。

12.保密

乙方必须与甲方签订《保密协议》,并严格执行。

13.分包给第三方

未经甲方书面同意不得分包给第三方,否则甲方有权全部或部分退出合同并提出损害索赔。

14.条款的终止

本合同经双方签字后立即长久生效,本合同提前××个月通知后可以终止。如果有特殊原因,甲方有权提前终止合同,特殊原因如下:

(1)乙方破产或影响资产的组织调整。

(2)违反本章第 10 条质量保证条款。

(3)违反本章第 11 条技术条款。

(4)违反本章第 12 条保密条款。

15.附加规定

(1)本合同的任何变更应以书面形式并由双方代表签字方为有效。

(2)本合同及其附件构成合作双方关于此项事宜的专用合同,因此,所有关于此项事宜的原有协议作废。

(3)如本合同中的个别条款生效,将不影响其他条款。合作双方将友好协商达成具有同等经济效果的条款以取代失效的条款。

16.仲裁

凡由执行本合同所发生的或与本合同有关的一切争执,应通过友好协商解决,如协商无效,则应申请由仲裁委员会进行仲裁。该仲裁裁决为终局裁决,对双方均有约束力。仲裁费用由败诉方负担。

兹证明,本合同由双方签署正本两份。

甲方名称:×国××公司　　　　　乙方名称:中国×××石化公司

单位地址:×国××　　　　　　　单位地址:中国××

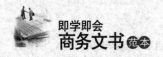
法定代表人：＿＿＿＿＿＿＿＿＿ 　 法定代表人：＿＿＿＿＿＿＿＿＿

委托代表人：＿＿＿＿＿＿＿＿＿ 　 委托代表人：＿＿＿＿＿＿＿＿＿

范 例 ③　商务长期合作方案

商务长期合作方案

甲方：×国××公司

乙方：中国×××石化公司

为了推动双方长期合作，促进合作双方的企业发展，甲乙双方本着平等互利、共同发展、优势互补的原则，甲方版权所属网站与乙方版权所属网站，经友好协商，在合作意向上达成一致，结为合作伙伴，甲方以协议规定的方式向乙方免费提供销售渠道，乙方提供价格优惠、质量优良的化工产品，充分保证双方的权益。现就双方合作的具体事宜及双方的权利与义务达成如下协议：

第一条　甲方的职责

1.为乙方提供销售渠道人才职业相关的信息内容，上述文章版权归甲方所有，乙方仅可在本协议规定范畴内使用。

2.按协议附录规定的方式为乙方提供上述文章，并根据化工产品界用户以及乙方的反馈积极开发为化工产品界用户所欢迎的需求信息。

3.在其网站为乙方频道设置文件配置表，配置内容包括但不限于以下内容：乙方频道 Logo 或文字及 URL 网址链接；乙方网站主页的网络路径；以上内容由乙方根据协议附件规定提供，乙方拥有上述内容的版权与修改权，甲方应当为乙方提供网上修改上述内容的管理权限。

4.甲方在首页"合作伙伴"中加入"××"的文字链接。

5.提供甲方的旗帜（×国×××公司）广告，大小为××乘以××像素的图像文件，具体发布事宜由双方商定，按协议附件规定执行。

6.上述所有图形 Logo 均由乙方自行设计，版权归乙方所有。

7.在所有由甲方提供内容的页面下方标注版权说明，版权归属单位为甲、乙双方。

第二条　乙方的职责

1.在乙方网站"××"频道中为甲方"×国×××公司"创建独立目录,存放所有由甲方提供的文章与信息。

2.在所有由甲方提供内容的页面下方标注版权说明,版权归属单位为甲乙双方。

第三条　商业秘密

1.甲乙双方应对其通过工作接触和通过其他渠道得知的有关对方的商业秘密严格保密,未经对方事先书面同意,不得向其他人披露。

2.除本协议规定之工作所需外,未经对方事先同意,不得擅自使用、复制对方的商标、标志、商业信息、技术及其他资料。

第四条　声明

1.甲乙双方之间结为战略合作伙伴关系。

2.甲乙双方信息资源互享,各自保证其网站内信息来源的真实性、准确性与时效性。

3.甲乙双方在网站或频道的推广和宣传过程中同行共勉、紧密合作。

4.甲乙双方就各自的经营和提供的服务内容承担责任,享有收益和版权。

5.如果由于网站版面更新或改动,原来的链接位置不再存在,双方必须将新的链接摆放位置调整至保证与原本效果相当的位置。

6.本协议期限满,双方优先考虑与对方续约合作。

7.双方的合作关系是互利互惠的,所有内容与服务提供均为相互免费。

第五条　协议执行期限本

协议书有效期为××年,自20××年×月×日至20××年×月×日为本协议商定合作方案的执行期限。

第六条　协议的终止

本协议因以下任何原因而终止:

1.本协议期限届满。

2.双方协商同意终止本合同。如有任何一方欲终止此合同,需提前一个月通知对方。

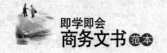

第七条　争议的解决

如甲乙双方在本协议的条款范围内发生纠纷,应尽量协商解决,协商不能达成一致意见时,提请××市仲裁委员会仲裁解决。

第八条　不可抗力

因地震、火灾等自然灾害,战争、罢工、停电、政府行为等造成双方不能履行本协议义务,双方通过书面形式通知对方,本协议即告终止。

第九条　本协议一式二份,双方各执一份,经双方签字盖章有效。本协议及其相关附件具有同等法律效力。

甲方:×国×××公司　　　　　　　乙方:中国×××石化公司

代表签字:_____　　　　代表签字:_____

日期:20××年×月×日　　　　　　日期:20××年×月×日

盖章:　　　　　　　　　　　　　盖章:

最新
适用版

第五章

人力资源管理类
公文写作

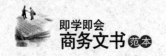
第一节　员工招聘工作计划

——⚡ 撰写要领 ⚡——

一、员工招聘工作计划的内容

员工招聘工作制度包含的内容比较多,主要包括招聘名额和任职条件的确定、招聘方式、招聘信息发布、甄选方法和甄选标准、试用内容、期限和考核、正式录用等部分,而每一部分还有很多具体内容,而且这些内容还要随着实际情况的变化作出相应的调整,因此,在制定员工招聘工作制度时,只应该,也只能对上述部分做一些原则性的规定。

二、员工招聘工作计划的写作要点

完整而详细的招聘工作计划有利于企业顺利地开展招聘工作。

在填写招聘工作计划书时,除了严格按照《编制人力资源计划的制度》的规定编写外,还要注意以下两点:

1.对各项内容的描述力求具体、明确。

2.对时间及资金的安排要充分考虑本公司的实际情况。

——⚡ 范文经典 ⚡——

范例 1　公司年度员工招聘工作计划

公司年度员工招聘工作计划

为了适应公司扩大业务的需要,根据公司员工招聘工作规程,特制订本计划。

一、招聘目标(人员要求,如下表所示:)

招聘目标

职务名称	人员数量	其他要求
软件工程师	××	本科以上学历,××岁以下
销售代表	××	大专以上学历,相关工作经验××年以上
行政文员	××	专科以上学历,女性,××岁以下

二、招聘小组成员名单

组长:×××(人力资源部经理)对招聘活动全面负责。

成员:×××(人力资源招聘专员)具体负责招聘信息的发布、面试、笔试安排、×××(人力资源薪酬专员)具体负责应聘人员接待、应聘资料整理等工作。

三、信息发布时间和渠道

1.《××日报》　　　　　×月×日

2.××招聘网站　　　　　×月×日

四、选拔方案及时间安排

1.软件工程师:

资料筛选　　　　开发部经理　　　　截至×月×日

初试(面试)　　　开发部经理　　　　×月×日

复试(笔试)　　　开发部命题小组　　×月×日

2.销售代表:

资料筛选　　　　销售部经理　　　　截至×月×日

初试(面试)　　　销售部经理　　　　×月×日

复试(笔试)　　　销售副总经理　　　×月×日

3.行政文员

资料筛选　　　　行政部经理　　　　截至×月×日

面试　　　　　　行政部经理　　　　×月×日

五、新员工的上岗时间

新员工的上岗时间预计在×月×日左右。

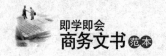
六、招聘费用预算

《××日报》广告刊登费:××元;××招聘网站信息刊登费:××元,合计:××元。

七、招聘工作时间表

×月×日:撰写招聘广告;

××月××~××日:进行招聘广告版面设计;

×月×日:与报社和网站进行联系;

×月×日:在目标报社和网站刊登广告;

××月×日~×日:接待应聘者、整理应聘资料、对资料进行筛选;

×月×日:通知应聘者面试;

×月×日:进行面试;

×月×日:进行软件工程师笔试(复试),销售代表面试(复试);

×月×日:向通过复试的人员发录用通知;

×月×日:新员工上班。

本计划已经列入20××年度公司工作计划,公司已责成人力资源部组织、督导实施;公司各部门要密切协同、配合,确保本计划的圆满实现。

×××公司
20××年×月×日

范例 ② **公司员工招聘工作规程**

×××公司员工招聘工作规程

第一条 为使公司的员工招聘工作规范、有序、高效地进行,依据"×××公司人力资源管理工作规定"的有关精神,特制定本规程。

第二条 本公司聘任各级员工,应以思想、知识、品德、能力、经验、体格适合于所任职务为基本原则。

第三条 新进员工的聘任,依据业务需要,由人力资源部统筹、呈报、核准。

第四条 本公司招聘各级员工如具有下列各项资格之一者予以聘任:

1.正管理师、正工程师

(1)具有博士学位者。

(2)具有硕士学位,并有实际工作经验××年以上,经试用合格者。

(3)国内外大学毕业,具有实际工作经验××年以上,经试用合格者。

(4)任本公司管理师(工程师)××年,考核均列优等者。

2.管理师、工程师

(1)具有硕士学位,并具有实际工作经验××年以上,经试用合格者。

(2)国内外大学毕业,并具有实际工作经验××年以上,经试用合格者。

(3)任本公司副管理师(副工程师)××年零××个月,考核均列优等者。

3.副管理师、副工程师

(1)具有硕士学位者。

(2)国内外大学毕业,并具有实际工作经验××年以上,经试用合格者。

(3)任本公司助理管理师、助理工程师××年零××个月,考核均列优等者。

4.一级办事员、业务代表、一级技术员

(1)国内外大专院校毕业,经试用合格者。

(2)高中(高职)毕业,并具有实际工作经验××年以上,经试用合格者。

(3)任本公司办事员、业务员、技术员××年,考核均列优等者。

5.办事员、业务员、技术员

(1)高中(高职)毕业或初中毕业并在企业团体或生产部门服务××年以上,经试用合格者。

(2)曾任本公司作业员、服务员××年,年度考核均列优等者。

第五条 本公司各级职位如有空缺时,应从低一级员工中选定符合第四条规定的服务成绩优异者,或经考试并由员工考核审议委员会审定者,优先升任。

第六条 助理管理师、助理工程师以上各级人员的聘用资格特准者,不受上述第四条资格的限制。

第七条 本公司招聘的特勤人员(司机、守卫、打字员、电话总机值班员)须年满××周岁以上,具有下列资格并经考试或甄选合格者,才能雇用。

1.司机:具有汽车驾驶执照,并具有实际经验××年以上者。

2.守卫:具有上岗证书或有实际经验者。

3.打字员:擅长中英文打字,有相当经验者。

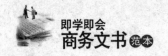

4.总机值班员:具有电话接线知识,有实际经验者。

第八条 凡有下列情况之一者不得任用为本公司员工

1.被剥夺公民权尚未复权者。

2.曾犯刑事、被判拘役以上罪行而刑期未满者。

3.通缉在案者。

4.贪污公款在案者。

5.吸食毒品者。

6.身体衰弱或有传染性疾病者。

第九条 本公司员工被录用时,应由安全主管部门进行调查,确定不抵触本规程才予以录用。

第十条 新录用人员应经试用合格才予任用,试用期定为××天,期满成绩合格方可择优任用为正式员工。

第十一条 本公司新近员工试用成绩优良者,由所在部门按其工作能力与成绩表现填具试用期考核报表, 会同人力资源部出勤资料呈请批准正式任用,发给任用书。其服务年资统一从正式任用之日起算。

第十二条 本规程经总经理批准后颁布实施,修改时亦同。实施中的问题由人力资源部负责解释。

×××公司

××××年×月×日

第二节 员工招聘的笔试和面试文案

撰写要领

员工招聘的笔试和面试文案是指公司对应聘者进行笔试和面试工作的规章制度及所涉及的书面材料。

由于各个公司的具体情况不同,特别是公司对招聘成本的认识不同,在对待笔试和面试考查工作的态度差别很大,具体规章制度差别也很大。

―― ❦ 范文经典 ❦ ――

范例① **关于员工招聘工作中进行笔试的办法**

×××公司关于员工招聘工作中进行笔试的办法

第一条　为了规范本公司在员工招聘中进行笔试的工作,依据公司的人力资源管理规定的精神,特制定本实施办法。

第二条　招聘中进行笔试的目的是以最低的招聘成本把大量应聘者中最可能符合应聘职位的聘用资格的、最优秀的应聘者选拔出来,以降低后续甄选工作成本。

第三条　只有初选合格的应聘者才有资格参加招聘的笔试环节。

第四条　每次招聘工作进行笔试前,都应该由人力资源部负责筹建笔试委员会,办理下列事项:

1.确定笔试日期、地点;

2.确定命题、主考、监考及评卷人员及工作分配;

3.确定命题标准及参考答案;

4.确定考试成绩评分标准及审定程序;

5. 确定各需聘职位应甄选出的人数和××倍于该人数的具体选中的应聘者的分数统计表;

6.其他笔试有关事项的处理。

第五条　笔试时间为××小时。这不仅是要保证获取应聘者各类知识和能力的信息量足以达到甄选的需要,也是对应聘者的毅力和韧性的考查。

第六条　笔试内容。

因各部门各职位不同,笔试内容应有所侧重,一般分以下 7 个方面考查:

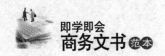
1.应聘职位所需的专业知识；

2.应聘职位所需的具体工作能力；

3.应聘职位所需的科学知识和认知能力；

4.与应聘职位相关问题的分析、综合能力及应变能力；

5.管理能力与协调能力；

6.职业素质和职业意识；

7.表达能力与思维方式。

第七条　人力资源部会同各用人部门对第四条第五项工作中的应聘者的分数和试卷及应聘人员登记表的个人基本信息进行分析、提出参加面试的应聘者的建议名单,连同资料一起呈总经理核准。

第八条　人力资源部根据总经理核准的参加面试的名单,向名单中的应聘者发送参加面试通知单。

第九条　本实施办法执行中的问题由人力资源部负责解释。

第十条 本办法经总经理审核颁布施行,修改时亦同。

×××公司

××××年×月×日

范例②　关于员工招聘面试工作的规程

×××公司人力资源部关于员工招聘面试工作的规程

一、总则

1.为适应国际化竞争,广纳贤才,依据本公司的人员招聘制度特制定本招聘面试工作规程。

2.有关应聘员工面试事项,均依本规程处理。

二、面试考官的确定

1.本公司人力资源部工作人员为面试考官,面试考官必须给人以正直、公正和良好修养的印象,能够很好地与应聘者交流,使应聘者充分地展示自己的特长。

2.面试考官自身必须培养积极客观的个性,理智地去判断事情,决不能因某些个人喜好而影响了对应聘者应有的客观评价。

3.不论应聘者的出身、背景之高低,面试考官都必须尊重应聘者的人格、才能和品质。

4.面试考官必须对整个公司的组织概况、各部门功能、部门与部门间的协调情况、人事政策、薪资制度、员工福利政策等有深入的了解,从容应对应聘者随时可能提出的问题。

5.面试考官必须彻底了解该应聘职位的工作职责和必须具备的学历、经历、人格条件与才能。

三、从面试中获得资料

1.观察应聘者的稳定性:应聘者是否经常无端换工作,尤其注意应聘者换工作的理由。假如应聘者刚从学校毕业,则要了解应聘者在学校参加了哪些社团、稳定性与出勤率如何。另外,从应聘者的兴趣爱好中也可以看出应聘者的稳定性。

2.研究应聘者以往的成就:研究应聘者过去的那些特殊工作经验与特别的成就。

3.应聘者应付困难的能力:应聘者面对困难或障碍是经常逃避,还是能够迎难而上、当机立断。

4.应聘者的自主能力:应聘者的依赖性是否很强,如应聘者刚从学校毕业,则可考查他在读书时是否喜欢依赖父母或同学。

5.应聘者对事业的忠诚:从应聘者对过去的主管、部门、同事以及从事的事业的谈话中,就可判断出应聘者对事业的忠诚度。

6.应聘者与同事相处的能力:应聘者是否存在一直抱怨过去的同事、朋友、公司以及其他情形。

7.应聘者的领导能力:当公司需要招聘管理人员时,特别要注意应聘者的领导能力。

四、面试的种类

根据本公司状况,人力资源部收到应聘者的申请书后,对于明显不符合招

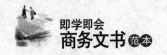

聘条件者,应发函婉言谢绝;对于可能符合招聘条件者,发出初试通知书;对于明显符合招聘条件者可以发出初试通知书,也可以直接发出评定式面试通知书。

1.初试:初试通常在人力资源部实施,初试的作用在于淘汰那些学历、经历和资格条件不符合职位要求的应聘人员,通常初试的时间约××~××分钟。经初试合格者发出评定式面试通知书,不合格者发谢绝函。

2.评定式面试(或复试):经过初试,如果发现有多人适合这项工作,这时就要由部门主管或高级主管作最后一次评定式面试。这种面试通常为自由发挥式的面谈,没有一定的题目,由一个问题一直延伸到另一个问题,让应聘者有充分发挥的机会,这类面试通常时间为××~××分钟。给合格者发试用函或笔试函,不合格者发谢绝函。

五、面试的地点及记录

1.面试场所的选择与环境控制。

①面试环境应保持安静舒适;

②面试考官的位置应避免背光;

③被试者的位置避免放在房子中央;

④面试过程中人员不能随意走动;

⑤面试过程不要被打断;

⑥最好不要装电话,以免面试会受到电话的干扰。

2.面试的时候,必须准备好面试表格和面试提纲。通常,初试表格是采用填写式,在评定式面试中,最好用开放式的表格,把该应聘者谈话的内容当时记录下来。

六、面试的技巧

1.提问的技巧。面试考官必须善于发问,问题必须恰当合理。

2.听的艺术。面试考官要想办法从应聘者的谈话里找出所需要的资料,因此,面试考官一定要学会听的艺术。

3.学会沉默。当面试考官问完一个问题时,应学会沉默,看应聘者的反应,最好不要在应聘者没有开口作答时或感觉到应聘者不了解问题时,马上又解释一遍问题。这时面试考官若保持沉默,就可以观察到应聘者对这个问题的反应能力,因为应聘者通常会补充几句,而那几句话通常是最重要的,也是最想说的几句。

七、面试的内容

1.个人的特性。应聘者的特性包括应聘者的体格外貌、言谈举止、健康状况、穿着。应聘者是否积极主动、是否为人随和,以及性格内向或外向,这些信息的获得都要依靠面试人员对应聘者的观察。

2.家庭背景。家庭背景资料包括应聘者小时候的家庭教育情况、父母的职业、父母对他的期望以及家庭中发生的重大事件等。

3学校教育。应聘者就读的学校、专业、成绩、参加的活动、与老师的关系、在校获得的奖励、参加的运动等。

4.工作经验。除了关注应聘者的工作经验外,更应该从所提问题中观察应聘者的责任心、薪酬增加的状况、职位的升迁状况和变化情形以及变换工作的原因。从应聘者的工作经验里,我们可以判断出应聘者的责任心、自动自发的精神、思考力、理智状况等。

5.个人的抱负。个人的抱负包括应聘者的世界观、人生的目标及发展的潜力、可塑性等。

6.与个人相处的特性。从应聘者的社交来了解其与人相处的情况,包括了解应聘者的兴趣爱好、喜欢的运动、参加的社团以及所结交的朋友。

八、附则

1.本规程经人力资源部颁布施行,修改亦同。

2本规程实施中的问题由人力资源部负责解释。

                         ×××公司人力资源部

                             ×××ו年×月×日

范例③ **公司面试通知书**

×××公司面试通知书

×××先生/小姐:

一、谢谢您应聘本公司××职位,您的学识、经历给我们留下了良好的印象,

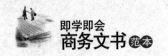

为了彼此进一步的了解,请您于×月×日××时××分前来本公司参加:

　　1.面谈(初试、复试);

　　2.专业笔试。

二、如您在时间上不方便,请事先打电话与×××先生(小姐)联系。

　　地址:××××××

　　电话:×××××××

　　特此通知

×××公司人力资源部敬启

××××年×月×日

第三节　薪酬管理制度

❀ 撰写要领 ❀

一、薪酬管理制度的概述

　　企业薪酬策略是企业人力资源策略的重要组成部分,而企业人力资源策略是企业人力资源战略的落实,再进一步说是基本经营战略、发展战略和文化战略的落实,因此,制定企业的薪酬原则和策略要在企业的各项战略的指导下进行,要集中反映各项战略的需求。薪酬策略作为薪酬设计的纲领性文件,要对以下内容做明确规定:对员工本身要求的认识、对员工总体价值的认识、对管理骨干即高级管理人才、专业技术人才和营销人才的价值估计等核心价值观;企业基本工资制度和分配原则;企业工资分配政策与策略,例如,工资拉开差距的分寸标准,工资、奖金、福利的分配依据及比例标准等。

二、薪酬管理制度的写作要点

　　说明了薪酬策略制定所需要着重考虑的 4 个方面的情况以及它们所包含的内容。我们可以看出薪酬制度与人力资源管理各方面都存在密切的联系,也可以说人力资源管理的其他方面的完善是设计出有效的薪酬制度的基础,有效的薪酬制度是人力资源管理在其他方面得以顺利实施的关键。

——❈ 范文经典 ❈——

范例 1　公司薪酬管理制度

×××公司薪酬管理制度

第一章　总则

第一条　本规定是根据《中华人民共和国劳动法》相关章节制定的员工工资及各种薪酬的管理制度。

第二条　员工的各项报酬除在本公司管理制度中另有规定外,均应依照本制度办理。

第三条　制定依据:社会同行业薪酬管理水平。

第二章　薪酬的构成及发放原则

第四条　薪酬的构成:本公司员工(指正式员工)的薪酬由基本工资、津贴、奖金和福利四部分组成。

第五条　薪酬的发放原则:

1.员工薪酬是工资、津贴、奖金、福利累加的总和。

2.绩效考核与工资调整相联系。

3.代扣项目、应交纳的代扣代缴的税金。

4.员工在停职期间停发一切工资,复职时不得要求补发。

第三章　工资的确定

工资由基本工资和年资工资两部分组成。

第六条　基本工资的确定:

在考虑学历的基础上确定基本工资。现按下表学历级别工资表执行。

企业的学历级别工资表

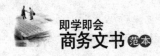
级别	内容	金额
一	中专或大专毕业生见习期间	
二	大本毕业生见习期间或中专大专毕业生见习期满一年后	
三	大本毕业生见习期满一年后	
四	硕士学位获得者试工期满后	
五	博士学位获得者试工期满后	
六	博士后	

说明：1.试工期只发放基本生活费，相当于相应学历工资的×%。

2.学历的认证按国家有关规定执行。

3.员工学历等级和上述表中的等级不一致时，按相当于表内等级计算，且采取就高不就低的原则。

4.基本工资的调整按照对员工年度考核的情况，每年××月调整一次，×月×日起执行。

第七条　年资的确定：年资工资是对职工在本公司工作年限的肯定。

本公司职工的年资工资自调入本公司起按年度开始计算，年资工资以第一年××元作为基数。第一年至第三年每年增加××元；第四年至第六年每年增加××元；第七年至第九年每年增加××元；第十年到第十五年每年增加××元；第十五年以上每年增加××元。年资工资自调出之日起停止发放。

第四章　津贴的确定

第八条　职位（岗位）津贴与岗位等级配置：

职位津贴与岗位等级配置按下表津贴与岗位职阶配置表执行。

津贴与岗位职阶配置表

职阶	名称	津贴
一	总裁	
二	副总裁	
三	部门经理	
四	职员	

说明：每位职工按照所司的职务领取相应的津贴。

第九条　其他补贴：

1.误餐补贴：每人每天××元。

2.交通补贴（班车费）：每人每月××元。

3.差旅补贴：按财务管理制度执行。

4.特殊行业补贴：司机补贴按照有关规定办理。

5.其他补贴：凡是不属于基本工资、前述各项津贴补助之外的津贴补贴均包括在此，其发放由部门主管提出申请，由总裁批准。

第五章　奖金的确定

第十条　绩效奖金

1.绩效奖金于每年春节前发放，其金额核定是根据上一年公司盈余，由总裁及各部门主管参照考核绩效核定，人力资源部根据规定制表，财务部发放。

2.企业赢利水平计算方法：赢利水平＝上一年度赢利÷上一年度投资额。

3.由总裁根据上一年的赢利水平确定上一年度赢利的一个百分比作为本年度绩效奖金的额度。

4.当赢利水平＞无风险收益＋×%时，可发放奖金；当赢利水平≤无风险收益＋×%时，不发放奖金；在短期投资（指证券投资）中，当赢利水平＞年度证券市场平均收益率时，可发放奖金；当赢利水平≤年度证券市场平均收益率时，不发放奖金。

5.第一年不发放绩效奖金，第二年开始以第一年的赢利水平作为核定第二年绩效奖金的依据。

6.依照各职位的不同，按下表奖金系数表规定的系数按比例发放奖金。

企业职位的绩效金系数表

职阶	名称	系数
一	总裁	
二	副总裁	
三	部门经理	
四	职员	

第十一条　病假累计超过××天减发×%，超过××天不足××天减发×%，超过××天（含××天）不足××天减发×%，超过××天（含××天）免发；事假（不合有薪事假）月

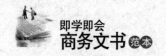

累计超过××年减发×%,超过××天不足××天减发×%;超过××天(含××天)免发。正常休假、婚假、探亲假、丧假不影响奖金发放。产假、因公司工作或利益受伤的,按国家有关规定处理。

第十二条 《员工绩效考核制度》的考核结果在(年度)基本奖金中表现出来(增加或扣除)。

第十三条 特别贡献奖:凡对公司作出重大贡献者,经由总裁上报、董事会批准,给予一次性的奖励。

第十四条 其他包括因特殊贡献而发给的个人奖金、集体奖金。

第十五条 奖金发放只适用于公司正式员工。试用期职员、见习期职员和临时工不在范围之内。年资未满一年的员工,其年终奖金酌量发给。

第六章 福利的确定

第十六条 社会保险:员工的社会保险(医疗保险、养老保险、失业保险)按《××社会保险规定》执行。

第十七条 住房公积金:员工的住房公积金按《××住房公积金管理条例》执行。

第十八条 其他福利:

一、制装费第一年每人××元,以后每人每年××元,于每年××月发放,每××年发放一次制装费。制装费要用于制装,并按办公室管理制度要求着装。

二、每人每月劳保福利标准为××元(包括洗理费等),每季度第×个月发放。

三、员工的托儿费按国家规定标准报销。

四、防暑降温费于每年随国家有关办法执行。

五、为确保公司正式职工的身体健康,由公司负担并安排职工每××年体检一次。

第十九条 员工的其他劳保福利标准参照国家有关企业单位劳保福利标准执行。

第七章 薪酬计算与支付

第二十条 薪酬计算时间为上月××日至本月××日,每月××日至月底根据考勤和其他变动情况制作薪酬表,于次月××日发放。当发薪日为节假日时,则在离节假日最近的工作日发放。

第八章　其他

第二十一条　本制度执行中出现的问题由人力资源部负责解释。

第二十二条　本制度经公司总裁批准颁行,修改亦同。

×××公司

××××年×月×日

第四节　员工考勤管理制度

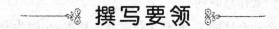

撰写要领

一、考勤制度概述

考勤制度是企业为了加强企业内部职工的组织纪律性而制定的措施。建立严格的考勤制度对企业的发展、生产效率的提高都起着很重要的作用。

二、考勤制度的格式与内容

考勤制度的标题可写为"××公司考勤制度",其正文主要包括以下几方面的内容:

1.企业的作息时间。

2.企业的休假规则(年休假和周休假要以国家法规为标准)。

3.加班加点属于制度工作时间之外,应对需要加班加点的工作范围应用制度加以严格限制。

4.违纪现象的处理措施。

三、考勤制度的写作注意事项

1.企业制定考勤制度要以国家法令规定为准则,不能违背或违反国家法律规定。

2.制定制度要严明,对迟到、早退等应严格要求。

3.执行制度要严格,要对当天考勤进行记录,而不应事后写"回忆录"。

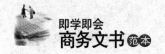
4.企业每人每天的考勤要用文字记载下来。

5.企业职工的年终考核要以全年考勤资料为依据。

—— ❧ 范文经典 ❧ ——

范例 1 职工考勤实施细则

职工考勤实施细则

第一章　本企业作息时间

第一条　本企业全体职工,每日工作时间一律以×小时为原则

第二条　两班工作时间为:第一班×小时,第二班×小时

第三条　三班工作时间为:第一班×小时,第二班×小时,第三班×小时

第四条　上班时间为上午×点,下班时间为下午×点;午休×小时。

第二章　考勤办法

第五条　职工入门时必须打卡

第六条　对违反劳动纪律现象的处理

1.迟到:上班时间××分钟后至××分钟以内打卡的到工者为迟到

2.早退:下班时间××分钟以内提前下班者为早退

3.旷工:上班时间××分钟后打卡的到工者均以旷工半日论处;下班时间××分钟前下班者均以旷工半日论处。当月内每迟到、早退×次,作为旷工半日论处;未经请假或假满未续假不到工者以旷工论处;代人打卡或伪造出勤记录者,经查明,双方均按旷工论处。

第三章　休息与休假

第七条　按国家规定,年休假为××天,企业每周休×天,此期间工资照付

第八条　职工因故请假规定如下

1.病假

(1)病假的日期计算:连续休假者,公休、节假日均计算在病休××内。

（2）病假证明：病假必须以医生开具的证明为准。

（3）待遇：病休连续或累计××天以上按工龄扣发工资，×个月以上者按劳保待遇处理。

2.事假

（1）手续：职工因故请假须事先申请并经单位和主管部门批准，紧急事情可以后补手续。

（2）日期计算：公休、节假日均不包括在事假内。

（3）待遇：事假期间按小时扣发工资及津贴。

3.公伤假

（1）职工因公受伤需要休息必须有医生开具的证明。

（2）待遇：公伤假期间，工资及津贴照发。

4.婚假

（1）时间：依照国家有关规定及本企业情况特规定职工婚假为××天，晚婚假为××天。

（2）待遇：婚假期间，工资及津贴照付。

5.丧假

（1）时间：依照国家有关规定及本企业情况特规定职工丧假为××天，需要赴外地者依据路程的远近另给路程假。

（2）待遇：丧假期间，工资及津贴照付。

6.探亲假

按国家有关规定执行办理。

7.生育假

（1）日期：符合晚育规定的女职工产假除国家规定天数之外，另给假××天；怀孕流产者给假××天；实行节育措施者给假××天。

（2）待遇：以上规定日期内，工资及津贴照发。

（3）晚育者可申请连续休假×月，此期间工资及津贴照发；超过×月按×%发放工资及津贴。

8.哺乳假

女工有周岁以下婴儿每天给予×小时的哺乳时间，不扣工资及津贴。

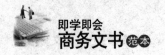

第九条　特别休假

1.年休假

（1）凡是符合享受年休假的职工，每年可安排休假两次，由所在单位根据工作情况有计划地安排报劳动部门备案。

（2）职工休假期间，工资及津贴照发。

2.干部季度假

凡是本企业的职员和干部，原则上每季度享受××天假，此期间工资及津贴照发。

第四章　加班加点

第十条　职工在节假日或法定工作时间以外加班，必须事先填报有关表格，经生产管理部门同意后方可加班。

第十一条　有关待遇按财务有关规定办理。

第五章　对违纪现象的处理

第十二条　原则：批评教育结合经济处罚。

第十三条　处罚程度：对迟到、早退者扣发××元奖金一次，对旷工者按日扣发工资，连续旷工×天以上者予以除名。

第十四条　对上班干私活、怠工、不服从工作分配，经批评教育仍不改者令其停职检查，停职期间扣发工资。

第十五条　对违法乱纪受到公安机关制裁者，停发工资。

第六章　附则

1.本细则主要从考勤角度对各种情况作出规定，对于各种情况的详细内容按有关专门的法令规章解释办理。

2.此细则要防止对其他专门规章的重复。

3.凡是国家法令政策有规定的，企业规定不能同其违背。

第五节 员工激励策划书

撰写要领

一、员工激励策划书的概述

员工激励策划书是企业根据具体情况对员工进行激励的一种规划。员工激励形式通常为增加工资和奖金。员工激励策划的目的是调动员工认真学习、努力工作的积极性,以此提高全员整体素质和能力。现代企业激励机制也涉及管理层持股、员工持股、认股权等多种形式。

二、员工激励策划书的写作要点

员工激励策划书应根据企业实际情况撰写,切忌照搬他人的激励方法。

范文经典

范例 1 员工激励策划书

20××年×××公司员工激励策划书

为了全面贯彻执行总公司及分公司 20××年的经营方针,在追求公司价值最大化的基础上实现个人价值、充分调动团队及其内部每一位成员的积极性、层层落实责任,确保支公司完成分公司下达的各项经营指标,特制定本方案。

一、实收保费进度优胜奖

为促进业务的均衡发展,支公司将对各销售团队的实收保费进度按月度和半年进行考核。在完成自报保费收入计划的前提下,分月度和半年对销售团体给予奖励。

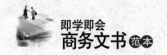

1.月度奖:考核的办法是按百分制计算,以各团队当月及累计实收保费分别与本团队自报保费收入计划,按月度及累计进度、月均计划保费和平均累计进度进行计算得分,具体办法是:

(1)月度自报计划得分=当月实收保费/当月自报计划 *××

(2)累计自报计划得分=累计实收保费/累计自报计划保费 *××

(3)月度平均计划得分=当月实收保费/月均计划保费 *××

(4)累计平均计划得分=累计实收保费/累计平均计划保费 *××

上述4项得分合计最高的团队为当月的第一名,荣获流动红旗,支公司奖励该团队费用××元。

2.半年奖:以各团队上、下两个半年的累计实收保费分别与本团队同期的自报计划及同期平均累计进度进行计算得分。(上半年计划不得低于全年计划的×%),具体的方法是:

(1)半年自报计划得分=半年实收保费/半年自报计划 *××

(2)累计自报计划得分=累计实收保费/累计自报计划 *××

(3)半年平均计划得分=半年实收保费/半年平均计划 *××

(4)累计平均计划得分=累计实收保费/累计平均计划 *××

按得分的高低排序,奖励第一名××元;第二名××元;第三名××元。

二、员工个人旅游奖励

1.业务员:实收保费的×~×名(××万元以上)标准××元;×~×名(××万元以上)标准××元;×~×名(××万元以上)标准××元;×~×名(××万元以上)标准××元。如果各名次员工的实收保费与规定的保费标准有出入,则按对应标准享受。

2.团队主管:完成全年实收保费计划,享受业务员第一档标准。

3.内勤人员:年度综合考核的前两名标准××元。

三、处罚

1.未完成支公司下达的全年保费收入计划的团队,取消全年评优资格。

2.业务员全年实收保费低于××万元者退为试用。半年考核未达到进度者,按有关规定给予处理。

第六节　员工测评与考核策划方案

❧ 撰写要领 ❧

　　企业员工测评与考核是人力资源开发和管理的一项实用技术，是用一定的方法对员工的能力、素质进行科学的测评，以便企业对其进行考核和评估。员工测评技术被许多大公司作为人事管理的重要工具。

❧ 范文经典 ❧

范例① 员工测评和考核实施方案

×××股份公司员工测评和考核实施方案

一、目标

1.了解员工队伍的工作态度、个性、能力状况、工作绩效等基本状况。

2.为公司的人员选择、晋升、考核、调动、任免工作提供决策依据。

3.为管理后备队伍的建设提供依据。

4.为员工的职业生涯规划、晋职配置、培训、奖惩等提供参考依据。

5.为公司的人员招聘提供系统科学的现代工具。

6.为公司目前组建上市股份公司在用人筛选上提供参考资料。

7.初步形成×××公司人员考评系统。

二、测评指标结构体系

从大的方面，传统的人员考评分为德、能、勤、绩4个方面，根据×××公司的

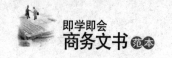

企业性质,测评内容侧重从工作态度(敬业精神)、人员素质测评和绩效考评3个方面进行,将主观评价和客观测评技术相结合,主观评价中将上级评价、同级评价、下级评价和客户评价相结合;客观技术评价中将笔试、面试、工作模拟和评价中心等技术相结合,做到全方位评价一个职员。

测评总体结构。(略)

(一)工作态度评价指标

对×××的认同感、对在×××发展前景的信心、工作积极性、对同事工作的促进、团队的协作努力程度,以上项目由直接上级经理、同事、下级和客户分别用相关的评议表格进行主观评定。

这一工作结合绩效考评中的季度或年度考核评议进行,也可以结合"员工满意度调查"活动进行。

(二)素质测评结构体系

依据×××公司各岗位工作分析的职位要求来作为测评的基本内容,同时加入人格特点、管理风格等内容。

素质测评内容指标具体可分为:

1.智力:图形推理测验、简易智力测验。

2.知识:专业资历、专业经验、知识面。

3.一般职业能力:言语能力、数理能力、机械推理、空间关系、知觉速度和准确性、运动协调性、手的速度和灵活性。

4.胜任能力:决策能力、驾驭能力(影响力)、技术能力、公关能力、组织能力、发展他人能力、权限意识、团队协作、自信、信息调研能力、团队领导力、主动性。

5.职业人格:主要指性格特征,这里指适应性与焦虑性、内外向、情感型与理智型、怯懦与果断。

6.职业定向:人、程序与系统、交际与艺术、科学与工程。

7.管理风格:这里主要指管理者的动机模式,分为成就型、权力型、亲和型3种。

(三)绩效考评结构体系

1.每月工作完成率:根据各部门、各职位的工作分析,编制各部门相应的月度工作任务书表格,逐月及时了解每一个员工的工作任务计划、工作量、难度及当月完成情况,累计统计作为年终全年考评的依据。对于不易于确定工作分析和工作任务的,可以设法采用其他简易方式来定量评价,尽量做到大部分工作岗位都有月度任务目标管理。

2.季度、年度评议:对员工各方面的主观评议,可以沿用去年评议中反映较好的项目,并针对不同部门、不同岗位适当增加或减少评议项目。以上项目由直接上级经理、同事、下级和客户分别用相关的评议表格进行主观评定。

3.特别业绩与贡献:根据其部门或公司认定的属于对公司有重大或特殊贡献的业绩或事迹,相应地在评议上进行加分。

三、方法

基于各种测评方式的有效性和成本,结合公司目前情况,建议采用已经过实践证明有效的方法,包括人事测评量表(纸笔方式)和测评模式(结构化面试、行为事件访谈法、评价中心等)。

1.评价中心:通过多种方式,如结构化面试、公文处理、工作情景模拟、管理游戏等来全面考察干部候选人的综合管理能力。

2.行为事件访谈:通过专业的谈话内容分析技术,定量评价管理干部的各个胜任特征。

3.结构化面试:通过精心设计的问题,即时考察测评对象的语言表达、人际沟通、思维反应能力。

4.人格问卷:通过设计问卷来了解各级员工的职业兴趣、职业人格、管理风格等心理素质。

5.综合知识测验:设计纸笔形式的测验来考察基层干部、普通员工和新招聘人员的科技知识、人文知识、外语及生活常识等方面的知识面。

6.一般职业能力测试:选用和设计纸笔形式、操作形式的测验来考察基层干部、普通员工和新招聘人员的基本认知能力和动手能力。

7.民主评议:根据各部门、各岗位工作分析,设计各种评价指标体系表格,由上级、同事、下级、客户对被评议人工作是否称职、是否优秀等进行打分评议。

8.讨论推荐:由各部门组织总结讨论部门内每个员工的工作态度、工作完成率、称职与否等,按一定比例评比出先进个人。

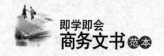

四、工具

国内关于企业人员测评现成的可以实用的测评工具还不多,因此,本方案所涉及的工作大部分需要自己从头研究、试用、修订,并在实践中完善。

五、工作步骤及进度安排

第一阶段:中层管理干部素质测评。

1.设计中层管理干部素质测评方案(已完成,见附件一,略)。

2.设计、制作《××职业倾向问卷》:适用全体人员(已完成,见附件二,略)。

3.设计确定"××事件访谈提纲":适用中层以上管理人员(见附件三,略)。

4.编制《××职业倾向问卷》计算机辅助统计报表打印软件。

5.选择部分人员实施《××职业倾向问卷》预试,为修订完善做准备工作,建议在×月中旬进行。

6.对全体人员实施(包括中级以上领导)《××职业倾向问卷》正式测评,建议在×月下旬或×月上旬进行。

7.进行中层管理人员行为事件访谈,与问卷正式施测同步进行。

8.汇总统计测评数据并提交第一阶段测评报告。

第二阶段:上市公司用人,普通员工与新招聘人员基本素质测评。

第三阶段:季度、年度考核。

1.设计工作态度调查方案。

2.设计各部门每月任务完成率考评方案。

3.设计各部门年度绩效考评指标体系。

4.确定《××民主评议指标体系》:包含工作态度评议的指标和。年度考核的指标配合年终考核进行,时间上需要提前×个月左右进行(约×~×月)。

5.实施年度民主评议。

6.统计分析民主评议数据、修订完善《××民主评议指标体系》,总结报告。

第四阶段:中高级领导测评。(略)

第七节　企业职工奖惩规定

撰写要领

一、企业职工奖惩规定的概述

企业职工奖惩规定是用于鼓励与肯定企业职工的积极因素、消除与否定职工内部的消极因素和不良因素,从而使企业职工队伍内部具有积极向上的进取精神,并且督促企业职工尽职尽责,达到维护企业的生产秩序和工作秩序、提高企业的经济效益方面的文书。

二、企业职工奖惩规定的写作格式

企业职工奖惩规定一般包括:

1.标题

2.正文

(1)奖惩要制度化、规范化。

(2)要以考核为依据。

(3)奖惩要一视同仁、奖罚分明。

(4)奖励要把物质与精神鼓励相结合;惩罚要注意以理服人。

(5)奖惩要做到及时。

三、企业职工奖惩规定的写作要点

奖惩规定应采取一定的方式:

1.奖励采取口头表扬、定期奖励和正式嘉奖。

2.惩罚采取批评、行政处分、经济处罚或开除。

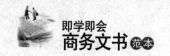
━━━━ ❀ 范文经典 ❀ ━━━━

范例 1 企业职工奖惩条例

企业职工奖惩条例

第一章　总则

第一条　根据中华人民共和国宪法的有关规定,为增强企业职工的国家主人翁责任感、鼓励其积极性和创造性、维护正常的生产秩序和工作秩序、提高劳动生产率和工作效率,特制定本条例。

第二条　企业职工必须遵守国家的政策、法律、法令,遵守劳动纪律、遵守企业的各项规章制度、爱护公共财产、学习和掌握本职工作所需要的文化技术、业务知识和技能,团结协作、完成生产任务和工作任务。

第三条　企业实行奖惩制度,必须把思想政治工作同经济手段结合起来,在奖励上要坚持精神鼓励和物质鼓励相结合,以精神鼓励为主的原则;对违反纪律的职工,要坚持以思想教育为主、惩罚为辅的原则。

第四条　对企业中由国家行政机关任命的工作人员给予奖励或惩罚,其批准权限和审批程序按照《国务院关于国家行政机关工作人员的奖惩暂行规定》办理。

第二章　奖励

第五条　对于有下列表现之一的职工,应当给予奖励:

(一)在完成生产任务或者工作任务、提高产品质量或者服务质量、节约国家资财和能源等方面做出显著成绩的;

(二)在生产、科学研究、工艺设计、产品设计、改善劳动条件等方面,有发明、技术改进或者提出合理化建议、取得重大成果或者显著成绩的;

(三)在改进企业经营管理、提高经济效益方面做出显著成绩、对国家贡献较大的;

（四）保护公共财产、防止或者排除事故有功、使国家和人民利益免受重大损失的；

（五）同坏人、坏事作斗争，对维持正常的生产秩序和工作秩序、维持社会治安有显著功绩的；

（六）维护财经纪律、抵制歪风邪气、事迹突出的；

（七）一贯忠于职守、积极负责、廉洁奉公、舍己为人、事迹突出的；

（八）其他应当给予奖励的。

第六条 对职工的奖励分为：记功、记大功、晋级、通令嘉奖、授予先进生产（工作）者、劳动模范等荣誉称号。在给予上述奖励时，可以发给一次性奖金。

第七条 记功、记大功、发给奖金、授予先进生产（工作）者的荣誉称号，由工会提出建议，企业或者企业的上级主管部门决定。发放奖金一般一年进行一次，在企业劳动竞赛奖的奖金总额内列支。

第八条 对职工给予奖励，须经所在单位群众讨论或评选，并按照第七条规定的权限办理。职工获得奖励，由企业记入本人档案。

第九条 对职工中有发明、技术改进或合理化建议，符合第五条第（二）项规定的，按照《××奖励条例》、《××和××奖励条例》给予奖励，不再重复发给奖金。

第十条 经常性的生产奖、节约奖的发放原则、奖金来源、提奖办法，按照国家有关规定办理。

第三章 处分

第十一条 对于有下列行为之一的职工，经批评教育不改的，应当分别根据不同情况给予行政处分或者经济处罚：

（一）违反劳动纪律，经常迟到、早退、旷工、消极怠工、没有完成生产任务或者工作任务的；

（二）无正当理由不服从工作分配和调动、指挥，或者无理取闹、聚众闹事、打架斗殴，影响生产秩序、工作秩序和社会秩序的；

（三）玩忽职守、违反技术操作规程和安全规程，或者违章指挥，造成事故，使人民生命、财产遭受损失的；

（四）工作不负责任，经常产生废品、损坏设备工具，浪费原材料、能源，造成经济损失的；

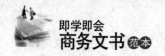

(五)滥用职权、违反政策法令、违反财经纪律、偷税漏税、截留上缴利润、滥发奖金、挥霍浪费国家资财、损公肥私、使国家和企业在经济上遭受损失的；

(六)有贪污盗窃、行贿受贿、敲诈勒索以及其他违法乱纪行为的；

(七)犯有其他严重错误的。

职工有上述行为，且情节严重、触犯刑律的，交由执法机关依法惩处。

第十二条　对职工的行政处分分为：警告、记过、记大过、降级、撤职、留用察看、开除。在给予上述行政处分的同时可以给予一次性罚款。

第十三条　对职工给予开除处分，须经厂长(经理)提出，由职工代表大会或职工大会讨论决定，并报告企业主管部门和企业所在地的劳动或者人事部门备案。

第十四条　对职工给予留用察看处分，察看期限为x~x年。留用察看期间停发工资，发给生活费。生活费标准应低于本人原工资，由企业根据情况确定。留用察看期满以后表现好的，恢复为正式职工，重新评定工资；表现不好的，予以开除。

第十五条　对于受到撤职处分的职工，必要的时候可以同时降低其工资级别。给予职工降级的处分，降级的幅度一般为一级，最多不要超过两级。

第十六条　对职工罚款的金额由企业决定，一般不要超过本人月标准工资的x%。

第十七条　对于有第十一条第(三)项和第(四)项行为的职工，应责令其赔偿经济损失。赔偿经济损失的金额由企业根据具体情况确定，从职工本人的工资中扣除，但每月扣除的金额一般不要超过本人月标准工资的x%。如果能够迅速改正错误、表现良好的，赔偿金额可以酌情减少。

第十八条　职工无正当理由经常旷工，经批评教育无效，连续旷工时间超过xx天，或者一年以内累计旷工时间超过xx天的，企业有权予以除名。

第十九条　给予职工行政处分和经济处罚，必须弄清事实，取得证据，经过一定会议讨论，征求工会意见，允许受处分者本人进行申辩，慎重决定。

第二十条　审批职工处分的时间从证实职工犯错误之日起，开除处分不得超过xx个月，其他处分不得超过xx个月。

职工受到行政处分、经济处罚或者被除名，企业应当书面通知本人，并记入本人档案。

第二十一条 在批准职工的处分以后,如果受处分者不服,可以在公布处分以后××日内向上级领导机关提出书面申诉,但在上级领导机关未作出改变原处分的决定以前,仍然按照原处分决定执行。

第二十二条 职工被开除或者除名以后,一般在企业所在地落户。

如果本人要求迁回原籍,应当按照从大城市迁到中小城市、从沿海地区迁到内地或者边疆、从城镇迁到农村的原则办理。符合本条规定的,企业主管部门应当事先同迁入地的公安部门联系。迁入地公安部门应当凭企业主管部门的证明办理落户手续。迁回农村的,生产队应当准予落户。

第二十三条 受到警告、记过、记大过处分的职工在受处分满半年以后,受到撤职处分的职工在满一年以后,受到留用察看处分的职工在被批准恢复为正式职工以后,在评奖、提级等方面应当按照规定的条件,与其他职工同样对待。

第二十四条 对于弄虚作假、骗取奖励的职工,应当按照情节轻重给予必要的处分。

第二十五条 对于滥用职权、利用处分职工进行打击报复或者对应受处分的职工进行包庇的人员,应当从严予以处分,直至追究其刑事责任。

第四章 附则

第二十六条 (略)

第二十七条 (略)

第二十八条 本条例自发布之日起施行。

最新
适用版

第六章

财务管理类公文写作

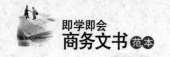
第一节　成本控制管理办法

⚜ 撰写要领 ⚜

一、成本控制管理办法的概述

采购成本控制情况是指与采购原材料部件相关的物流费用的控制情况,包括采购订单费用、采购计划制订人员的管理费用、采购人员管理费用等。

企业成本预算报告是对企业按照预算期的特殊生产和经营情况所编制的预定成本情况的报告。

在企业的整体因素基本确定的情况下,企业对成本的控制应着眼于每项生产经营活动所产生的成本,也就是日常管理成本。企业日常成本管理的建议主要是针对经常被企业忽视的日常开支。

二、成本控制管理办法的写作格式

一般由标题、称呼、正文、结尾、落款几部分构成。

1.标题

一般在第一行中间写上"建议书"字样,有的建议书还写上建议的内容。

2.称呼

建议书要求注明受文单位的名称或个人的姓名,要在标题下隔两行顶格写,后加冒号。

3.正文

建议书正文由以下3部分构成。

(1)要先阐明提出建议的原因、理由以及自己的目的、想法。这样往往可以使受文单位或个人从实际出发考虑建议的合理性,为采纳建议打下基础。

(2)建议的具体内容。一般建议的内容要分条列出,这样比较醒目。建议要具体明确、切实可行。

(3)提出自己希望被采纳的想法,但同时也应谨慎虚心,不说过激的话,不用命令的语气。

4.结尾

结尾一般是表达敬意或祝愿的话。

5.落款

落款要署上提建议的单位或个人的名称,并署上成文日期。

三、成本控制管理办法的写作要点

要想提出有价值的日常成本管理建议,要注意以下几点。

1.要抓住日常成本细节,因为日常细节所节省的钱是可以聚沙成塔的。

2.需要加强企业每位成员的节约意识,这样才能使每一分钱的投入都获得最大的回报。

3.日常成本出现在办公设备和原材料采购、人力资源管理、办公设备使用、存货管理、能源使用、安全管理、差旅交通、收款和付款、物品寄送等企业经营活动的各个环节中。

范文经典

范例 1　日常成本管理建议书

日常成本管理的建议

×××厂长:

在市场竞争日益激烈的今天,成本节约变得越来越重要,这就需要我们从日常工作做起,把成本节约充分运用到日常经营的每个环节中,只有这样,才能降低成本、优化配置资源,达到企业增效的目的。

一、日常成本发生浪费的关键点

1.人员重叠

由于公司采用事业部制,这样就产生了职能相互重叠的现象,从而导致无谓的人力成本浪费。

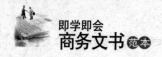
2.库存浪费

对于那种季节性,特别是需求持续时间比较短暂的产品,在旺季来临之前往往需要准备大量的存货以应对骤增的销量,这就会对库存产生极大的压力,同时占用大笔的流动资金。

3.不良品率

产品不良率的高低将大大地影响到制造成本,通过降低产品不良率,就可以降低产品的成本。

4.多余功能的设备

采购人员发现,我公司计算机在×%的时间里都是被用来做文档处理工作,只有在×%的时间里,其全部功能才被真正使用。

二、日常成本管理的方法

1.总量控制

从紧安排一般性支出,适当压缩部分经费。

2.定额管理

严格按人事部门规定审核确定公司人员基本工资和工资外收入,按"统一标准、定额管理、超支不补、自求平衡"的原则安排使用机关单位公用经费,通过层层把关,节减经费支出。

3.加强考核

将公司年度公用经费支出情况纳入公司年度工作考核指标体系。

4.定点管理

对成本活动实行定点管理。

三、日常成本管理的几条建议

1.做好淡旺季的人资衔接

淡季裁员时应选择技术含量低、对熟练程度要求不高的工种。对一些需要具有一定业务水平和操作技能的岗位,在淡季应采用轮流放假的方式节约开支。对被裁减的流水线工人,也要吸引他们在旺季前回来,这样可以减少培训时间,达到提高效率的目的。

2.实现库存转移

可以通知各经销商,如果在旺季来临前提前×个月提货付款,产品价格按原出厂价的×%计算;如果提前×个月提货付款,按原出厂价的×%计算;如果到了旺季再提货,就必须按原出厂价的全价付款。只要折扣收益低于库存成本和资金成本,这种办法就有利可赚,而且还一同解决了应收账款的难题,加快了资金周转。

3.建立健全生产耗用材料目录

对材料的库存数量和金额,应制定出最高库存限额标准。目前,我厂积压材料较多,据查,总额已达××元,其中仅油漆一项,按生产耗用可使用××年之久,严重影响了企业资金的周转。这表明,由于没有材料库存最高限额标准而给企业带来的经济损失是严重的。

4.控制行政费用

包括对办公费用、车辆管理费、接待费用、差旅费、通信费用、水电费、会议费用、物业管理费等费用的控制。

5.实行制度上的控制

即根据有关法规和财务会计制度,并结合我厂的经营情况制定出有关成本控制的制度,诸如"××××制度"、"××××管理办法"、"××××奖励办法"、"××××制度"和"××××奖励办法"等制度。这些制度在成本控制、保证标准成本的执行上都可起到积极作用。

6.实行反馈控制

即在成本控制过程中应强调反馈责任,建立反馈制度。各有关部门应定期向厂部报送"成本计划执行情况报告"、"材料消耗定额执行情况报告"和"预算差异因素分析报告"等,以考核各岗位业绩,评议奖罚。

7.加强产品质量检测工作

消除废品的产生,将废品率降至×%以内,直至无废品。

8.加强采购环节控制

在健全和完善厂内银行内部资金管理核算的基础上进一步完善厂内"购料"制度,实行"一手交钱,一手交货"、"钱货两清"的核算制度,以杜绝材料采购环节上的损失浪费。

以上建议,请领导审议、批准执行。

×××厂财会科

××××年×月×日

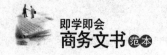

范例 ② 材料采购成本控制情况报告

材料采购成本控制情况报告

××局财务处：

控制采购成本对一个企业的经营业绩至关重要，采购成本下降不仅体现在企业现金流出的减少上，而且直接体现在产品成本的下降、利润的增加以及企业竞争力的增强上。为了控制材料采购成本，我厂在本年度投入了很大的精力，以财务处材料核算室为核心进行了合理的调控，取得了显著的经济效益。现将我们的具体做法报告如下：

1.建立了严格的采购制度

采购制度中规定了物料采购的申请，授权人的批准权限，物料采购的流程，相关部门（特别是财务部门）的责任和关系，各种材料采购的规定、方式、报价和价格审批等，有效地规范了企业的采购活动、提高了采购效率、杜绝了部门之间互相推诿的现象，还有效预防了采购人员不良行为的发生。

2.采取生产、供应、财务"三结合"的办法

过去，我厂×%以上的材料均由供应处直接采购，材料的验收、发放和保管也由其负责。现今市场变化快，工厂产品结构复杂、品种繁多，大量或成批采购容易造成库存积压。据计算，截至××××年末，我厂主库存材料为××万元，××××年增加到××万元，其中，重复采购的物资就达××万元以上，为此，财务处及时设计并推行了"材料月份用款计算表"。先由各车间按产品的市场需求量提出生产用料，由供应处汇总填写"材料月份用款计算表"，经仓库保管核对库存量后报送生产处总调度，生产处根据生产情况核实批准，在"备注栏"中示明采购急缓程度，送财务处材料核算室核算价格，最后再由财务处处长根据资金情况批准"实支数"。这一管理控制办法实行一年来，仅避免重复采购一项就节省××万元，另外还拒付价格过高的材料××万元，经磋商而降低采购价格，使支出减少××万元，有效避免了材料采购过程中的盲目性。

3.建立价格档案和价格评价体系

企业采购部门要对所有采购材料建立价格档案，对每一批采购物品的报价，应首先与归档的材料价格进行比较，分析价格差异的原因。如无特殊原因，原则上，采购的价格不能超过档案中的价格水平，否则要做出详细的说明。对于重点材料的价格要建立价格评价体系，由公司有关部门组成价格评价组，定期收集有关的供应价格信息，分析、评价现有的价格水平，并对归档的价格档案进行评价和更新。这种评议视情况可每季度或半年进行一次。

4.采用"×××管理法"，重点控制，严格审核

我们将现代化管理办法——"×××管理法"直接应用于材料采购成本控制上。经分类，划分出 A 类消耗物资××项，这类物资占采购品种的×%，但却占采购资金的×%以上。我们对这××项消耗材料重点进行市场价格调查，并查阅了各种价格资料，结合国家有关物资的价格政策制定了"×××采购限价表"及相应的奖罚办法，收到了立竿见影的效果，采购人员通过多渠道、全方位的采购，在这方面共节约材料成本费××万元。

5.全面控制、有效节约材料采购成本中的运费开支

近年来，运杂费占材料采购成本的比重越来越大，为了控制材料采购的运杂费，降低采购费用，经走访市内各货场、运输公司，收集整理国家对运杂费的价格政策、限价措施，决定运输物资时优先使用本厂的运输工具，在本厂车辆紧张而需要社会运输工具时实行及时限价送货。通过以上措施，使我厂的材料采购运杂费成本大幅度下降，仅××××年一年就节约费用××万元。

总体来说，企业在过去的一年里通过加强对采购成本的管理和控制，使总体采购成本下降×%以上，再加上对生产环节材料消耗的控制，使企业的整体生产成本下降了×%，取得了良好的经济效益。

财务处材料核算室

××××年×月×日

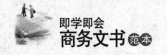

范例 ③ 成本预算报告

×××公司成本预算报告

×××公司成本预算报告财务部：

成本费用预算是预算支出的重点，在收入一定的情况下，成本费用是决定企业经济效益的关键因素。科学的成本费用预算对企业建立现代企业制度、提高管理水平、增强竞争力有着十分重要的意义。

一、计算期的确定

本项目计算期是根据项目建设进度和主要设备折旧年确定的。项目建设期为××年，投产期为××年，达产期为××年，项目总测算期为××年。

二、生产规模及产品方案

本项目按初步设计补充说明及省计委审批的生产规模确定为片剂××吨/年，胶囊××粒/年，戒毒针××支/年，粉针分装××支/年。主要产品有：哆嗪茶碱片剂、戒毒针水剂、精制银翘胶囊和粉针分装系列。

经过与生产单位有关技术人员反复论证，认为原定生产规模过大，市场容量有限，且产品销售有一个逐渐增大的过程，投资过大、投资落实较难。按原××××年××月初步设计确定的第一期工程生产规模，即哆嗪茶碱××片/年，精制银翘胶囊××粒/年，戒毒针××支/年，粉针分装××支/年，考虑今后扩大生产规模的需要，厂房设计面积等不作调整。预留生产规模扩大所需，设备投资、生产成本和费用按调整后的测算。

三、总成本和费用测算

成本中各项费用计算说明如下：

1.外购原材料、燃料及动力费用。外购原材料、燃料及动力费用以建设期的市场价格为参考依据，适当考虑物价上涨因素进行测算。

2.工资总额和职工福利费。这两项费用按职工人数（设计定员）乘以工资及福利费指标计算。

项目年工资总额=××人 *××元/人=××(万元)

职工福利费=xx*x%=xx(万元)

3.折旧费。固定资产折旧按类别采用直线折旧法分别计算。房屋、建筑物折旧年限为xx年,年折旧率为x%,机器及设备折旧年限为xx年,年折旧率为x%。为简化计算,预备费用、固定资产投资方向调节税、建设期利息计入固定资产原值。

4.无形资产及递延资产摊销。土地使用权、技术转让费、勘察设计费等无形资产,按xx年摊销。建设单位管理费、工程前期费用、生产职工培训费、联合试运转费、办公生活家具购置费、城市基础设施建设费等递延资产(费用),按xx年摊销。为简化计算,未分摊预备费用。

5.修理费。大中小型修理费分别列入制造费用或管理费用,为计算方便,不单独列项计算,按折旧费的x%估算。

6.生产经营期发生的长期借款利息、流动借款利息等均以财务费用的形式计入总成本费用。固定资产投资借款按综合加权平均资金成本率x%计算,流动资金借款按年利率x%计算。

7.其他费用。为计算方便,将制造费用、管理费用和销售费用等作适当的归并(按销售收入的x%计算),均列入其他费用中。

预算处

xxxx年x月x日

第二节　财务状况分析报告

撰写要领

一、财务状况分析报告的概述

财务状况是指一定时期的企业经营活动在财务上的资金筹集与资金运用状况的体现,它是企业一定时期内经济活动的过程及其结果的综合反映。财务

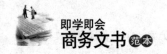
状况分析主要是利用会计核算及有关方面提供的资料,运用反映企业财务状况的各项财务指标对企业经济活动所进行的研究和评价

利润增长情况报告主要是企业财务部门通过对本企业的利润增长情况作全面、系统的分析后找到利润增长的原因,并据此提出今后企业发展计划和建议的报告书。

企业盈利状况报告是企业财务部门通过对本企业的生产获利情况作系统、全面的分析,找出目前存在的问题和保有的优势而向企业决策部门提交的一种上报性公文。

二、财务状况分析报告的写作格式

报告的结构一般由标题、受文领导、正文、落款、成文时间组成。标题,由事由、文种组成;正文,主要写目前情况、存在的问题、今后的打算和意见;最后可写"请审阅"或"特此报告"等作结尾。

企业盈利状况的报告一般包括以下内容:

1.盈利概况。

2.对盈利实现的建议。

3.影响盈利实现的因素。

范文经典

范例 1 利润增长情况报告

关于×××公司企业利润增长情况的报告

总经理:

经过技术改造和产品结构调整,20××年,我公司生产经营和财务状况有很大的好转。产值由降转升,产品销售收入稳步增长,上交税金与企业利润同步升高,全公司资金状况明显改善。全年收入和利润情况及利润增长原因分析如下:

一、产值略有回升,销售收入由少转多

近两年,由于我公司处于技术改造阶段,20××,年全公司工业总产值仅为××万元,比上年增长×%,同××××年相比仍少×%,但因调整产品结构初见成效、适销对路的新产品开始投放市场, 所以产品销售收入已呈逐年上升的趋势。20××年,产品销售收入比20××年增长×%,20××年又比20××年上升了×%。每百元产值实现的销售收入,20××年达到××元,比20××年的××元增长×%,销售收入增加的主要因素有以下两点:

1.在我公司开发了××、××、××等×大类新产品之后,本年度国内市场销售收入净增××万元;

2.××、××两大类新产品的出口交货值净增××万元人民币。

二、利润总额增加,呈逐年稳步上升的态势

20××年,公司利税总额已达××万元,比上年增加×%,人均利税由上年的××元上升到××元。其中,上交给国家的税金达到××万元,也较上年增长×%,而且连续×年来的情况表明,上述几项指标也都呈逐年稳步上升的趋势。

三、公司利润开始与税金同步升高,自我发展能力正在逐步增强

20××年,公司利润达到了××万元,较上年增长×%,同××××年相比则增长×%。这个数额虽然距公司生产经营的实际需要相差甚远,但能有如此稳定上升的局面,在目前的××行业中也是相当难得的,这对于我公司逐步增强自我发展能力和提高生产经营能力都起着良好的推动作用。

纵观我公司20××年的生产经营形势,较往年确有较大的改观,如在下一步公司改革中摸准国内外市场信息,做到产品适销对路、质地精良,实现公司董事会提出的“把出口产品的比重由现在的×%提高到×%左右,把赢利较大的新产品的销售比重由现在的×%提高到×%左右”的目标,那么我公司的经济效益和市场竞争能力便可以得到更大的提高,公司利润也可以达到千万元以上,这样,我公司资金短缺的情况才能得到缓解,从而逐渐步入良性循环的发展阶段。

财务部
20××年×月×日

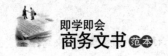
范例 ② 盈利状况报告

×××公司盈利状况的报告

总经理：

20××年,由于我公司从多方面巩固了前几年技术改造中形成的卫星地面接收装置、雷达、雷达车厢、方舱、家电、电子应用多元化的生产新格局,企业活力逐步增强,全公司的生产、销售和经济效益都获得了一定的发展,但企业利润增加不多,资金紧缺的严重局面尚未得到缓解。

一、生产与销售的关系逐渐和谐

前几年,由于市场疲软,我公司曾一度出现过生产与销售不协调的现象,但经过技术改造和产品结构调整,实行了以销定产,现已形成产销和谐发展的局面。20××年,我公司工业总产值虽只实现××万元,较上年仅增长×%,但产品销售收入却达到了××万元,比上年增长×%。销售收入增加幅度大于产值,主要是因为产品更新换代,大部分产品改为适销对路的新产品所致。据计算,在本公司产品销售收入中, 新产品销售所占的比重,20××年为×%,20××年为×%,20××年则为×%。其中,仅销售盈利较大的雷达车厢(××部)、卫星地面装置(××部),即实现销售收入××万元,占全部销售收入的×%,这表明我公司经过几年努力而形成的多元化生产新格局基本上是适合市场需要的,并已初见成效。

二、利税总额逐年升高

20××年,公司利税总额实现××万元,较上年增长×%;百元销售收入实现的利税为××元,比上年上升××元,比技术改造的第一年则上升××元多,在利税总额中,税金的比重和增长幅度均在逐年加大。

三、企业留利增幅低缓

20××年,企业留利共为××万元,比上年仅增加××万元,增长×%。企业留利增加数额不多,一方面是因为生产和销售仍处于低速发展的状态,另一方面则是受税金增幅较大的影响。由于我公司生产的产品多数是技术含量高、占用资金多的产品,加上技术改造耗用资金数量较大,近几年的企业留利又多用于还债,故资金紧缺的局面一直没有得到缓解。据计算,20××年,我公司的资产负债率为×%,仅比上年的×%下降×%。如果产品销路不能迅速铺开,企业留利增幅不能加大,在物价上涨幅度较大的情况下,到期负债不能归还,企业在生产经营和资金周转上的困难还会进一步加剧,因此,如何发挥我公司技术装备良好的优势、生产更多的适销产品、努力提高盈利能力,仍是我公司亟待解决的一个根本问题。

财务部

20××年×月×日

范例 3　年度财务状况分析报告

20××年公司财务状况的分析报告

20××年,我公司获得了良好的经济效益,产品产量有所上升,市场销路扩大。公司上下齐心协力,积极投入生产经营,坚持岗位责任制,成功完成了销售任务,实现了利润比上年增长×%的目标。

20××年,我公司国内购进比上年增长×%,商品纯销售额比上年增长×%。包括能源外汇进口商品利润在内,一年实现的利润比上年增长×%。其中,正常业务利润比上年增长×%;商品流通费平均为××元,比上年上升×%。全部流动资金周转××次,比上年减少××次。

一、资金运用情况

20××年,公司在加强资金管理、节约使用资金方面采取了一些有效的措施,如:引进省、市及地区属采购批发站(以下简称一级站和二级站),实行分科目、分商品类别核算;总结了在多渠道参与的新形势下开展外采工作的经验,同时在克服盲目采购、改善库存结构、加速资金周转等方面都取得了一定成绩。但总的来看,资金运用效益不够高,资金增长速度超过销售额增长的速度,使资金周转减慢。

20××年,我公司占用的流动资金比上年增长×%,是历史上增幅最大的一年。20××年,每销售××元商品平均占用流动资金××元,比上年增加××元。流动资金周转××次,比上年减少××次,每周转一次××天,比上年减慢××天。

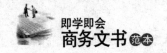
占用的流动资金×%集中在库存商品,其余×%分散在低值易耗品、应收账款等方面,×%集中在柜台。纯百货每销售××元商品平均占用流动资金××元,比上年增加××元。年周转××次,比上年减少××次。从各经营环节来看,百货柜流动资金周转××次,比上年减少××次;家电柜流动资金周转××次,比上年减少××次;县、市属批发部周转××次,比上年减少××次。

20××年末,流动资金比上年增加的项目包括以下几项:

1.20××年末,库存商品比上年增加××万元。其中,×××和×××、××、××等5种商品库存就增加××万元,占库存商品增加总额的×%。

2.在途商品资金比上年增加××万元。

3.结算环节占用的资金比上年增加××万元。

20××年流动资金周转慢,主要就是由上述资金增加的幅度大大超过销售额增长幅度所致。上述资金增加的原因主要有以下几点:

1.库存商品结构不合理。据对××种商品××月末的库存分析,库存基本合理的有××种,偏多或积压的有××种,不足的有××种。库存偏多或积压的××种商品超过合理库存部分,占××××年末商品库存总值的×%左右。其中××、××、××、××等××种商品占×%。质次价高、残损变质、冷背呆滞等有问题的商品约××万元,这部分商品比年初减少××万元,下降×%。由于库存结构不合理而占用的资金导致资金周转减少××次。

2.在途商品20××年比上年增加××万元,主要是运输力量紧张,加上外采商品增加,货运量也随之增加,商品压站、压港现象比较严重等。

3.20××年末,各部门因经营业务发生的各项往来款项在结算过程中所占用的资金比上年增加××万元,增加幅度为×%,主要包括以下款项:

(1)20××年末有待自理的×××落实库存减值约××万元挂在账上,尚未处理,这是新增加的因素。

(2)委托银行收取的款项比上年增加××万元,其原因除由于批发销售增加而相应增加的××元外,其他是因为办理托收和货款划拨不及时、承付期延长而造成的。

(3)银行存款比上年增加××万元。

(4)预计企业因购销业务等发生的暂付、垫付押金等其他应收而未收回的往来款项为××万元,比上年约增加××万元。

二、盈亏增减变化情况

20××年实现的利润比上年增长×%。

从分公司看,20××年实现利润比上年增加的有×××公司、×××家电批发公司、×××公司,其中×××公司发展较快,销售额增长较多。利润比上年减少的有×××百货公司、×××分公司、×××分公司、×××公司,其中×××公司减少××万元,为减少最多的公司,这主要是由于当地受灾较为严重。

批发站实现的利润比上年减少×%。其中:百货、文化用品、针织各柜台和其他直属企业共增加利润××万元;纺织、五交化、石油各分公司共减少利润××万元。石油站由于节约能源,销售量减少,费用上升,利润减少××万元,为最多。跨年商品销售额增加得多(增加×%)而正常业务利润部分增加得少(增加×%)的主要原因,是由于减少利润的因素比较多。

20××年能够计算的减少利润的因素导致利润减少约××万元,主要有以下几项:

1.部分商品调价和削价处理有问题商品损失增加,约减少利润××万元。20××年由国务院、物价总局、××部通知在全国范围内调低销售价的××、×××、×××、×××等,据计算约减少利润××万元,去除×××等部分商品提价增加利润××万元后,净减少××万元。

20××年继续削价处理质次价高等问题商品约××万元,损失约××万元,比上年增加损失××万元。

2.由于商品销售结构变化减少利润××万元,即毛利率低的商品如××、××等销售数量变多,毛利率高的商品如××、××等销售数量变少了。

3.费用水平上升×%,相对多支付费用××万元。主要是流动资金周转慢,相对多占用资金××万元、多支付利息约××万元以及银行等其他方面的费用增加了,否则费用水平将上升得更多。

4.×××分公司利润减少××万元,减少×%。利润自××××年以来都是呈下降趋势,其中××行业的利润下降幅度比××行业大。

5.财产损失约增加××万元,主要是有些分公司遭受水灾、物资损失和商品丢失短少等损失增加。增加利润的因素共盈利约××万元,主要包括以下几项:

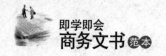

(1)商品销售额比去年增加××万元,增加利润约××万元。

(2)食品分公司系统盈亏相抵后,净亏损比上年减少××万元。

(3)由于企业厉行节约,出售包装物、废旧物资和补贴工资支出减少,以及增加联营投资收入等,这些方面增加利润××万元。

(4)商办工业、储运等企业增加利润××万元。

三、今年的努力方向

根据上述情况,今年必须着重抓好以下两项工作:

1.各分公司要根据新的经济形势研究分析市场变化情况,千方百计提高经济效益,通过企业整顿,针对企业管理中存在的问题认真总结经验,狠抓扭亏,努力增收节支,减少流通费用,节约一切可以节约的开支,把企业经营管理水平提高到一个新的层次。

2.各分公司应结合本地区的具体情况,对重点柜台、重点环节深入研究,分析库存商品结构和结算资金中占用不合理的地方,总结资金使用经验,摸索资金运用规律,挖掘资金周转潜力,采取有效措施,以充分发挥资金使用效能,提高资金利润率。

第三节　现金收支管理办法

❀❀ 撰写要领 ❀❀

一、现金收支管理的概述

现金收入管理是对其他单位汇入本企业的各种款项进行管理,它反映了本企业收入款项情况。现金支出管理是对现金使用范围及现金支出进行管理,它反映了本企业的费用支出情况。企业现金收支管理办法是对企业现金收入与支出管理做出的相关规定。

二、现金收支管理办法的写作要点

写作公司现金收支管理办法要把握六大要点。

1.明确交代本办法管理范围

(1)要明确规定什么是"收入金额",什么是"支出金额"。公司现金收支管理办法所称收入金额一般是指由财务部汇入各单位银行账户内的金额,支出金额则是指各单位的费用。各单位应自行支付的一切费用,包括可控费用和不可控费用,均应自财务部汇入之金额中支付。

(2)要明确本办法执行部门。一般来讲,公司财务中心为现金收支归口管理部门;各单位应指定专门负责部门或者专门负责人,接受公司财务中心的领导。

2.明确交代可控制费用与不可控费用的概算办法

各单位的可控制费用统一于每月月底前由财务部根据下月份各单位的费用概算一次性汇入各单位的银行账户内备支。不可控费用,则由各单位根据需要,提出申请报公司审核后划拨。

3.明确规定收入管理办法

各单位的收入(包括支票、现金),除留存必要的准备金外,均应于当日××时以前存入公司账户,任何人不得截留,也不得从收入中预支任何费用。

4.明确借支规定与处罚原则

各单位员工借支总额在××元以内的,须经单位主管核准后由库存现金中先行借支,并限于每月发薪时一次扣回;超过××元的,应依权责划分,逐笔专案报批,核准后由财务部汇寄支付。

5.明确"现金收支报表"注意细则

这是现金收支管理办法的写作重点。公司一般采用"现金收支旬报表",在书写办法时要明确写明填报应一式两份,一份用于财务部汇总,一份由各单位留存备查。重点要对"现金收支旬报表"科目栏所代表的意义进行详细阐述,作为填制依据,避免相互混淆。

6.明确本管理办法的施行时间

在最后一般都要注明类似"本办法自发布之日起施行"的时间规定。

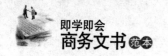
—⋙ 范文经典 ⋘—

范例 1 现金收支管理办法

×××公司现金收支管理办法

年 月 日公布

（ ）财字第 号

一、"现金收支旬报表"上的收支金额，是指由企业财务部汇入各部门银行账户内的金额，支出金额则仅指各部门的费用。各部门应支付一切费用，包括可控制费用与不可控制费用，均应自财务部汇入的金额中支付。

二、各单位的可控制费用统一于每月月底前由财务部根据下月份各单位的费用概算一次性（必要时需分次）汇入各部门的账户内备支。

三、各部门的收入款项除财务部汇入的款项外，一律不得自行挪用。企业内收回的应收账款（包括现金及支票）应依据账款管理办法的规定，悉数寄回企业财务部。

四、"现金收支旬报表"的填写应一次复写两联，第一联于每旬第××日（每月××日、××日、××日）中午以前就上旬收支逐项编妥，连同费用科目的正式收据或凭单呈部门主管签核后限时转送财务部；第二联由各单位自行汇订成册作为费用明细账，并凭此于月底当天填制"费用预算分析表"。

五、"现金收支旬报表"上的编号是就费用的笔项而言，采用每月一次连续编号方式，月内的每月编号应相互衔接并连续编至当月月底，次月××日再进行重新编号。

六、"现金收支旬报表"上科目栏中的类别，依所发生的各项费用及其分属类别，分别以"营"或"服"或"管"等字表示，其性质区分如下：

（一）营业费用：凡属营业人员（包括营业主任及外务人员）所发生的费用。

（二）服务费用：凡属服务人员（包括服务主任及服务人员）所发生的费用。

（三）管理费用：凡营业费用及服务费用外所发生的一切费用。

七、"现金收支旬报表"上的科目栏中的"名称"是指各项费用的科目名称，其明细如下：

(一)营业费：即营业人员(包括营业主任及外务员)所发生的下列费用：

1.凡司机人员需要的汽油、机油、过桥费、寄车费。

2.凡营业人员计程车资及营业员因业务之需所付的差旅费。

3.凡营业人员因业务上的应酬所需要的费用。

4.凡营业人员薪资(包括工资、交通津贴、交际津贴、值班费、成交奖金、及各项奖金等)。

5.凡账款尾数无法收回，或倒账企业损失。

6.凡营业人员所印名片费。

(二)服务费用：即服务人员(包括服务主任及服务员)所发生的下列费用：

1.凡司机服务人员所支的汽油、机油、过桥费、寄车费。

2.凡服务人员所支之计程车资及服务人员因服务需要所支的差旅费。

3.凡服务人员因服务上的需要所支的交际费。

4.凡服务全体员工的薪资(包括工资、交通津贴、绩效奖金、奖金及值班费等)。

5.凡账款尾数无法收回的费用。

6.凡服务全体员工所印的名片费。

7.凡单价在××元以下的工具费。

(三)管理费用：凡营业费用及服务费用外所发生的费用。

1.凡司机人员及服务人员外所支付的汽油、机油费。

2.凡营业人员及服务人员外所支付的计程车资及出差旅费。

3.装载货物所支付的费用。

4.凡日常所用的文具纸张费。

5.凡清洁单位卫生所支的费用。

6.凡邮寄函件及包裹的邮资及购邮票费。

7.凡业务上的长途电话及市区电话费。

8.凡因业务上的需要而支付的电报费。

9.凡订阅报刊杂志所支付的费用。

10.凡营业人员及服务人员外所支付的交际费。

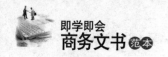

八、上述费用项目，会计员应按其性质区分（即营业费用、服务费用、管理费用等），分类报支，不得相互混淆。

九、各部门全体员工的借支总额在××元以内者，须经企业主管核准后由首存现金中先行借支，并限于每月××日发薪时一次扣回；借支总额超过××元者，应依权责划分，逐笔专案报批，核准后始得由企业财务部汇寄支付。

十、每月月底当天，企业会计员应凭留存的当月该单位"现金收支旬报表"，依费用类别分别统计当月各项费用的总额，详填于"费用预算分析表"中呈单位主管，并详细分析可控制费用中的各项费用其实际与预算的差异。

十一、各单位应于每月××日前将"费用预算分析表"（一式两联）连同"直线单位经营绩效评核表"一并寄送企业业务部，由业务部据此以查核与"直线单位绩效评核表"所填的费用数字相符后，即转送企业财务部复核并上报所属副总经理填具总评后，第一联由财务部留存，据以分析全场费用差异，第二联寄回各单位存查。

十二、"费用预算分析表"上的费用率系指当月的费用与营业额的百分比。"本月费用的预算"一栏的计算公式如下：

本月"服务费用"预算=上月服务费用×（1±本月服务收入成长率）

本月"管理费用"预算=上月管理费用×（1±本月营业及服务总收入成长率×20%）

本月"营业费用"预算=上月营业费用×（1±本月营业收入成长率）

第四节　固定资产管理制度

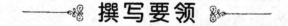

撰写要领

一、固定资产管理制度的概述

固定资产是指使用期限超过一年的房屋、建筑物、机器、机械、运输工具以及其他与生产经营有关的设备、器具、工具等。不属于生产经营主要设备的物品,单位价值在 2000 元以上,并且使用期限超过两年的,也应作为固定资产管理。

二、固定资产管理制度的写作格式

固定资产管理制度遵循一般制度的写作格式。

1.标题

由制定单位、工作内容、文种 3 部分组成。有的制度标题中不写制定单位,而将它写在末尾。

2.正文

这是制度的主体部分。写条文前可加一小段引言,简要、概括地说明制定这项制度的原因、根据、目的等情况,接着逐条写各项内容。

一个单位内部的制度也可以不写引文,直接写条款。条文写完后还要写明此项制度从什么时候起执行。

3.结尾

条文写完了就自然结束,写上制定单位、公布日期。单位内部的制度行文公布不必盖章,如是政府或一个系统的制度须广泛下发执行者,必须在落款处加盖公章,以增强其真实性、严肃性。

三、固定资产管理制度的写作要点

固定资产管理制度编写要点有以下几项:

1.固定资产的分类

2.固定资产的管理部门

3.主管部门的职责

4.固定资产的购置、验收和领用

5.固定资产的出售

6.固定资产的报废

7.固定资产的清查

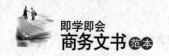
范文经典

范例 1 固定资产管理制度

×××公司固定资产管理制度

第一条 为了加强固定资产的管理、掌握固定资产的构成与使用情况、确保公司财产不受损失,特制定本制度。

第二条 本制度适用于公司项下的所有固定资产管理。

第三条 财务部制定此制度并颁布执行。

第四条 实行固定资产归口管理、加强对固定资产的维修与保养、建立岗位责任制和操作规范,按照集中领导、归口管理的原则,根据固定资产的类别确定分工如下:

(1)财务部作为固定资产的主管部门,应建立健全固定资产的明细账卡。

(2)公司机器设备全部由生产部门归口管理。

(3)生产部门负责生产车间设备的购置、安装、修理和使用管理。

(4)生产部门负责生产厂区动力设备的购置、安装、修理和使用管理。

(5)技术中心负责公司的仪器仪表的购置、修理和使用管理。

(6)公司的电子设备及厂房建筑物由综合部进行统一管理。

(7)综合部负责公司电子计算机及其附属设备的购置、安装、维护和使用管理。

(8)综合部负责公司厂房、建筑物及其附属设施的购置、安装、维护和使用管理。

(9)办公室负责公司运输工具的购置、维护和使用管理。

第五条 主管部门的职责。

(1)随时掌握固定资产的使用状况。

(2)负责监督配合使用单位做好设备的使用和维护,确保设备完好,提高设备利用率,并定期组织设备的清点工作,保证账、卡、物三相符。

(3)负责固定资产的管理,搞好固定资产的分类,统一编号,建立固定资产档案,登记账卡,负责审批并办理验收、调拨、报废、封存、启用等事项。

(4)根据使用部门的使用情况,组织编制设备大修、中修维修计划,按期编报设备更新计划。

(5)严肃财经纪律,对违反固定资产管理制度,擅自赠送、变卖、拆除固定资产的行为和破坏固定资产的现象,要严格追查责任,视情节给予处罚。

第六条　使用部门职责。

(1)各固定资产使用部门负责本单位的设备管理工作,应设置专职或兼职的设备管理员, 各生产班组要设置工人设备管理员, 每台设备要明确使用、保管、维护的责任人。

(2)严格执行技术操作规程和维护保养制度,确保设备的完好、清洁、润滑和安全使用。

(3)建立固定资产明细账卡,固定资产的领用、调出、报废必须经主管部门及总经理批准,未经批准,不得擅自调动、报废,更不能自行外借和变卖。

(4)根据主管部门的要求定期组织固定资产的盘点,做到账、卡、物三相符。

第七条　固定资产的购置、验收、领用。

(1)由于生产、研制需要,各单位购置固定资产必须提前向主管部门提出申请,报经总经理批准后,由相关部门负责购置。

(2)设备进厂后,由相关单位开箱检查、验收,设备安装完毕后填写“设备使用单”报主管部门。主管部门根据“×××”建立固定资产卡片,并通知使用单位。

(3)基本建设项目完工时,由基建部门办理“×××”,报主管部门。

第八条　固定资产的调拨与转移。

(1)凡列入公司固定资产的项目未经公司主管领导和总经理批准,任何单位不得擅自调拨、转移、借出和出售。

(2)公司内部设备的调拨与转移,必须通过主管部门办理资产转移手续,同时由调出、调入单位的双方领导及经办人签字后,由财务部门办理转账手续,并通知相关的会计进行账、卡交接。

(3)公司对外的设备调拨和转移一般实行有偿调拨方式,设备主管部门根

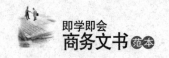
据设备的使用年限、折余价值、新旧程度按质论价,原则上,调出设备的价值不得低于设备的折余价值,对外处理设备必须由主管部门提出处理价值,报总经理签字,办理有关财务手续后方可处理。

(4)未经主管部门同意,各使用部门无权办理设备的转移及处理,如有违反,一经发现,将追究部门及经办人的责任。

第九条　固定资产的报废与封存。

(1)公司的固定资产报废处理时,须由使用部门提出申请,填写设备报废单一式三份,由财务部门将其净损失上报总经理批复后办理报废相关手续。

(2)凡符合下列条件可申请报废:

①超过使用年限,主要结构陈旧、精度低劣、生产率低、耗能高,而且不能改造利用的设备。

②不能动迁因工房改造或工艺布置改变必须拆除的设备。

③腐蚀严重、无法修复或继续使用会发生危险的设备。

④绝缘老化、磁路失效、性能低劣、无修复价值的设备。

⑤因事故或其他自然灾害遭受损坏、无修复价值的设备。

(3)凡经批准报废的固定资产不能继续在生产线上使用,主管部门与使用部门要及时处理。处理后的固定资产由主管部门和使用部门一起办理固定资产的注销手续,对外处理报废固定资产时由主管部门提出处理意见,总经理批准,收入上交财务部。

(4)凡停用3个月以上的固定资产由使用部门封存、保管。

(5)闲置设备和封存设备启封后,由使用部门填写启封单,经主管部门同意后方可使用。

第十条　固定资产的清查。

各部门必须对固定资产进行定期清查、盘点,以掌握固定资产的实有数量,查明有无丢失、毁损或未入账的固定资产,保证账实相符。在清查时发现固定资产毁损和盘盈、盘亏的,要查明原因,由责任部门写出书面情况,主管部门签署意见后报知总经理,待批复后做相应的账务处理。

第十一条　本办法由企业财务部负责解释,自发布之日起执行。

第五节　流动资产管理制度

❧ 撰写要领 ❧

一、流动资产的概述

流动资产是指企业在一年或者超过一年的一个营业周期内可以变现或者运用的资产,是企业资产中必不可少的组成部分。加强流动资产的管理有利于保证企业生产经营活动的顺利进行,有利于提高企业流动资金的利用效果,有利于保持企业资产结构的流动性、提高偿债能力、维护企业信誉。

二、流动资产管理制度的写作格式

1.标题

由制定单位、工作内容、文种 3 部分组成。有的制度标题中不写制定单位,而将它写在末尾。

2.正文

这是制度的主体部分。写条文前可加一小段引言,简要、概括地说明制定这项制度的原因、根据、目的等情况,接着逐条写各项内容。一个单位内部的制度也可以不写引文,直接写条款。条文写完后还要写明此项制度从什么时候起执行。

3.结尾

条文写完了就自然结束,写上制定单位、公布日期。是单位内部的制度行文公布不必盖章,如是一级政府或一个系统的制度须广泛下发执行者,必须在落款处加盖公章,以增强其真实性、严肃性。

三、流动资产管理制度的内容

1.总则

2.流动资产的综合计划管理

3.货币资金的管理

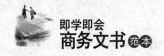

4.应收账款、预付账款及其他应收账款的管理

5.存货的管理

6.流动资产的清查

7.流动资产的分析与考核

—— ✥ 范文经典 ✥ ——

范例 1 企业流动资产管理制度

×××公司流动资产管理制度

第一章 总则

第一条 为了加强流动资产的管理,提高公司经济效益,根据财政部《企业财务通则》《工业企业财务制度》的要求,结合×××公司的实际情况,特制定本制度。

第二条 各部门、子公司要加强对流动资产的管理工作,以保证生产建设的正常需要,降低资金占用,加速资金周转,提高资金利用效率。

第三条 财务部是公司流动资产管理的职能部门,其主要职责如下:

(1)采用"×××、×××"的流动资产管理制度,即"×××、×××、×××、×××",负责制定流动资产管理制度。

(2)组织核定流动资产定额、负责编制上报和下达流动资产计划。

(3)审定各部门、子公司流动资金使用计划,审查、平衡日常开支。

(4)监督和检查各部门、子公司的流动资产使用情况,并按经济责任制要求考核其使用效果。

(5)组织协调各流动资产管理制度、落实流动资产管理责任制。

(6)督促、检查各种应收款的清理情况、定期汇总清理结果并向公司分管领导汇报。

第四条 坚持"×××"和"×××"的原则,实行流动资产价值量与实物量分别管理、定期核对的制度。财务部负责流动资产的价值管理，各部门、子公司归口部门负责实物量的管理，并要定期核对。

第二章　流动资产的综合计划管理

第五条　各部门、子公司的流动资产要严格实行计划管理，做到收支有计划、结果有分析、责任有考核，以促进本公司流动资产使用效果的不断提高。

第六条　为加强流动资产的管理，加大产品的销售力度，严格物资采购，防止物资超储积压，控制生产成本，实现财务收支平衡，公司对流动资产实行综合计划管理。

第七条　计划的编制。各部门、子公司在公司财务部综合计划确定后，根据公司编制的年度流动资产建议计划，制订本部门、子公司的流动资产计划并上报公司财务部。财务部根据各部门、子公司上报的流动资产建议计划，在综合平衡的基础上编制公司年度流动资产计划，并下达各部门、子公司执行。

第八条　计划的执行。各部门、子公司根据公司下达的年度流动资产计划编制本部门的年度、月度流动资产的具体实施计划，并组织实施。

第九条　各部门、子公司如发生计划外流动资产变动，必须事先报财务部审批。财务部根据具体情况，如确属必要，补充流动资产计划。

第三章　货币资金的管理

第十条　货币资金是指企业暂时停留在货币形态上的那一部分资金，它是企业流动性最强的资产。货币资金按其存放地点的不同，可分为现金、银行存款和其他货币资金，货币资金由公司财务部进行全面调控。公司内部各部门、子公司之间的物资调配、物料互供、劳务供应等经济业务活动必须全部通过公司财务部进行结算。

第十一条　现金是流动性最大的一种货币资金，要按照财政部《现金管理暂行条例》的规定范围使用，严格明确现金管理岗位责任制，确保其安全完整。

第十二条　各部门、子公司的外部收入必须转入财务部的公司账户中。各部门、子公司于当天上午根据批准的"×××"和款项用途申请次日的用款金额。财务部视收入情况平衡资金，根据用途的轻重缓急予以对外付款。

第十三条　各部门、子公司必须遵守公司结算制度，及时结算内部款项，做到不压票、不误票，减少公司内部各部门、子公司往来账款，降低资金占用。

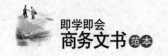

第四章　应收账款、预付账款及其他应收账款的管理

第十四条　加强对应收账款的管理,做好清欠工作。对应收款项的清理一定要做到责任明确、回收及时。清欠工作由市场营销部门牵头,财务部配合。

第十五条　其他应收款项由各现场财务部门负责管理,各财务部门要严格按照公司各项规定及时清理各种应收款项,特别是对超过×个月的应收款项要及时通知有关部门进行清理,减少资金占用,保证资产的完整。

第十六条　公司内部各部门、子公司的结算款项,原则上必须在月底以前结清,不允许有不合理的内部往来款项存在。年度末,各部门、子公司之间;各部门、子公司与公司之间的内部往来要严格按公司规定办理,不准保留余额,特殊情况需保留余额的,须经财务部同意。

第十七条　要严格控制预付款项的发生,如果确需在大型设备等购置中预付款项时,应严格按规定办理。

第五章　存货的管理

第十八条　存货包括库存材料、在途材料、委托加工材料、低值易耗品、包装物、在产品、半成品及产成品,对公司的存货实行区域管理。

第十九条　库存材料、在途材料、委托加工材料的管理。

(1)必须认真贯彻执行公司核定并下达的存货定额,层层分解落实,以较少的占用资金保证生产所需的物资供应。

(2)要定期组织制定、修改各种库存材料的最高储备量和最低储备量,以便于掌握物资动态。

(3)要严格执行公司下达的物资采购范围,不得超权采购。

(4)在保证生产需要的情况下,要本着"×××、×××、×××"的原则,正确处理物资的进货、消耗和库存的关系,防止超储积压物资。

(5)在日常管理中要严格执行验收、保管、发放和定期盘点制度,保证账实相符。

(6)加强在途材料的管理,组织好调拨、接运、验收、入库工作,发现损毁和短缺应及时查明原因、分清责任,按有关规定进行处理。

(7)对外委托加工材料、备件时,必须做到事前有计划、工料有核算、收回有验收,保证手续齐全。

(8)加强对车间仓库的监督管理,认真执行余料退库制度,切实防止出现沉淀物资或"库外库"现象。

第二十条　各生产厂要根据公司下达的在产品及半成品定额分解落实到生产车间或工序,作为日常生产调度控制和定额考核的依据。

第二十一条　产成品管理。

(1)根据公司的会计核算体制,凡"×××"的产品,其账簿管理由财务部负责;互供及生产自用的产成品由各厂财务部门进行账务处理;所有产成品、自制半成品、在产品的实物由各生产部门负责管理,各厂财务部门代表公司财务部对库存产品进行检查、监督、控制。

(2)各生产厂要加强对产成品的库存管理,及时办理产品出入库手续,由于产品出入库不及时造成的库存产品超定额,由生产厂负责。建立定期盘点制度,保证账账、账实相符,如发现变质、短缺、损毁等问题,要及时查明原因,按规定程序报批处理。

第六章　流动资产的清查

第二十二条　各部门、子公司在年终决算前,应组织专门人员成立领导小组,对流动资产进行全面、认真、系统的清查。

第二十三条　对清查中发现的盘盈、盘亏、报废的财产物资应查明原因,分清责任,提出处理意见,按照规定报有关部门审批。

第二十四条　对在流动资产清查中查出的长期挂账、悬账、呆账、死账等损失,要查明原因,提出处理意见,按规定报有关部门审批。

第七章　流动资产的分析与考核

第二十五条　财务部等各归口管理部门要按月对流动资产占用情况和有关指标完成情况进行分析。

第二十六条　公司将流动资产占用指标执行情况纳入经济责任制考核范围。各部门、子公司应结合实际情况制定相应的考核制度。

财务部

××××年×月×日

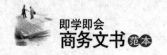

第六节　财务工作总结

撰写要领

一、财务工作总结的概述

　　财务工作总结是各级党政机关、人民团体、企事业单位和公务员个人经常使用的一种文体,主要用于对一定阶段内的工作进行系统的回顾、分析、研究,从中寻找出具体的经验或教训,发现某些工作规律或缺点错误产生的原因,调整改革与前进的方向,以利于今后工作的发展与进步。

二、财务工作总结的写作格式

　　财务工作总结由标题、正文和落款 3 部分构成:

　　1.标题

　　标题一般包括单位或制发机关名称、时间和文种类别(工作总结)"三要素",但有时仅写时间和"工作总结",而省去单位名称。还有一种写法是使用"双标题",用一句主题词、句做标题,用副标题标明单位名称、时间概念和文种类别。

　　2.正文

　　正文一般依次撰写下列 4 方面的内容:首先概述某一阶段内的整个工作情况,包括工作背景、基础、成绩、效果等;其次写经验体会,包括具体的做法、事例、数据等;再次是找出存在的问题与不足,分析产生问题的原因;第四,今后的设想和努力的方向。有时第三、四方面内容合在一起写。第二部分应写得最为详尽。正文写作时,根据内容的复杂程度,可以分小标题分列陈述。各方面内容,可以用先总后分的结构来写,也可并列展开,或按基本情况、主要成绩与经验、问题及意见三大块来组织。

　　3.落款写明作者、日期

　　如果在标题中或题下已标明的,可省略。

三、财务工作总结的基本内容

1.总结必须有情况的概述和叙述,有的比较简单,有的比较详细。这部分内容主要是对工作的主客观条件、有利和不利条件以及工作的环境和基础等进行分析。

2.成绩和缺点。这是总结的中心。总结的目的就是要肯定成绩、找出缺点。成绩有哪些、有多大、表现在哪些方面、是怎样取得的;缺点有多少、表现在哪些方面、是什么性质的、怎样产生的,都应讲清楚。

3.经验和教训。做过一件事,总会有经验和教训。为便于今后工作的开展,须对以往工作的经验和教训进行分析、研究、概括、集中,并上升到理论的高度来认识。

4.今后的打算。根据今后的工作任务和要求,汲取前一时期工作的经验和教训,明确努力方向,提出改进措施等。

四、财务工作总结的写作要点

工作总结写作应注意的问题如下:

1.写工作总结前要充分收集材料。最好通过不同的形式听取各方面的意见、了解有关情况,或者把工作总结的想法、意图提出来,同各方面的干部、群众商量。一定要避免领导先出观点,再到群众中找事实的写法。

2.工作总结一定要实事求是,成绩不夸大,缺点不缩小,更不能弄虚作假,这是分析、得出教训的基础。

3.工作总结的条理要清楚。总结是写给人看的,条理不清,人们就看不下去,即使看了也不知其所以然,这样就达不到工作总结的目的。

4.工作总结要剪裁得体、详略适宜。材料有本质的,有现象的;有重要的,有次要的,写作时要去粗取精。工作总结中的问题有主次、详略之分,该详的要详,该略的要略。

5.工作总结的具体写作,可先议论,然后由专人写出初稿,再行讨论、修改。最好由主要负责人执笔,或亲自主持讨论、起草、修改。

工作总结是全面总结,写作时,要求全面收集材料,一分为二地看待工作,但又必须注意抓住重点,防止记"流水账",面面俱到。

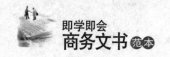

━━━━━ ☙ 范文经典 ❧ ━━━━━

范 例 1　**财务处年度工作总结**

××省××师范高等专科学校财务处 20××年度工作总结

20××年是我校各方面工作快速发展的一年。学校事业发展的每一步、改革进程的每一次跨越几乎都与学校的财务工作密切相关,都会给财务管理和会计核算工作带来不同程度的影响,都离不开财务工作的保证和支撑,因此,在学校事业发展取得丰硕成果的同时,我校 20××年的财务工作也同样走过了踏实、稳健的发展之路。

财务处全体工作人员关系融洽、和谐、凝聚力强,认真履行自己的工作职责。本着服务于教学、科研和全体师生的宗旨,促进了学校全面工作的顺利开展。

一、狠抓资金筹集,确保正常运转

学校财务会计工作的主要任务之一就是筹集资金,以保证学校各项工作的正常运转。在资金筹措的问题上,我们主要做到了以下几点:

1.认真协调关系,落实省教育厅经费

20××年,学校正式纳入省教育厅的经费预算管理。今年财务处的重要工作就是在落实省教育厅预算经费的基础上多争取一些专项经费。为此,处领导及工作人员经常赴省教育厅汇报工作,协调关系,在学校其他处室的配合下争取到了××万元的外教经费、国家级贫困生奖学金和省政府扶贫奖学金。同时,通过做大量的工作,拨回了省教育厅给予的成教专款××万元。

2.克服重重困难,争取市局经费

学校 20××年招录了××位新教师,由于编制批复很晚,直到 20××年的×月×日才办理完毕,而市财政决算的最后时间是×月×日。按照市财政的有关规定,跨年度是不追加以前年度经费的,我们通过多次做工作,克服重重困难,终于打动了有关人员,同意给我们追加这一经费,仅这一项,就为学校增收××万元左右。

今年,在校领导的直接过问下,我处开始每周下发《×××周报》,即每周五对本周各系学生的收费进度进行统计汇总,并发周报至各系。从××月底开学至××月底两个多月的时间里,没有节假日,没有双休日,有时学生晚上要交费,我们也派人上班收取。截止到××月底,我校学生学费的收缴率达×%以上,欠交学费的比例在全省各高校中是最低的。

3.运用调控手段,抓紧收取学费

学生欠交学费是目前各高校普遍感到头疼的问题,既要执行国家的有关政策,照顾贫困生,又要保证学校的学费收入资金到位,其间的工作难度是不言而喻的。20××年,我校招收了××多名新生,收费工作主要集中在×月×日至××日两天内,无论是银行转账还是收取现金的数额都相当大,我们不仅完成了任务,而且没有任何差错。今年我们安装了××银行的 POS 刷卡机,这样学生便可不出校门持卡交费,方便了学生,但增加了我们对账的工作量。

另外,由于邮政所参与了今年新生的办卡收费工作,加之他们的工作人员全是新手,更加大了我们的工作难度。特别是在集中收费的日子里,报到的学生人数多,收款量又相当大,我们既要对家长及学生做解释工作,又要和银行及邮政所对账,往往是一天工作十几个小时,有两天晚上都是工作到××点以后,而财务处的全体工作人员既不计报酬,也没有丝毫怨言,全身心地投入到了工作之中。

二、严格预算管理,合理调度资金

20××年,学校进一步完善了财务预算体制,加强了对经费预算的管理,校内预算管理工作进一步公开化、规范化、细致化。

1.加大教学投入,监督管理专款

今年年初在编制经费预算方案时,认真落实了 20××年底××教学工作会议精神,加大了对教学的投入,将专业建设、教师培训等列入专项预算,并对专项经费实行监督管理。

2.发挥监督职能,严格控制支出

按照市政府的安排,我校今年要交纳建校资金××万元,加上年初已交的方案设计费××万元,今年仅此一项就新增支出近××万元。由于学校要搬迁,招生人数也有限制,更制约了我们各项收入的增加。若不严格控制各项支出,将难以维

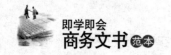
持正常运转。为此,我们在加大投入的同时也加大了监督的力度,监督各种专项经费的使用情况。今年以来,拒付不合理支出××笔,金额达××多万元,堵塞了漏洞,维护了财经纪律的严肃性。

三、做好日常工作,完善管理系统

财务工作是一项政策性强、涉及面广、管理要求严、日常工作非常细致的工作,因此,从事此项工作的人员必须具有较强的政策观念、过硬的业务能力、认真细致的工作作风和吃苦耐劳的精神。

1.更新收费系统,加强收费管理

学校收费工作是一项牵涉面广、数据清理难度很大的工作。为使这项工作进一步科学化,我们今年更新了一套收费管理软件。该软件启用前的数据导入工作非常艰巨,但我处同志排除重重困难,在非常短的时间内加班加点完成了此项工作,使我们今年的学费收取全部实行了计算机管理,提高了工作效率。

2.彻底摸清家底,搞好资产评估

为了适应学校整体搬迁的需要,学校决定彻底清查资产。为此,学校安排由财务处和校办公室及相关人员成立了"资产评估"小组,同时聘请权威的资产评估机构对全校的动产和不动产进行评估。这项工作涉及面广,是学校××年来第一次对所有资产的整体清查,工作量很大,但由于全体人员的共同努力,仅用半年时间就圆满完成了任务,受到学校领导的表彰。

3.做好"×××",完善各项工作

为加强我校收费项目的管理,规范学校的收费行为,促进学校的稳定与发展,经学校研究决定,对学校所属的各部门进行收费清查,通过清查,对不符合国家物价政策的收费项目予以取消,使学校的经济秩序较以前大有好转。

今年,我们还接受了省财政厅对我校的"×××",即对20××年度会计报表的清查,非经营性资产转为经营性资产的清查和国有资产的清查。清查结果令上级满意。

除此之外,今年还接受了市审计局、市财政局、市物价局对我校的各项例行检查。上级领导对我校的经费预算工作、收费工作以及各项支出及往来账目的管理工作都给予了很高的评价,称我们是"×××××××"。

4.顺应学校发展,服务部门工作

学校在发展,全国各省市到我校就读的学生迅猛增加。为了解决学生携带大量现金的不便,我们实行了学生学费可汇款到学校账户的方法,受到学生及家长的称赞。

财务日常工作纷繁复杂,但是我处的工作人员从不怕苦和累,大家坚守自己的工作岗位,扎扎实实干好每一件事。在计算个人所得税和住房公积金的工作中,××同志严格按照规定办事,没有出现任何差错。×××处长工作繁忙,每次都是晚上加班计算工资,就是出差回来也不例外,从不延迟发放工资。为了使国家贫困生奖学金及学校奖学金及时发到学生手上,也为了减轻系部的负担,我处全体工作人员,特别是×××、×××、×××等同志利用中午的时间逐笔将此款发到了学生手里,学校领导、学生及教师对此非常满意。

四、加强职业培训,树立良好风范

我处在领导的带领下,以热情、周到的服务和高质量的工作展示了财务处员工良好的精神风貌,通过这一“窗口”,为学校做了好的形象宣传,赢得了学生、家长的赞许。

全体同志在工作中能友善地处理同事之间的关系,成为一支团结和谐、素质高、凝聚力强的队伍。多年来,同事之间和睦相处,没有出现任何重大差错,保证了学校资金的安全和完整。

随着市场经济的发展,财务管理工作也在不断地创新。为了适应新形势的要求,全处同志努力学习政策法规、业务知识,不断充实自己,采取举办业务知识的学习、培训班和以老带新等方法进行专业技能训练。现在,今年新调入我处的两名工作人员均能单独上岗操作。

五、存在的问题及建议

1.由于工作繁杂等原因,财务人员没有走出去接受系统业务培训。

2.由于学校步入高校时间不长,在财务管理和预算管理上与其他高校相比还有一定的差距。

在新的一年里,我们将加紧业务培训,尽量缩短我校与其他高校在财务管理上的差距,以适应我校合并升本的需要。

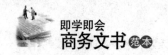

范例 ② **财务部财务工作总结**

财务部财务工作总结

20××年上半年，财务部紧紧围绕机械集团公司年初职代会的工作中心，在为全公司提供优质服务的同时，认真组织会计核算，规范各项财务基础工作，并通过加强财务制度和财务内部控制制度的建设，站在财务管理和战略管理的角度，以成本为中心、资金为纽带，不断提高财务服务质量。

一、严格遵守财务会计制度和税收法规，认真履行职责，组织会计核算

财务部的主要职责是做好会计核算，进行会计监督。财务部全体人员一直严格遵守国家财务会计制度、税收法规、×××集团总公司的财务制度及国家其他财经法律法规，认真履行财务部的工作职责。从审核原始凭证、录入会计记账凭证，到编制财务会计报表；从各项税费的计提到纳税申报、上缴；从资金计划的安排，到结算中心的统一调拨、支付等等，每位会计人员都勤勤恳恳、任劳任怨、努力做好本职工作，认真执行企业会计制度，实现了会计信息收集、处理和传递的及时性、准确性。

二、以实施新中大软件为契机，规范各项财务基础工作

经过两个月的××××年度三套会计决算报告的编制，财务部按新企业会计制度的要求着手进行了新中大 20××年财务会计模块的初始化工作。对会计科目、核算项目、部门的设置，会计报表的格式等均按照新企业会计制度的规定，并针对平时会计核算和报表编制中发现的问题和不足进行了改进和完善。如设置"××费用"明细科目，并按该科目的费用项目进行了明细核算、归集和分配，费用的具体开支情况现已一目了然；规范"×××"科目的核算，如对增值税明细项目的月末结转、个人所得税的科目统一、现金流量项目的规范化；下属分公司的管理费用由以前冲减管理费用改为冲减制造费用，这样使管理费用和销售毛利率的反映更为合理、恰当；在配合固定资产实物管理部门对固定资产进行全面清理的基础上，按照《固定资产分类与代码》对固定资产编制了固定资产卡片类别代码，并在此基础上完成了新中大固定资产管理模块的初始化工作。×××集团总公司要求在今年××月份全面正式运行新中大财务软件，而本集团公司财务部在××

月份就完全甩掉××财务系统,正式运行新中大,结束了长达半年之久的两套财务软件同时运行的局面。目前,新中大软件已正式与财务部相链接,并运行良好。

三、制订各项财务成本计划,严格控制成本费用

根据×××集团司企字〔××××〕××号文《关于下达(×××集团20××年多样化经营企业经济责任制考核方案)的通知》和××司字〔××××〕×号文《关于下达×××分公司多样化经营20××暨一季度生产经营计划的通知》,财务部对有关考核指标进行了分解,下发了××××年财务计划和可控费用指标。在财务执行过程中,严格控制费用,实行刚性考核。财务部每一季度汇总可控费用的执行情况于公司常务会上通报,针对每一季度电话费超支的部室、单位,按超支额扣部室负责人及其他第一责任人的奖金;对于其他可控性费用也是实行指标考核,对于超支部分坚决不予核销。

四、资金调控有序,合理控制集团总体资金规模

上半年,随着原材料市场价格的持续上扬,而×××集团总公司销售价格制订相对迟缓,本集团公司资金一度吃紧。为此,财务部一方面及时与客户对账,加强销货款的及时回笼,在资金安排上做到公正、透明、先急后缓;另一方面,根据集团公司经营方针与计划,合理地安排融资进度与额度,并针对××银行借款利率上浮的情况,选择利率相对更低的××××贷款,以及通过向×××集团总部结算中心临时借款,以保证生产经营所需。这样,通过以资金为纽带的综合调控促进了整个集团生产经营发展的有序进行。

五、加强财务会计制度建设,提高财务信息质量

财务部根据公司差旅费的实际执行情况,为进一步规范本集团公司工作人员差旅费的开支行为、统一标准,制定了《×××机械集团工作人员差旅费开支规定》。为提高会计信息的质量,财务部制定了《×××机械集团会计报告竞赛考评办法》,对各子公司的会计报表从报送时间及时性、数据准确性、报表格式规范化、完整性等方面做了比较系统的规定,从而逐步提高了会计信息的质量,为领导决策和管理者进行财务分析提供了可靠、有用的信息。

平时,财务部通过开展每周一次的交流会,解决上周工作中出现的问题,布置下周的主要工作,逐步规范各项会计行为,使会计工作的各个环节按一定的

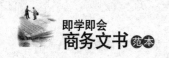
会计规则、程序有效地运行和控制。

六、制定财务部各工作岗位职责,并进行自我评定

为明确财务部会计人员各岗位的职责权限、工作分工和纪律要求,制定了会计人员岗位职责,同时要求各岗位会计人员根据本岗位的职责要求进行工作总结、岗位评述和认定,对各自的工作提出建议、作出打算,并对自己的岗位写出每月工作规程备忘录。这样,强化了各岗位会计人员的责任感,加强了内部核算监督,促进了各岗位的交流、合作与团结。

七、开展了以涉税业务和执行企业会计制度、会计法及其他财经法律、法规的自查活动

为了规范财务行为,配合各级主管部门的稽查与审计工作,财务部组织了在本集团公司内的xxxx年至xxxx年的财务自查活动,对在审计和自查中发现的问题及时地进行了整改,事后进行了交流,提高了会计人员的职业技能。

下半年,为实现本集团公司的各项生产经营任务和总体发展目标,财务部的工作任重而道远。为此,需要在以下几个方面继续做好工作:

1.做好上半年和第三季度的经济活动分析工作,及时提出为实现本集团公司生产经营计划的财务控制可行性措施或建议。配合×××集团总部进行收入、成本、费用的专项检查,加强非生产费用和可控费用的控制、执行力度,不能超支的绝不超支。

2.为更好地加强资金管理、统一调配,根据×××集团总部结算中心的工作计划安排,做好本公司结算中心的统收统支和结算软件的培训与安装工作。

3.继续制定和完善各项财务管理制度和内部控制制度,如会计电算化管理制度、固定资产财务管理制度、会计人员岗位考评办法等。

4.×××集团总部财务处要求在全集团范围内推行全面预算管理,本公司是先行试点单位,因此财务部要积极配合做好这方面的工作。

5.做好年终财务决算的各项前期准备工作,工作中遇到不能解决的问题应及时反映,以求得到及时解决。并注重与×××集团总部财务处、分部、本公司等各有关部室的沟通,更好地提高财务服务质量。

6.加强会计人员的业务知识、企业会计制度和国家有关财经法规的学习,结合会计人员考评办法,逐步提高会计人员的专业知识、技能和职业判断能力。

范例③ 财务干部个人年度工作总结

财务科干部个人 20××年度工作总结

20××年是本人在财务科工作的第二年。在这一年的时间里,本人能够遵纪守法、认真学习、努力钻研、扎实工作,以勤勤恳恳、兢兢业业的态度对待本职工作,在财务岗位上发挥了应有的作用,作出了贡献。

一、认真学习政治理论知识,参加有益的政治活动,不断提高自身的修养和政治理论水平

20××年,本人积极响应自治区劳教局、所两级提出的打造一支"×××劳教机关"队伍的号召,认真学习马列主义、毛泽东思想,邓小平理论、"三个代表"重要思想,党的十六届三中、四中全会的决议。在学习的过程中能做好笔记、积极讨论、写出心得。同时积极参与"×××树形象"、"向×××同志学习"等政治活动以及"×××"演讲比赛、"×××"知识竞赛活动。

通过进行政治理论学习和参加政治活动,本人在思想上、行动上与党中央保持高度一致,同时,政治思想素质和执法水平得到了较大提高,增强了廉洁自律、拒腐防变的能力,为做好财务工作奠定了思想基础。

二、爱岗敬业、扎实工作、不怕困难、勇挑重担、热情服务,在本职岗位上发挥出应有的作用

1.顾全大局、服从安排、团结协作。今年,根据财务科的工作安排,本人从原来的记账岗位调整到报账岗位。在岗位变动的过程中,本人能顾全大局、服从安排,虚心向有经验的同志学习,认真探索、总结方法、丰富业务知识、掌握业务技能,并能团结同志、加强协作,很快适应了新的工作岗位,熟悉了报账业务,与全科同志一起做好财务审核和监督工作。

2.坚持原则、客观公正、依法办事。一年以来,本人主要负责财务报账工作。在实际工作中本着客观、严谨、细致的原则,在办理会计事务时做到实事求是、细心审核、加强监督,严格执行财务纪律,按照财务报账制度和会计基础工作规范化的要求进行财务报账工作。在审核原始凭证时,对不真实、不合规、不合法

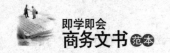
的原始凭证敢于指出,坚决不予报销;对记载不准确、不完整的原始凭证予以退回,要求经办人员更正、补充。通过认真的审核和监督,保证了会计凭证手续齐备、规范合法,确保了我所会计信息的真实、合法、准确、完整,切实发挥了财务核算和监督的作用。

3.任劳任怨、乐于吃苦、甘于奉献。今年以来,由于场所整体搬迁和开展会计基础规范化整改工作,财务工作的力度和难度都有所加大,为了能保质保量完成各项任务,本人不计较个人得失,不计较报酬,牺牲个人利益,经常加班加点。在工作中发扬乐于吃苦、甘于奉献的精神,任劳任怨、尽职尽责。在完成报账任务的同时,本人还兼顾内勤工作,做好预算,管理劳教存款,出色地完成了各项工作任务。

4.爱岗敬业、提高效率、热情服务。在财务战线上,本人始终以敬业、热情、耐心的态度投入到本职工作中。对待来报账的同志,能够做到一视同仁、热情服务、耐心讲解,做好会计法律法规的宣传工作。在工作过程中,不刁难同志,不拖延报账时间,对真实、合法的凭证及时给予报销;对不合规的凭证指明问题,要求改正。努力提高工作效率和服务质量,以高效、优质的服务获得了民警、职工的好评。

三、遵纪守法、廉洁自律,树立劳教工作人民警察和财务工作者的良好形象

本人作为劳教系统的一名财务工作者,具有双重身份,因此,在平时的工作中,既以一名劳教工作人民警察的标准来要求自己,学习和掌握与劳动教养相关的法律法规知识,做到知法依法、知章依章;又以一名财会人员的标准要求自己,遵守会计人员职业道德规范,熟悉财经法律、法规、规章和国家统一会计制度,做到秉公办事、清正廉洁。在实际工作中,将劳教工作与财务工作相结合,把好执法和财务关口,实践"×××,×××"的宗旨,全心全意为民警、职工服务,树立劳教工作人民警察和财务工作者的良好形象。

四、努力学习业务知识,提高工作能力

为了能够适应建设现代化文明劳教所和实现我所会计电算化的目标,20××年,本人根据业务学习安排并充分利用业余时间加强对财务业务知识的学习。通过学习会计电算化知识和财务软件的运用掌握了电算化技能,提高了实际动手操作能力;通过会计人员继续教育培训,学习了会计基础工作规范化要求,使自身的会计业务知识和水平得到了更新和提高,适应了现在的工作要求,并为将来的工作做好准备。

第七节　财务条据类写作

❧ 撰写要领 ❧

一、条据的概述

条据是作为某种凭据的便条,它是日常生活中常见的比较简便的应用文。凭证式条据主要有借条、欠条、收据、领条、发条等。

1.借条:借到个人或单位的现金、财物时写给对方的条子就是借条。钱物归还后,把条子收回作废或撕毁。

2.欠条:借了个人或公家的钱物,归还了一部分,还有部分拖欠。对所欠部分所打的条子,叫欠条。

3.收条:在收到个人或单位的钱款、财物时写给对方的条子,即收条或收据。

4.领条:向单位领取钱物时,写给负责发放人的条子,称领条。

5.发条:便条式发条往往限于零担小卖的小额货款,仅仅作为一种付款的简便凭证。一般情况下,应使用税务部门印制的发票,以免违反税务制度。

二、条据的写作格式

凭证式条据通常由标题、正文、落款3部分组成。

1.标题

在条子的上方中间,一般要写上"收条"、"借条"等字样作为标题,醒目地说明是什么性质的条据,这样既扼要地提示了内容,又便于归类保管。

2.正文

紧靠标题的下方空两格书写正文。条据开头有较为固定的惯用语,一般为"今借到"、"今领到"、"今收到"等。如果涉及钱物,要写明数量,数字一般用大写,末尾要加上一个"整"字。数字如有写错的情况,改正后必须盖章或重写一张。

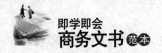
3.落款

条子的右下方为签署部分,应写上制条人姓名。(如果是单位,除写明单位名称外,还应写明经办人姓名),然后再下移一行写明时间。

三、条据的写作要点

1.条据一般属于说明性文体范围,其4项要素,即写给谁、什么事、谁写的、什么时间写的,要一一写清。

2.是否要写致敬语,应视条据格式、内容和交往对象而定。

3.条据应用蓝黑钢笔或签字笔书写,一般不能用红色笔写。重要内容有所改动,应加盖印章。

凭证式条据种类颇多,但格式上比较统一,只要根据不同内容变换字句即可。

───⋙ 范文经典 ⋘───

范例 1 借条

借条

今借到××厂财务处人民币捌仟元整,借期为6个月。

此据

借款人:×××

20××年×月×日

范例 2 欠条

欠条

今欠×××装饰公司装修费玖仟伍佰元整,于××××年×月×日付清。

此据

欠款人:×××

20××年×月×日

范例 ③ 收条

收条

今收到×××、×××、××× 3 人交来建筑资金玖仟柒佰元整。

此据

×××集团财务部(盖章)

经手人:×××(签名)

20××年×月×日

范例 ④ 领条

领条

今领到××财政局发给学生奖学金××元整。

此据

××学校

经手人:××(签名)

20××年×月×日

第八节 财务工作交接书

撰写要领

一、财务工作交接书的概述

企业各个岗位之间都是分工合作的,岗位之间有时也进行轮换。财务工作中的每个岗位都特别重要,缺一不可,所以,当岗位轮换或是有其他人事变动时

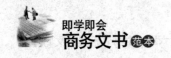

就需要做好交接工作,需要对各种文件以及账簿等资料进行清点,记录交接过程中的交接资料和文书就是财务工作交接书。

在企业中,财务机构是不可或缺的,担负着重要的职能。做好财务工作交接工作有利于企业经营的顺利进行。当发生问题时,也能找到根源。

二、财务工作交接的程序

1.交接前的准备工作

财务人员在办理财务工作交接前,必须做好以下准备工作:

(1)已经受理的经济业务还没有填制会计凭证的应该填制完毕。

(2)尚未登记的账目应当登记完毕,结出余额,并在最后一笔余额后加盖经办人印章。

(3)整理好应该移交的各项资料,对未了事项和遗留问题要写出书面说明材料。

(4)编制移交清册,列明应该移交的会计凭证、会计账簿、财务会计报告、公章、现金、有价证券、支票簿、发票、文件、其他会计资料和物品等内容;实行会计电算化的单位,从事该项工作的移交人员应在移交清册上列明会计软件及密码、会计软件数据盘、磁带等内容。

(5)财务机构负责人(会计主管人员)移交时,应将财务会计工作、重大财务收支问题和财务人员的情况等向接替人员介绍清楚。

2.移交点收

移交人员离职前,一定要在规定的期限内将本人经管的财务工作向接管人员移交清楚。接管人员应认真按照移交清册逐项点收。

具体要求是:

(1)现金要根据会计账簿记录余额进行当面点交,不得短缺,接替人员发现不一致或"白条抵库"现象时,移交人员应在规定期限内负责查清处理。

(2)有价证券的数量要与会计账簿记录一致,有价证券面额与发行价不一致时,按照会计账簿余额交接。

(3)会计凭证、会计账簿、财务会计报告和其他会计资料必须完整无缺,不得遗漏。如有短缺,必须查清原因,并在移交清册中加以说明,由移交人负责。

(4)银行存款账户余额要与银行对账单核对相符,如有未达账项,应编制银行存款余额调节表调节相符;各种财产物资和债权债务的明细账户余额要与总账有关账户的余额核对相符;对重要实物要实地盘点,对余额较大的往来账户要与往来单位、个人核对。

(5)公章、收据、空白支票、发票、科目印章以及其他物品等必须交接清楚。

(6)实行会计电算化的单位,交接双方应在电子计算机上对有关数据进行实际操作,确认有关数字正确无误后,方可交接。

3.专人负责监督交接

为了明确责任,财务人员办理工作交接时必须有专人负责监督交接。通过监督交接,保证双方都按照国家有关规定认真办理交接手续,保证财务工作不因人员变动而受影响,保证交接双方处在平等的法律地位上享有权利和承担义务,不允许任何一方以大压小、以强凌弱或采取非法手段进行威胁。

移交清册应当经过监督交接人员审查和签名、盖章,作为交接双方明确责任的证件。

对监督交接的具体要求是:

第一,一般财务人员办理交接手续,由财务机构负责人(财务主管人员)监督交接。

第二,财务机构负责人(财务主管人员)办理交接手续,由单位负责人监督交接,必要时主管单位可以派人会同监督交接。

4.交接后的有关事宜

(1)财务工作交接完毕后,交接双方和监督交接人在移交清册上签名或盖章,并应在移交清册上注明单位名称、交接日期、交接双方和监督交接人的职务、姓名、移交清册页数以及需要说明的问题和意见等。

(2)接管人员应继续使用移交前的账簿,不得擅自另立账簿,以保证会计记录前后衔接、内容完整。

(3)移交清册一般应填制一式三份,交接双方各执一份,存档一份。

5.移交后的责任

对移交的会计凭证、会计报表、会计账簿和其他有关资料的合法性、真实性由移交人负责。即使在交接工作时,接替人员因疏忽没有发现交接资料问题,事后发现问题后,仍由移交人员负责。

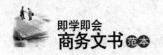
6.财务工作临时交接

(1)当财务人员因事或因病不能继续工作时,由财务主管或单位领导安排人员接替或代理,办理财务工作交接手续。

(2)移交人员恢复工作时需要与接替人员办理交接手续。当移交人员因故不能亲自办理移交手续时,在经过单位领导的批准后,移交人员可以委托他人代办,但委托人要为所移交的所有资料负法律责任。

三、财务工作交接书的写作格式

财务工作交接书主要由标题、正文和落款3个部分构成。

1.标题

标题要写明移交人姓名、移交人职务和"工作交接书"字样。比如"×××会计人员工作交接书"。

2.正文

正文首先要交代交接工作的原因,只要简单说明就可以,还要明确交接时间、接管人姓名等。之后以"办理如下交接事项:"等类似语句过渡到下面具体的交接事项。财务交接工作的交接事项一般包括移交的会计凭证、移交的账簿名称和册数、各种合同清单等。这些内容可以用表格或者条款的形式说明。

3.落款

落款包括移交人签名盖章、接管人签名盖章、监督交接人签名盖章和公司财务部门章,最后注明办理交接手续的日期。

— 范文经典 —

范例 1 财务人员工作交接书

×××财务人员工作交接书

移交人×××因生病不能继续工作,临时将工作移交给×××接替。现按《会计人员工作规则》的规定,办理如下交接事项:

一、印鉴

1.财务专用章一枚。

2.财务负责人×××私章一枚。

3.发票专用章一枚。

二、交接材料

1.公司《×××××××》两册。

2.公司《××××××××》一本。

3.空白贷记凭证×张（自 0×××××××××号至 0×××××××××号）。

三、交接日期

交接工作于××××年×月×日结束。

四、本交接书一式三份，移交人、接管人、监督交接人各执一份。

移交人:×××（签章）

接管人:×××（签章）

监督交接人:×××（签章）

××××年×月×日

范例 2　**财务部部长工作交接书**

财务部部长×××工作交接书

原任财务部部长×××因另有任用，公司决定将财务部的工作移交给新任部长×××接管。现按《会计人员工作规则》的规定,办理如下交接事项:

一、财务部人员与分工

1.×××:分管综合财务。

2.×××:分管成本核算。

3.×××:分管损益与所有者权益、固定资产核算。

4.×××:分管投资、债权、存货、负债核算。

5.×××:分管货币资金核算。

二、会计账簿、凭证及报表

1.××××年度总分类账和各类明细账共××本。

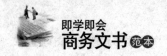

2.××××年度会计凭证××册。

3.××××年××、××、××、××、月份和×、×季度会计报表各××份。

三、印鉴

1.×××公司财务部印章一枚。

2.×××公司财务专用章一枚。

3.×××公司银行往来专用章一枚。

4.×××公司现金付讫印章一枚。

5.×××公司现金收讫印章一枚。

6.厂长×××公用印章一枚。

四、会计档案

1.××××年至××××年度各种会计账簿××本。

2.××××年至××××年度会计凭证共计××册。

3.××××年至××××年度各月、季、年会计报表已分别按年度成册,共计××册。

4.××××年至××××年各季度、年度财务计划和财务情况说明书均按年度装订成册,共计××册。

五、交接日期

交接工作于××××年×月×日结束。在交接过程中,因账务处理等原因出现的工作交叉,仍由财务部具体经办人员负责。

六、本交接书一式四份,移交人、接管人、监督交接人各执一份,公司存档一份。

移交人:×××(签章)

接管人:×××(签章)

监交人:×××(签章)

××××年×月×日

第九节　审计报告

❧ 撰写要领 ❧

一、审计报告的概述

审计报告是指审计人员对被审单位的经济活动、财政财务管理情况、执行国家有关财经政策和法律情况等的审计过程、结论和处理意见,上报上级审计机关所作的书面报告。

审计报告对审计内容有评判或认定作用,对存在问题的解决有建设性指导作用。它是审计机关制作审计意见书和审计决定的依据。审计报告可据以证明被审计单位的财务状况、经营成果、偿债能力、投资效益以及企业负责人履行职责的情况;也可供被审计单位的上级主管部门据以判断其经济效益的业绩;司法机关还可据以办理经济案件。

二、审计报告的特点

1.审计报告具有向上行文的特点

它是审计人员向上级机关报告审计过程、审计结果和处理意见的文书。其内容要求具体、细致、完整,以便上级机关掌握情况,作出处理决定。

2.审计报告具有审视性与客观性

审计报告对被审单位是一种检查、审视、挑剔、评判和处理的态度,又是一种客观、公正的态度。审视在于发现问题,客观在于科学、公正。

3.审计报告具有一定的保密性

审计报告多数涉及国家的政策和经济指标,涉及具体经济问题及对具体单位、人员的处理,因此,对有些内容需要在一定的期限或一定的范围内予以保密。

三、审计报告的分类

1.按审计范围和内容划分

(1)综合性审计报告。指对被审单位的全部经营活动和工作部门作全面审

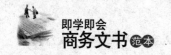
计的报告,是对被审单位的情况的整体性反映。

(2)专题性审计报告。指对某些专项内容而作的审计报告,常见的有3种:一是财务审计报告,即检查经济单位财务收支及结果的准确性、真实性和有效性的审计报告;二是效益审计报告,即检查其经济效益情况,如成本高低、投资效益等的审计报告;三是财经法纪审计报告,即检查各种财经和有关经济法规遵守情况的审计报告。

2.按执行审计任务的机构或人员划分

(1)内部审计报告。指一个单位或部门的内部审计机构和人员对本单位进行审计工作的报告。因易受本单位各种关系的干扰,所以有一定的局限性,其权威性、法律性较差。

(2)外部审计报告。即由专门独立的审计机关对某单位进行审计所作的报告。这种报告具有很高的权威性和法律性,不易受各种社会关系的干扰,比较客观公正。

四、审计报告的写作格式

1.标题

由审计机关名称、审计的对象或内容与文种名称3部分构成。如《××市审计司对×××厂流动资金使用的审计报告》。

2.报送单位名称

即上级审计机关名称。

3.前言

对审计工作概况作介绍。包括介绍审计机关或人员、审计的时间、经过、任务、范围、目的、目标、重点等情况。

例如:"受贵公司委托,根据中国证券监督管理委员会《上市公司新股发行管理办法》的要求,对贵公司截至20××年×月×日前的前次募集资金投入使用情况进行了专项审核。贵公司董事会的责任是提供真实、合法和完整的实物证据、原始书面材料、副本材料或口头证言等,我们的责任是在进行了审慎的调查后,根据在审核过程中所取得的材料而发表审核意见。在审核过程中,我们参照《中国注册会计师独立审计准则》规定的原则,结合贵公司的实际情况实施了包括抽查会计记录等我们认为必要的审核程序。"

4.正文

(1)审计对象的基本情况。简要介绍被审计单位的情况,如单位性质、经济活动状况等,必要时对会计业务、会计组织、会计统计资料作有针对性的介绍。

(2)审计中的问题。对审计对象存在的"问题"作重点分析,如漏缴奖金税、流动资金使用不当、报表和实际不符等问题,应以准确、充实、确凿的事实资料说话,并对问题的来龙去脉、各种因素交代分析清楚。有的单位若无"问题",该部分自然略去。

例如:通过这次审计,我们发现的主要问题是:

第一,原始凭证不合格,共 6 笔,合计金额××元。(略)

第二,会计科目处理不正确,共 4 笔,合计金额××元。(略)

第三,执行财经制度不严格,共 4 笔,合计金额××元。(略)

第四,出纳工作距制度标准仍有一定的差距,主要表现是:

A.加工区、加工厂的对账情况。(略)

B.对财务科、器材科、财务组、出纳工作的核查。(略)

C.对财务科核查出纳工作情况。(略)

(3)审计的结论。对问题进行深刻的剖析后,作出与事实相吻合的审计结论,或认定成绩,或指出问题的性质。

(4)审计的意见或建议。对审出的问题和作出的结论提出对被审计单位的处理意见,为审计机关最终形成审计决议奠定基础,或对被审单位今后经济工作的完善提出合理建议。

例如:

第一,请公司财务科在上半年财务决算后选择适当时间召开由财务组长及有关人员参加的专门会议,通报本次财务收支审计结果,并针对审计出的问题提出相应具体的整改措施。

第二,建议公司财务科在三季度组织一次工作检查与交流,总结目前会计管理工作上的经验与问题,结合会计二级标准查找自身管理上的缺陷,使会计管理工作不断得到加强与完善,以适应企业深化改革的需要。

5.尾部

包括审计中附件的名称、份数,审计人员或机关的署名、印章,报告时间等。

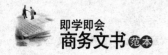

五、审计报告的写作要点

1.审计报告的制作应当严格依法

在制作程序、文书的内容上应当依照《审计法》的规定进行。必须维护国家的政策法令,并以此为依据实施审计监督,进行评价。审计组向审计机关提出审计报告前,应当征求被审计单位意见。

2.遵循保密性的原则

审计文书,特别是审计业务公文大多数是涉及国家的政策和经济指标,涉及具体经济问题及对具体单位、人员的处理情况的,因此,对有些内容需要在一定的期限或一定的范围内予以保密。

3.要处理好文字与表格的关系

审计报告主体部分的表述形式,常见的有以下 4 种:

(1)叙述式。将被审计单位即审计对象的几个具体问题分段叙述,便于将审计事项逐个说清楚。这种形式适用于问题较多或情况较复杂的审计报告。

(2)条文式。将被审计单位的基本情况、审计中发现的问题、审计结论及建议等,按先后次序列出几条,简要说明清楚。这种形式适用于审计对象单一、情况不太复杂的审计项目。

(3)表格式。由审计机关事先设计出一整套审计报告的表格,列出被审计单位名称、审计对象、存在的问题、得出的结论、处理意见、审计人员姓名和所附证据等项目,在审计工作结束之后,由审计人员逐项填写清楚。这种形式便于阅读,编写较快,但有时需要制作附件,以补充说明具体问题的详细情况。

(4)综合式。既有详细叙述情况和分析问题的文字,又有归纳清楚的条文,还有反映全面或专项审查的图表。这种形式适用于被审计单位的各项经济活动需要进行全面审计的情况。

范文经典

范例 1 年度财务收支审计报告

关于××市日杂公司××××年度财务收支的审计报告

××市审计局：

根据××审综字〔××××〕×号审计计划安排，审计小组于××××年×月×日至×月×日，对××市日用杂品公司××××年度财务收支进行了就地审计，审计总金额为××万元，违纪总金额为××元，应缴金额为××元。现将审计结果报告如下：

一、基本情况

××市日用杂品公司是××市供销社所属中型企业。××××年度与市供销社签订承包合同，实行利润递增包干，公司下设××个独立核算单位。

该公司于××××年××月由行政管理型公司变成了经济实体公司（由原日杂采购站和生活采购站合并而成）。现分为××个业务经营科室和××个行政职能科室。主营日用杂品，兼营五交化及家用电器、家具等。现有职工××人，固定资产××万元，自有流动资金××万元，全年销售额××万元，实现利润总额××万元。

二、发现的问题

1.弄虚作假套取资金，给××路仓库发奖金××元。××××年末，市日杂公司决定日杂站和生活站给××路仓库（都是公司所属独立核算单位）承担××元劳动分红奖。该款应该在税后留利中支付，而两站采取弄虚作假的手段，在××××年××月份分别用转账支票从销售款中套出现金给仓库，分别用仓库开出的两张××元"××"假发票列入费用，该仓库没有入账，直接给职工发奖金，严重违反了《国有企业成本管理条例》和《现金管理暂行条例》。

2.挪用流动资金××万元，建造营业楼。该公司××日杂大楼属于用自筹资金搞的基建项目。由于专项贷款不足，××××年从日杂和生活两站借用流动资金××万元，扣除两站××××年×月自有资金账面余额××万元，实际挪用××万元用于基

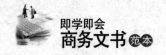

本建设。

3.挪用流动资金××元,为职工买有奖储蓄。该公司动用现金和转账支票(流动资金),从××银行购买有奖储蓄××元。其中,生活站××××年××月和××月共买××元,日杂站××××年××月和××××年××月共买××元。此款存期为××年,利息以中奖形式支付,现已全部还本。该储蓄应由职工个人承担,但公司一直挂在往来账上未扣回。收到的××元中奖款,企业没有入账,直接给职工搞福利。

4.鞭炮回扣收入款未进决算,隐匿利润××元。该公司××××年末鞭炮回扣收入×××元挂账,未进当年决算。按年末鞭炮库存额××元和厂方进货回扣率×%(最高)计算,库存应留回扣××元,实际多留了××元未进决算,影响了当年利润的真实性。

5.截留出租摊床收入列账外××元。该公司出租门前摊床一事,经查财会账目,没有反映有关租金收入。经多方查证和有关人员证实,租金由行政科收到。其中,××××年××月到××月收入××元,××××年××月至××月收入××元,分别在保卫科和行政科有关人员手中。

三、处理意见

1.对该公司弄虚作假套取现金给××路仓库发放奖金××元的问题,根据《国务院关于违反财政法规处罚的暂行规定》第五条第一款和《现金管理暂行条例实施细则》第二十条第十款的具体规定,应将违纪金额全部收缴,并处以违纪额的×%的罚款。合计应缴金额××元。

2.对挪用流动资金××万元建造营业楼的问题,根据《国务院关于违反财政法规处罚的暂行规定》第五条第四款和第九条的具体规定,应调整账目归还原资金渠道,并按违纪额的×%罚款××元。

3.对挪用流动资金××元为职工买有奖储蓄的问题,根据《国务院关于违反财政法规处罚的暂行规定》第九条的具体规定,按违纪额×%罚款××元,中奖××元全额上缴,合计应缴金额××元。

4.对截留鞭炮回扣收入××元,隐匿利润的问题,根据《国务院关于违反财政法规处罚的暂行规定》第五条第四款和第六条的具体规定,调整有关账目,并按违纪额的×%罚款××元。

5.对截留出租摊床收入列账外××元的问题,根据国务院有关文件规定,应全额上缴。

四、建议

针对审计中发现的问题提出以下建议：该公司有关领导及财会科，今后应严格执行会计法，遵守财经法规，实事求是地处理各项经济业务；合理使用资金，认真贯彻专款专用的原则，加强会计基础工作，提高财会人员素质，按财务制度规定正确摊提各项费用，如实、准确地反映企业财务成果。

附件：(略)

××贸审计处审计小组

组长：×××(签名)

××××年×月×日

范例2　全面审计报告

关于对××县罐头厂全面审计的报告

××市审计局：

根据省市审计会议的部署精神，县审计局于20××年×月×日至××日，对本县唯一的亏损户××县罐头厂20××年××月至××月的全部会计凭证、账表进行了全面审计，查实的主要问题和处理意见如下：

一、审计结果

该厂×~×月份经营管理情况不好，损失浪费××元，"两清"损失多报××元，不合理占用资金××元，漏提税款××元，做厂服挂账占用资金××元。在管理岗位上责任制不落实，对车间、科室签订的合同不兑现等，没有摆脱"吃大锅饭"的局面。

二、情况说明

1.浪费损失严重(略)

2."两清"时多报包装物掉库损失(略)

3.不合理占用资金(略)

4.样品费用开支过多(略)

5.漏计税款(略)

6.做厂服占用资金(略)

7.手续制度不健全(略)

8.经济责任制不落实(略)

三、对该厂问题的处理意见

1.该厂的浪费损失主要是由于经营管理不善造成的,问题严重。为达到教育全县的目的,促进各行各业加强经营管理,减少或避免损失,请政府批转这份报告,通报全县。

2.建议其主管公司派专人对厂领导班子进行整顿,摆问题,查原因,落实领导责任制,端正经营思想。

3.对"两清"损失要重新认真清理,其中,对于多报的掉库损失要作调账处理。

4.健全资金管理制度,应收销货款××元,要逐笔落实清回;如果有清不回的呆账损失,要报告主管局、财政部门和税务部门研究处理。

5.加强基本建设的计划管理,今后要杜绝基建超支,对现在已超支的部分要提出处理意见,报主管局、财政部门和税务部门研究处理。

6.少提税款××元,×月份补交。

7.做厂服占用的资金,要根据县政府规定办理。

8.严格控制样品费用,必须发出的样品要及时地反映在账上,不能搞账外管理样品。

9.加强物资管理和财务管理。物资要按月清点,严格办理出入库手续,建立严密的物资管理制度。财务要全面核算,包装物的押金账要分户记载,由专人管理,逐户清理以前的包装物押金账,清不回来的要说明原因,报告主管局和财税部门,如实反映,制止有数无实的做法。

××县审计局×××审计小组

审计员×××(章)

×××(章)

20××年×月×日

第十节　经济活动分析报告

撰写要领

一、经济活动分析报告的概述

经济活动分析报告,是对经济活动分析结果的书面反映,即以计划指标、会计核算、统计数据和调查研究等情况为依据,运用现代科学经济理论和科学分析方法,对某一部门、某一单位已经发生的经济活动状况(包括生产、销售、成本、财务等活动进行分析评价而写出的书面报告)。它是一种回顾研究性的文书。

二、经济活动分析报告的特点

1.客观性

经济活动分析报告中所写的内容一定是经济活动或现象中客观存在的,容不得半点估计和捏造。

2.科学性

经济活动分析报告中的所有推导或分析一定要具备科学依据或合乎科学规律。

3.深入性

经济活动分析报告中所揭示的东西一定要比现实存在着的东西更深入一层。

三、经济活动分析报告的写作格式

经济活动分析报告通常由标题、正文和落款 3 部分组成:

1.标题

标题一般要写出分析单位、分析时限、分析内容和文种等要素,如《××有限责任公司××××年财务状况分析报告》,也可以只写出分析内容和文种。

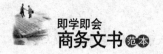

2.正文

经济活动分析报告的正文一般采用"三段式"结构,即包括导语、主体、结尾3部分,体现出提出问题、分析问题、解决问题的构思思路。

(1)导语部分。导语部分是经济活动分析报告的开头,开门见山地概述主要经济指标的完成情况、存在问题、分析的必要性和目的、分析的中心内容、总的评价等,概述经济活动分析的基本情况。

(2)主体部分。也是经济活动分析报告全文的核心部分,即运用科学的经济活动分析方法,从不同的角度对有关数据进行运算推导,对影响经济指标的各种因素进行剖析研究。不但要分析经济活动的成效和经验,也要揭露矛盾,找出存在的问题及其主客观原因。最后针对上述分析结果作出客观、恰当的评价,得出结论。

主体部分运用数据有两种方式:一种是数据表格相对集中,先列出表格和主要数据,然后分析评价,得出结论;另一种是边列举数据边分析评价,最后再附上完整的表格给予总的评价,得出总的结论。

(3)结尾部分。结尾部分也是分析报告的核心价值所在,即在提出问题、分析问题的基础上提出对策,即提出解决问题的意见、建议或措施,有的报告也在结尾部分概括与总结全文,提出作者的观点,或者对未来的发展趋势作出预测。

3.落款

其中包括两项内容,一是标明撰写经济活动分析报告的单位名称或人员姓名,二是标明写作日期。

四、经济活动分析报告的写作要点

1.要以政策为依据来分析各种现象和材料。

2.分析方法必须科学。

3.要抓住主要问题来进行分析,求得解决,不要面面俱到。

———— ❦ 范文经典 ❦ ————

范 例 1　省年度财务状况分析报告

××省20××年财务状况分析

20××年××全省纯购进总值××亿元,比上年增长×%;纯销售××亿元,比上年增长×%;企业全部流动资金周转为××天,比上年加快×天;费用水平为××元,比上年下降××元;全员劳动效率为×万元,比上年提高×%;百元流动资金和固定资产提供利润为××元,比上年增长××元。

一、财务成果的分析

20××年除去返利、价格补贴外,净实现利润××亿元,比上年增长××万元,增加×%。在购销扩大的情况下,局、公司两级利润分别比去年上升×%和×%。全省广大农村虽然遭受了严重的自然灾害,但由于经济政策的落实,调动了农民生产的积极性,多种经营仍然发展较快。棉、麻、烟、茶、茧和畜产品的收购量都超过上年。土特产品中,××、××等20多个品种也比上年有较大增长。由于农民收入增加和农村货币量的增多,农村商业购销两旺,农业生产资料的销售比上年增长×%,生活资料的销售比上年增加×%,达到了××亿元,给财务成果带来了积极的效果。

首先是×××公司。全省×××公司销售总额达××亿元,比上年增长×%,利润上升×%,每百元销售的利润从××元上升到××元,增加利润×百万元,主要原因是:

1.进销毛利增加。从20××年以来的××年间,毛利大多在×%~×%之间,今年上升至×%,增加×%。

2.费用水平下降。由于采取了不少措施,除少数公司以外,绝大部分公司的费用水平均有不同程度的下降,全省费用水平由同期的×%下降到×%。

3.财产损失减少。各公司的财产损失额达××万元,比去年同期减少××万元。

4.其他支出节约。全省各公司共支出××百万元,比上年减少××百万元,节约××万元。

5.亏损状况好转。由于加强了企业管理,亏损面比上年大大减少,亏损额由

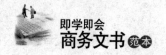

上年的××万元,少到××万元。

其次是县以上企业。利润比上年增加××万元。

二、资金运用的分析

××××年底,全省流动资金占用××亿元,在销售增加的情况下,资金周转加快××天,每百元资金占用所提供的利润由上年的××元提高到××元,资金利润提高的主要原因有以下几点:

1.自由流动资金的扩大。(此略)

2.结算资金占用减少。(此略)

3.产品资金继续下降。(此略)

20××年虽然取得了较好的成绩,但问题也不少,特别是少数地区问题较严重,其主要表现在:

1.费用水平回升。在连续××年的下降后,少数地区费用水平开始回升。

2.利润完成不平衡,不实在。××市和××地区的利润,上半年就完成了一年的计划,但因怕"鞭打快牛"、财政年年加码,所以下半年无利反亏,出现了历史上少见的虎头蛇尾状况。

3.库存高,"肚子大",周转不灵。全省少数地区周转一次××天,比全省的平均××天慢了××天。因库存长期积压,损失较大。

4.企业亏损,尤其是×××公司的亏损,少数地区面在扩大,金额在增加。

20××年要在保证完成各项财务指标的前提下,积极扩大营销业务,做好各项工作。

1.要认真贯彻执行国务院"关于严肃财政管理八项规定",大力节减企业管理费和行政经费。

2.要善始善终地搞好清产核资工作。

3.要提高会计核算质量,结合"拨货计价实物负责制",建立健全各项规章制度,提高经营管理水平。

4.继续搞好会计人员技术职称的考核、评审工作,以此调动广大财务人员的积极性。附:《20××年全省若干财务指标执行情况表》3份(此略)

(章)

××××年×月×日

范例② 超市年度经济活动分析报告

××超市20××年度经济活动分析报告

在20××年中,××超市的全体同志积极进货,扩大销售,不断改善仓储管理,加强经济核算,超额完成了销售计划,取得了较好的成绩。现将主要情况分析如下:

一、主要指标经营情况

该超市销售比上年增加×%,流动资金运用基本维持上年水平,实现了增销不增资。由于销售量增加、资金未相应增加,因此,全部流动资金和商品及原材料资金流转速度分别比20××年加速××天和××天。按全部流动资金计算,相对节约资金××万元;按商品及原材料资金计算,节约资金××万元。

但是利润的增加幅度低于销售的增加,如:按照销售与利润同比例增幅计算,利润应增加××万元,与实际利润××万元相差××万元。其原因是:(略)

二、取得较好经济效益的原因

1.领导重视、发动群众、抓紧抓早,落实销售计划。

超市确定销售计划后分月落实,月初订计划,月中抓进度,月末抓总结。20××年从开展经营竞赛活动后,各柜都月月完成或超额完成计划。

2.建立健全管理制度,提高服务质量。(略)

3.清理仓库库存,清理悬账。

超市在开展柜组核算前进行家底清理。首先分析库存,清出一批原木××块,自留××块,其余××块作调拨处理。其次清理了调换商品。这个工作原本无专人负责,账实不符,自开门到现在未彻底清理过;现在规定专人负责,作了全面清理,计算出无人要的商品价值××元。同时建立了调换商品负责制,及时解决问题。20××年××月份调换××笔××件,××月份××笔××件,顾客对此非常满意。

三、存在的问题及建议

1.柜组核算还没有落实。目前仅仅落实销售指标,其他的资金定额指标没有落实到柜,因此柜组核算还不完整,希望在今年逐步建立健全起来。

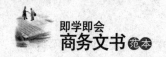

2.行之有效的制度,还有待巩固。如仓库发货记录、差错记录、柜面动态盘点等行之有效的制度,有些柜尚不能坚持,有必要使之制度化,并与奖惩制度结合起来。

范例 3 公司某月财务情况分析报告

××纸业有限公司 20××年××月财务情况分析报告

一、利润

(一)基本情况

××月份实现利润××元,累计实现利润××元,比上年同期减少了××元,降低×%。

(二)实现利润增减因素

1.利润增加因素

(1)产品销售价格提高(扣除包烟纸降价因素)使利润增加××万元(包烟纸降价减少利润××万元)。

(2)税金变化,免税因素使利润增加××万元。

(3)包烟纸销售数量增加使利润增加××万元。

(4)其他因素使利润增加××万元。

合计利润:增加××万元。

2.利润减少因素

(1)产品成本提高使利润减少××万元。

(2)打孔纸销量下降使利润减少××万元。

(3)营业外支出增加(退休统筹基金)使利润减少××万元。

合计减少利润××万元。

增减利润相抵使利润比去年同期降低××万元。

二、成本

产品	单位成本	本期累计
打孔纸	××	××
激光纸	××	××

三、资金情况

本期　　　累计

(1)定额流动资金周转天数　　　××天　　　　××天

(2)定额流动资金平均余额　　　××万元　　　××万元

(3)定额流动资金期末余额　　　××万元

(4)期末储备资金余额　　　　　××万元

(5)期末成品资金余额　　　　　××万元

四、存在的问题及分析

(1)利润比去年同期减少的主要因素是产品生产成本的提高,即主要是因为原材料价格的上涨。

(2)打孔纸销售数量低于去年同期××万元,使利润减少××万元。

(3)成品资金占用高达××万元,使定额流动资金占用额增加,周转天数延长。

×××有限公司财务部

20××年×月×日

最新
适用版

第七章

涉外商务类公文写作

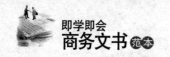

第一节　中外合资企业章程

撰写要领

一、中外合资企业章程的概述

章程是政党或社会团体、企业制定的共同遵守的纲领性文件,其主要内容为一个组织的性质、宗旨、组织结构、责任、权利和活动规则。中外合资企业章程是在可行性研究、中外合资企业合同编写的基础上形成的中外双方共同遵守的企业宪章。

合资企业章程是当事人依法达成的,经中国政府批准后生效的文书。它具有管理的目的性和解决合资双方权利义务问题的针对性,同时对企业各部门具有约束力。

二、中外合资企业章程的特点

1.法规性

中外合资企业章程是依照我国的有关法律、法规、条例和中外合资企业合同所制定的条款。它规定了合资企业宗旨、组织原则及经营管理方法等事项,是合资企业的行为规范,是合资企业的根本法。

2.合法性

中外合资企业章程是按照合营企业合同规定的原则,经合营各方一致同意,规定合营企业的宗旨、组织原则和经营管理方法等事项的文件,因此遵守我国的有关法律规定,特别是《中外合资经营企业法》和《中外合资经营企业法实施条例》。除此之外,必须遵守合同的各项合约,必须以合同为准,其有关内容可以和合同有重复,但不能和合同有矛盾。

3.内部约束性

中外合资企业章程是合资企业的根本法,它要求组织内所有成员都必须按章行事,按照条文规范自己的行为,还要求其各级组织必须严格按照章程规定的宗旨、原则、生产经营活动范围及其工作职责来运作。

三、中外合资企业章程的写作格式

中外合资企业章程包括标题、正文和落款 3 部分,具体写法如下:

1.标题

章程的标题由合资企业的名称和文种构成,比如:xx—xx合资公司章程。

2.正文

正文多为章条式或条款式,一般以总则开头,着重说明制定本章程的原因、目的、宗旨及使用范围等。其次是分则,也是核心部分,表述章程的具体内容,按其性质和内在联系逐条写出。最后是附则,说明通过、公布、实行和修改的程序。

3.落款

合资双方代表签字。

──❃ 范文经典 ❃──

范例 1　中外合资企业章程

××××有限责任公司章程

（20××年×月×日本公司第×次会议通过）

第一章　总则

第一条　根据《中华人民共和国中外合资经营企业法》的精神,×国×××公司（以下简称甲方）与中国××市×××公司（以下简称乙方）于 20××年×月×日在中国××签订的建立合资经营皮革及相关制品有限责任公司经营合同（以下简称合营公司）,制定本公司章程。

第二条　合营公司名称为:××××有限责任公司

外文名称为:××××

合营公司的法定地址为:×××××

第三条　甲、乙方的名称、法定地址为:

甲方:×国×××公司

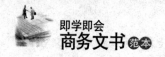

法定地址:×国××市××路××号

乙方:中国××市×××公司

法定地址:××市××区××路××号

第四条　合营公司为有限责任公司。

第五条　合营公司为中国法人,受中国法律的管辖和保护。其一切活动必须遵守中国的法律、法令和有关条例规定。

第二章　宗旨、经营范围

第六条　合营公司宗旨

使用先进技术,生产和销售与汽车相关的皮革产品、纺织制品和羊剪绒等,并在质量、价格等方面具有国际市场上的竞争能力,提高经济效益,使投资各方获得满意的经济利益。

第七条　合营公司经营范围

设计、制造和销售皮革制品及与汽车相关的包件和纺织坐垫、毛皮制品等产品。

第八条　合营公司生产规模

1. 合营公司投产后的第一年生产能力为皮革××万张,汽车用纺织面料靠垫××万套,各类包件××万个和少量的羊剪绒制品。

2.随着生产经营的发展,生产规模可增加×%以上。产品品种将发展成为与汽车配套的皮革、纺织制品和羊剪绒制品整个系列。

第九条　合营公司向国内外市场销售其产品,外销部分大于×%。

第三章　投资总额和注册资本

第十条　合营公司的投资总额为××万美元,合营公司的注册资本为××万美元,所需资金与实际投资之间的差额××万美元由合营公司向银行贷款。

第十一条　甲、乙各方出资如下

甲方:认缴出资额为××万元,占注册资本×%。其中,现金××万美元;工业产权××万元。

乙方:认缴出资额为××万元,占注册资本×%。其中,现金××万元人民币(折算美元为××万元);机械设备××万美元;厂房使用权××万美元。

第十二条　甲、乙方应按合同的期限缴清各自出资额(人民币与美元汇率按缴资当日国家外汇管理局公布的外汇牌价折算）。

第十三条　甲、乙方缴清出资额后，经合营公司聘请在中国注册的会计师验资，出具验资报告后，由合营公司据以发给出资证明书。出资证明书主要内容包括：合营公司名称、成立日期、合营者名称及出资额、出资日期、发给出资证明书日期等。

第十四条　合营期内，合营公司不得减少注册资本数额。

第十五条　任何一方转让其出资额，不论全部或部分，都须经另一方同意。一方转让时，另一方有优先购买权。

第十六条　合营公司注册资本的增加、转让，应由董事会一致通过后并报原审批机构批准，向原登记机构办理变更登记手续。

第四章　董事会

第十七条　合营公司设董事会。董事会是合营公司的最高权力机构。

第十八条　董事会决定合营公司的一切重大事宜，其职权主要如下：

1.决定和批准总经理提出的重要报告（如生产规划、年度营业报告、资金、借款等）；

2.批准年度财务报表、收支预算、年度利润分配方案；

3.通过公司的重要规章制度；

4.决定设立分支机构；

5.修改公司章程；

6.讨论决定合营公司停产、终止或与另一个经济组织合并；

7.决定聘用总经理、总工程师、总会计师、审计师等高级职员；

8.负责合营公司终止预期满时的清算工作；

9.其他应由董事会决定的重大事宜。

第十九条　董事会由5名董事组成，其中甲方派3名，乙方派2名。董事任期4年，可以连任。

第二十条　董事会董事长由甲方委派；副董事长一名，由乙方委派。

第二十一条　甲、乙方在委派和更换董事人选时，应书面通知董事会。

第二十二条　董事会例会每年召开一次。经1/3以上的董事提议，可以召开董事会临时会议。

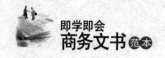

第二十三条　董事会会议原则上在公司所在地举行。

第二十四条　董事会会议由董事长召集并主持,董事长缺席时由副董事长召集并主持。

第二十五条　董事长应在董事会开会前30天书面通知各董事,写明会议内容、时间和地点。

第二十六条　董事长因故不能出席董事会会议,可以书面委托代理人出席董事会。如届时未出席也未委托他人出席,则视为弃权。

第二十七条　出席董事会会议的法定人员为全体董事的2/3。不够2/3人数时,其通过的决议无效。

下列事项须董事会一致通过:

1.合同章程的修改。

2.合营企业的中止、解散。

3.合营企业注册资本的增加、转让。

4.合营企业与其他经济组织的合并。

下列事项须经董事会2/3以上董事或过半数董事通过:

1.决定和批准总经理提出的重要报告(如生产规划、年度营业报告、资金、借款等)。

2.批准年度财务报表、收支预算、年度利润分配方案。

3.通过公司的重要规章制度。

4.决定设立分支机构。

5.决定聘用总经理等高级职员。

第二十八条　董事会每次会议须做详细的书面记录,并由全体出席董事签字。代理人出席时,由代理人签字。记录文字使用中文和英文,该记录由公司存档。

第五章　经营管理机构

第二十九条　合营公司设经营管理机构,下设生产、技术、销售、财务、行政等部门。

第三十条　合营公司设总经理一人、副总经理一人,正副总经理由董事会聘任。首届总经理由甲方推荐,副总经理由乙方推荐。

第三十一条　总经理直接对董事会负责,执行董事会的各项决定,组织领导合营公司的日常生产、技术和经营管理工作。副总经理协助总经理工作,当总经理不在时,代其行使总经理的职责。

第三十二条　合营公司日常工作中重要问题的决定应由总经理和副总经理联合签署方能生效。需要联合签署的事项,由董事会具体规定。

第三十三条　总经理、副总经理的任期为4年,经董事会聘任可以连任。

第三十四条　董事长或副董事长、董事经董事会聘请,可兼任合营公司总经理、副总经理及其他高级职务。

第三十五条　总经理、副总经理不得兼任其他经济组织的总经理或副总经理,不得参与其他经济组织对本合营公司的商业竞争行为。

第三十六条　合营公司设总工程师、总会计师和审计师各一人,由董事会聘请。

第三十七条　总工程师、总会计师、审计师由总经理领导。

总会计师负责领导合营公司的财务会计工作,组织合营公司开展全面经济核算,实行经济责任制。

审计师负责合营公司的财务审计工作,审查稽核合营公司的财务收支和会计账目,向总经理并向董事会提出报告。

第三十八条　总经理、副总经理、总工程师、总会计师、审计师和其他高级职员请求辞职时,应提前向董事会提出书面报告。

以上人员如有徇私舞弊或严重失职行为的,经董事会决议,可随时解聘。如触犯刑律的,要依法追究刑事责任。

第六章　财务会计

第三十九条　合营公司的财务会计按照中华人民共和国财政部制定的中外合资经营企业财务会计制度规定办理。

第四十条　合营公司会计年度采用日历年制,自×月×日起至××月××日止为一个会计年度。

第四十一条　合营公司的一切凭证、账簿、报表,用中文书写。

第四十二条　合营公司采用人民币为记账币种,人民币或其他货币折算按实际发生之日中华人民共和国国家外汇管理局公布的汇价计算。

第四十三条　合营公司在中国银行或中国银行同意的其他银行开立人民

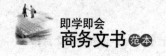
币及外币账户。

第四十四条　合营公司采用国际通用的权责发生制和借贷记账法记账。

第四十五条　合营公司财务会计账册上应记载如下内容：

1.合营公司所有的现金收支数量。

2.合营公司所有的物资出售及购入情况。

3.合营公司注册资本及负债情况。

4.合营公司注册资本的缴纳时间、增加及转让情况。

第四十六条　合营公司财务部门应在每一个会计年度头 3 个月编制上一个会计年度的资产负债和损益计算书，经审计师审核签字后，提交董事会会议通过。

第四十七条　合营各方有权自费聘请审计师查阅合营公司账簿。查阅时，合营公司应提供方便。

第四十八条　合营公司按照《中华人民共和国中外合资经营企业所得税法施行细则》和有关规定以及合营合同的规定，由董事会决定其固定资产的折旧年限。

第四十九条　合营公司的一切外汇事宜，按照《中华人民共和国外汇管理暂行条例》和有关规定以及合营合同的规定办理。

第七章　利润分配

第五十条　合营公司从缴纳所得税后的利润中提取储备基金、企业发展基金和职工奖励及福利基金。提取的比例由董事会确定。

第五十一条　合营公司依法缴纳所得税和提取各项基金后的利润，按照甲、乙方在注册资本中的出资比例进行分配。

第五十二条　合营公司每年分配利润一次。每个会计年度后 3 个月内公布利润分配方案及各方应分的利润额。

第五十三条　合营公司上一个会计年度亏损未弥补前不得分配利润。上一个会计年度未分配的利润，应并入本会计年度利润分配。

第八章　职工

第五十四条　合营公司职工的招收、招聘、辞退、工资、福利、劳动保险、劳动保护、劳动纪律等事宜，按照《中华人民共和国中外合资经营企业劳动管理规定》及其实施办法办理。

第五十五条　合营公司所需要的职工,可以由当地劳动部门推荐,或者经劳动部门同意后,由合营公司公开招收,但一律通过考试,择优录用。

第五十六条　合营公司有权对违反合营公司的规章制度和劳动纪律的职工给予警告、记过、降薪的处分,情节严重的可予以开除。开除职工须报当地劳动人事部门备案。

第五十七条　职工的工资待遇,参照中国有关规定,根据合营公司具体情况,由董事会确定,并在劳动合同中具体规定。

合营公司随着生产的发展、职工业务能力和技术水平的提高,应适当提高职工的工资。

第五十八条　职工的福利、奖金、劳动保护和劳动保险等事宜,合营公司将分别在各项制度中加以确定,确保职工在正常条件下从事生产和工作。

第九章　工会组织

第五十九条　合营公司职工有权按照《中华人民共和国工会法》的规定,建立工会组织,开展工会活动。

第六十条　合营公司工会是职工利益的代表,它的任务为:依法维护职工的民主权利和物质利益;协助合营公司安排和合理使用福利、奖励基金;组织职工学习政治、业务、科学技术知识,开展文艺、体育活动;教育职工遵守劳动纪律,努力完成合营公司的各项经济任务。

第六十一条　合营公司工会代表职工和合营公司签订劳动合同,并监督合同执行。

第六十二条　合营公司工会负责人有权列席有关讨论合营公司的发展规划、生产经营活动等问题的董事会会议、反映职工的意见和要求。

第六十三条　合营公司工会参加调解职工和合营公司之间发生的争议。

第六十四条　合营公司每月按合营公司职工实际工资总额的2%拨交工会经费。

第十章　期限、终止、清算

第六十五条　合营公司的合营期限为10年,自营业执照签发之日起计算。

第六十六条　甲、乙方如一致同意延长合营期限,经董事会会议做出决议,应在合营期满前6个月向审批机构提交书面申请,经批准后方能延长,并向原

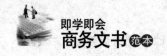

登记机构办理变更登记手续。

第六十七条 甲、乙双方如一致认为终止合营符合各方最大利益时,可提前终止合营。合营公司提前终止合营,需董事会召开全体会议作出决定,并报原审批机构批准。

第六十八条 合营期满或终止合营时,董事会应提出清算程序、原则和清算委员会人选,组成清算委员会,对合营公司财产进行清算。

第六十九条 清算委员会的任务是对合营公司的财产、债权、债务进行全面清查,编制资产负债表和财产目录,制订清算方案,提请董事会通过后执行。

第七十条 清算期间,清算委员会代表公司起诉或应诉。

第七十一条 清算费用和清算委员会成员的酬劳应从合营公司现有财产中优先支付。

第七十二条 清算委员会的债务全部清偿后,其剩余的财产按甲、乙方在注册资本中的出资比例进行分配。

第七十三条 清算结束后,合营公司应向审批机构提出报告,并向原登记机构办理注销登记手续,缴回营业执照,同时对外公告。

第七十四条 合营公司结业后,其各种账册由甲方保存。

第十一章 规章制度

第七十五条 合营公司董事会制定的规章制度有:

1.经营管理制度,包括所属各个管理部门的职权与工作程序。

2.职工守则。

3.劳动工资制度。

4.职工考勤、升级与奖惩制度。

5.职工福利制度。

6.财务制度。

7.公司解散时的清算程序。

8.其他必要的规章制度。

第十二章 附则

第七十六条 本章程的修改必须经董事会会议一致通过决议,并报原审批机构批准。

第七十七条　本章程用中文和英文书写,两种文本具有同等效力。上述两种文本如有不符,以中文本为准。

第七十八条　本章程须经中华人民共和国对外贸易经济合作部(或其委托的审批机构)批准才能生效。

第七十九条　本章程于××××年×月×日由甲、乙双方授权代表在中国××签字。

×国×××公司代表(签字)＿＿＿＿　　　中国×××公司代表(签字)＿＿＿＿

第二节　中外合资协议书

❧ 撰写要领 ❧

一、中外合资协议书概述

中外合资协议书,是中外合资者就设立中外合资企业的基本要点,在谈判中通过友好协商后而草签的初步书面文件。

二、中外合资协议书的签订条件及效力

中外合资协议书必须在项目建议书和可行性研究报告得到企业主管部门审查同意并转报审批机构批准后才能签订。中外合资协议书一经签订,便标志着商洽阶段结束,合资企业正式成立。签约各方都要受到法律约束,并承担法律责任。合资企业的各项筹建工作必须在协议书规定的目标、基本要点和基本原则的指导下进行。

中外合资协议书是合资者各方签订合同的基础,因为这种协议书对各有关问题的界定只是初步的、粗线条的,因此今后还要在此协议书的基础上再签订较为具体的合同。如果这种协议与今后签订的相应合同相抵触时,应以合同为准。

三、中外合资企业协议书的格式与内容

中外合资企业协议书主要包含下列几项内容:

1.合资各方的名称。

2.合资的项目。

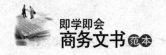

3.合资企业的经营产品、经营范围和生产规划。

4.合资企业投资总额、注册资本、各方的出资比例、出资方式和利润分配。

5.合资企业的组织机构、双方席位的分配。

6.产品销售方式、内外销比例、原材料来源。

7.合资企业采用的设备和技术。

8.合资期限。

9.经双方协商的其他条款。

❧ 范文经典 ❧

范例 1　中外合资企业协议书

中外合资企业协议书

甲方:中国××有限公司,地址:×××××××××,法人:×××

乙方:×国××有限公司,地址:×××××××××,法人:×××

双方于20××年×月×日至×日在××市经过友好协商,在平等互利的原则下,就合资创办出租汽车公司事宜达成如下协议:

一、合营企业定名为××出租汽车公司,经营大、小车 100 辆。其中"××"轿车为 7 辆(为二手车,行车不超过 1.7 万公里),"××"车 83 辆。其中 50 辆含里程、金额记数表、空调、步话机等,面包车 10 辆。

二、合营企业为有限公司。双方投资比例为 7:3,即甲方占 70%,乙方占 30%,总投资为 180 万美元,其中甲方 126 万美元(含库房等公用设施),乙方 54 万美元。合作期限定为 6 年。

三、公司设董事会,人数为 5 人,甲方 3 人、乙方 2 人,其中董事长 1 人由甲方担任,副董事长 1 人由乙方担任。正副总经理由甲、乙双方分别担任。

四、合营企业所得毛利润,按国家税法照章纳税,并扣除各项基金和职工福利等,净利润根据双方投资比例进行分配。

五、乙方所得利润可以人民币计收。合同期内,乙方纯利润所得达到乙方投资总额(包括本息)后,企业资产即归甲方所有。

六、双方共同遵守我国政府制定的外汇、税收、合资经营以及劳动等法规。

七、双方商定,在适当的时间选择适当的地点,就有关事项进一步洽商,提出具体实施方案并签订合同。

甲方:(公章)＿＿＿＿＿　　乙方:(公章)＿＿＿＿＿

代表人:×××　　　　　　　　代表人:×××

20××年×月×日

签订于中国××市

第三节　经济合作意向书

❧ 撰写要领 ❧

一、经济合作意向书的概述

合作意向书是合作双方表达意图和目的的契约文书。

经济合作意向书,是国际经济合作双方就合作项目的具体事宜达成一致意见的意向性协议。经济合作意向书是编制项目建议书和可行性研究报告的依据,也是日后签定经济合同做必要的基础,但经济合作意向书不具备法律效力。

二、经济合作意向书的特点

1.基本倾向一致

当事人各方对项目合作基本上有倾向一致的表示，不存在原则性的分歧。这种一致性并不涉及具体的条款,在进一步商谈的时候,双方之间尚留有一定的谈判空间。

2.无法律效力

意向书是一个初步的、原则的打算,在内容上只反映当事人各方的初步设

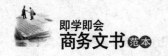

想,是双方共同意愿的记录,也是编制项目建议书和签订合同的基础,虽具有一定的约束力,但不具有法律效力。

3.行文自由灵活

意向书的行文不像合同那样要求统一的规范,意思的表达、语言的运用、条款的设置等往往都具有一定的灵活性。

三、经济合作意向书的写作格式

经济合作意向书一般由标题、导语、正文和结尾4部分组成。

1.标题

经济合作意向书的标题一般由使用项目名称和意向文书的文种名称两部分构成,如《合资经营×××公司意向书》;也可由合资企业名称、项目名称和文种3部分构成,如《××国××公司与中国×××公司经济合作意向书》;有时也可直接用"意向书"来代替标题。

2.导语

导语也称引言,即意向书的开头,一般用一段文字简明扼要地写清意向书当事人双方或多方的单位名称,明确该意向书的指导思想和法律依据,并写明磋商的简单情况和订立此意向书的总目标,其末尾常用"达成意向如下"或"现达成如下意向"等惯用语过渡到正文主体部分。

3.正文

经济合作意向书的正文一般应包含序言、事项、未尽事宜几部分内容。

(1)序言,即合作双方名称,磋商洽谈时间、地点、商谈原则等,有时还写明双方负责人、总机构所在地、营业批准机关名称及批准时间、营业执照编号或副本。

(2)事项,即合作双方达成的具体意向,如合作项目计划规模、投资方式、合资比例、预计经济效益等。

(3)未尽事宜,即双方还有哪些问题需要进一步洽谈,包括进一步洽谈的工作日程安排、预计达成最终协议的时间等。

4.结尾。

应标明各方谈判代表的签字、签上时间和抄印份数、报送单位。

❀ 范文经典 ❀

范 例 ① 合资新建工厂意向书

合资新建工厂合作意向书

中国××市××发展有限公司、××市××厂与日本××公司三方本着"友好、平等、互惠"的原则和"团结、进步、发展"的精神,先后于20××年×月××日至×月×日在××就××工厂××事宜进行了××次友好协商,在此基础上,××市×××发展有限公司于20××年×月×日派专员赴日本对此事进行进一步磋商,日方应我国对外友好协会的邀请,于20××年×月×日在我国对外友好服务中心的陪同下,对××市×××发展有限公司进行了实地考察和商定,三方同意利用××市××厂现有厂房等设施合资新建一座××加工厂,现达成如下意向:

一、整体规划,分期投资

1.中方以××市××厂现有厂区土地××亩、车间××栋、办公楼×栋、配电房×栋和其他生产和生活等设施作为合资股份总额,分为两次投资入股。

2.第一期以现有车间×栋、办公楼×栋和厂区土地××亩、配电房×栋等其他辅助设施投入合资新建××加工厂。

3.第二期项目的投入根据需要与可能相结合的原则,在第一期合资兴建加工厂获中方正式批准之日起××个月内,双方签署第二期合资项目意向书。与此同时,再用两个月时间提供项目的可行性报告、项目建议书、项目合同、章程等有关部门资料,以利申报。超过上述期限,第二期项目的投入为自动放弃,中方可将所剩余的车间×栋、土地××亩等自行安排。

二、合营期限与货币计算名称

1.时间从20××年×月×日至20××年×月×日,计××年整,一方如需继续履行此合同,须经三方协商同意后,可重新申请延期,并申报有关部门办理延期手续。

合同期满后,其固定资本残值归中方所有。

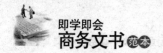

2.货币计算方法

三方不管采取什么投资方式,一律以美元为计算单位进行核算。

三、工厂规模

工厂占地××亩,年生产能力为××××,职工总人数为××人。

四、投资金额比例

合资工厂总投资额为××万美元,占总投资额的×%,其中包括提供全套生产××的机器××套,辅助设备、生产和工作用车××辆、部门办公设备、现有工厂改造、配套及生产周转资金。中方投资××万美元,占总投资额的×%。以车间×栋、办公楼×栋和厂区土地××亩、配电房×栋、高压供电输电专线、配电设备、柴油机发电机组、饮用电机井等投资入股。

五、责任分担

中方:

1.在××内办理有关中外合作企业的申报、审批手续和工商行政管理登记注册手续。

2.对厂区的整体规划、附属设施的配套完善及财产保险等工作。

日方:

1.派遣技术人员××名,为中方培训技术人员、指导生产及设备安装。

2.包销××年内所生产的全部产品(共计×××万美元),提供生产专用资金及工厂改造配套所需的资金。

六、利润分配及亏损分担

1.三方按认可的投资比例分配利润及承担亏损责任,即中方获得全部利润的×%,日方获得全部利润的×%。

2.亏损按利润分配比例计算。

七、说明

1.合资新建工厂的未尽事宜,在正式签订协议时予以补充。

2.此意向书用中、日两种文字书写。

3.此意向书共制9份,三方各持3份。

4.此意向书从签订之日起生效。

中国××市×××发展有限公司　　　　　代表×××(章)

xx市xx厂　　　　　　　　　代表xxx（章）

日本xx公司　　　　　　　　代表xxx（章）

20xx年x月x日

范例 2　产品经济合作意向书

xx产品经济合作意向书

20xx年x月x日至x月x日，x国xxx公司副经理xxx先生同中国xx省xx市xx厂厂长xxx、副厂长xxx就双方共同合作开发生产xx（产品名称）等事宜进行了多次的接触和洽谈。在此之前，双方在20xx年x月x日至x月x日已进行过初步的接触和洽谈，基本达成如下共识：

1.由x国xxx公司提供适合xx市xx厂所需要的生产设备，以降低进口成本，提高xx产品的质量。

2.合资经营xx生产，年产量初步匡定为xx吨。

3.xx产品的生产技术、设备由x方提供，产品大部分返销出口，以求外汇平衡。

4.双方投资比例初步定为：x国xxx公司为x%，xx市xx厂为x%，利润按投资比例分成。

5.该合资生产项目，目标为20xx年x月底正式投入生产。

6.双方准备在20xx年xx月xx日前准备好各自的可行性研究报告和有关资料。20xx年xx月由xx市xx厂编写项目建议书上报上级部门，一旦批准后，即刻通知x方。

7.本意向书中x文各一式两份，双方各执一份。在适当的时候，双方再进一步商讨，以求可行性研究报告的正式完成。

甲方：x国xxx公司　　　　　副经理：xxx（签章）

乙方：中国xx厂　　　　　　　厂　长：xxx（签章）

副厂长：xxx（签章）

20xx年x月x日

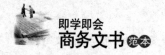

范例 3 经济联营意向书

经济联营意向书

甲方:中国石化总公司×××石化总厂

乙方:中国香港×××国际有限公司

日期:××××年×月×日

地点:×××石化总厂宾馆北楼

双方为合资生产建筑陶瓷产品事宜,签订本意向书。

第一章 基本构想

1.适用法律及合资原则

双方按照《中华人民共和国中外合资经营企业法》及中国政府的有关规定,在平等互利、友好协商的原则指导下进行合资经营活动。

2.合资形式及项目名称

双方合资组建有限责任公司,公司名称为×××陶瓷有限公司(以下简称"公司")。

3.经营范围和生产规模

建筑陶瓷的生产和经营,规模为墙地砖(品种待双方再定)××乘以××平方米/年。

4.合资公司地址

中国××省××市××区。

5.合资期限

从领取营业执照之日起计××年。

6.资金及筹措

投资总额约××万美元。

注册资本按《国家工商行政管理局关于中外合资经营企业注册资本与投资比例暂行规定》,初定为××万美元。

注册资本,甲方投入约×%,乙方投入约×%,双方皆以现汇或现金投入,以美元计算(甲方固定资产投入或租赁双方再定)。

注册资本,之外的资金,公司向中国境内外贷款解决,双方各以投资比例承担债务。

7.设备来源及资产

保证质量、降低消耗、安全和长周期生产的必需设备由中国境外引进,配套及国内可满足要求的设备由国内供应。

公司界区所有的设备、设施、建筑及界区外的排洪设施为公司所有;界区之外与之配套的工程和设施,包括职工生活服务由甲方提供有偿服务。

8.技术

生产设备采用国际上已工业化的先进技术,产品按 CEN 标准生产。

9.生产用原材料供应

中国国内能满足技术要求的原材料及辅料在国内采购;国内无法保证的材料向国外购买。

公司生产所需的水、电由甲方按平均价供应,燃料由甲方按国际市场价当天汇率提供。

10.产品的销售方针

公司产品一级品×%以上外销。

11.优惠待遇

公司享有国家法律规定之中外合资的优惠待遇,甲方为之承担办理的责任,费用由合资公司支付。

第二章 合资工作实施

该意向书签字生效后,双方即开始下列实质性工作:

1.可行性研究报告、环境影响报告

甲方已经完成环境影响报告评估,乙方认可。可行性研究报告,甲方已委托××建筑设计院完成草拟工作,双方进一步协商后,作为正式报告出版并组织评估。

如项目可行,以上工作的费用由合资企业支付。

2.筹建工作

待可行性研究报告评估之后,若双方同意合资,即签订合资协议,协商成立

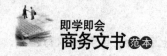
董事会,具体安排合资公司的筹建工作。

第三章　其他

1.有效期

从签字生效起××年内有效。

2.终止本意向书的条件

须符合以下条件之一:

(1)双方缔结了进一步的条约。

(2)超过有效期。

(3)双方表示不再探讨合资办厂。

3份数

中文文本4份,双方各执2份。

甲方:_____　　　乙方:_____

中国石化总公司×××石化总厂　　中国香港×××国际有限公司

代表:×××　　　　　　　　　代表:×××

　　　　　　　　　　　　　　　　　　　××××年×月×日

第四节　涉外经济合同

⁂ 撰写要领 ⁂

一、涉外经济合同的概述

　　所谓涉外经济合同,是指经过我国政府批准或授权的具有对外贸易经营权并取得法人资格的企业、部门、个人,在开展对外经济贸易等活动中,与另一国家(或地区)具有法人地位的企业、部门、个人依法签订的明确双方或数方权利和义务关系的协议。它是签约的双方意愿、目的、意志和见解完全一致的法律文件。涉外经济合同一经签字或政府批准,即对当事人双方形成约束力。

二、涉外经济合同与一般合同的区别

　　涉外经济合同和一般经济合同的区别:

1.合同条款的繁简程度不同。涉外经济贸易环节多、运程长,要有许多的"媒介"才能完成一笔交易,这就要求在写合同时对能预见的环节、条款都要尽可能地写详尽、完善、严密、周全。

2.支付、结算的方式不同。和国内贸易不同涉外经济贸易的支付、结算是在两个不同国家的金融体制、机构间进行,所以在合同中必须明确由我国批准的承办国际金融业务的银行办理,如中国银行。

3.支付、结算所使用的币种不同。涉外经济合同签订价格、支付等条款时,必须在合同中注明双方政府同意的币种。

4.涉外合同中的条款必须符合双方共同承认的或已签字的国际间的协定公约或国际惯例。

5.涉外经济合同中的生效期、有效期及受损失一方向当事人一方违约责任的索赔期的规定必须写得显著、清楚。

三、涉外经济合同的的特点

涉外经济合同与一般合同相比具有明显的特点,它的总体内容必须反映我国平等互利、互通有无的对外贸易方针,它的条款必须体现国别地区政策,对签有协定的国家要按照协定掌握平衡度。合同的各项条款不仅要符合本国法律,也要考虑到对方国家的有关法律规定。具体有以下几个特点:

1.批准性

我国的有关法律规定,涉外经济合同除合同文书中当事人必须在文书上签字外,还必须经由我国政府中有批准权的专管部门批准,合同才能生效。

2.合法性

涉外经济合同是依据有关法规,通过协商达成的共识,缔结的内容均应符合国际贸易有关规定、惯例,合同一经订立,便受到法律的保护。

3.原则性

涉外经济合同必须以维护国家主权、遵循平等互利、协商一致为原则,以诚信为本,任何危害国家主权、违反平等互利、协商一致原则的合同都是无效合同。

4.强制性

涉外经济合同是依法缔结的,具有法律效力,因此,合同关系是一种法律关

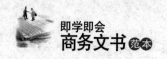

系,具有强制性,一经订立,各方当事人都要严格遵守、认真执行,不能单方面修改或废止。

5.国际性

涉外经济合同为两国或两国以上经济组织在贸易交往中签订的文件,签订时不仅要考虑遵守本国的法律和维护本国社会公共利益,同时还应当,而且必须尊重和适应别国的法律及公共利益以及国际间通行的国际商法及公众习俗。

总而言之,涉外经济合同不管从它的法律要求还是写作要求都表现出涉外性、严肃性、政策性、国际性等几个方面的显著特征。

四、涉外经济合同的分类

涉外经济合同因对外经济交往的内容、方式不同,种类也不同。

1.按商品买卖的贸易方式划分

有销售合同、购货合同、代理合同、经销合同、包销合同、寄售合同、来料加工合同、来件装配合同、来样制造合同、补偿贸易合同等。

2.按买卖的货物交易的地点不同而构成不同的价格条件划分

有船上交货合同(FOB合同)、成本加运费合同(C&F合同)、成本加运费加保险费合同(CIF合同)、目的港交货合同等。

3.按照对外经济贸易业务各环节、各部门分工不同的当事双方的合同划分

有商品买卖合同、租赁合同、保管合同、信用证合同、委托合同、包装合同、代理合同、保险合同、货物运输合同、租船合同等。

4.按照技术、劳务、资金、专利等在国际经济贸易中进行流通而签订的合同来分

有借贷合同、租赁合同、劳务输出的承包合同、技术转让合同、许可证贸易合同等。

五、涉外经济合同的订立

根据《涉外经济合同法》的规定,合同必须以书面的形式订立。这里所说的书面形式,是指正式的合同文件。

六、涉外经济合同的写作格式

1.首部

(1)标题。标题即合同名称,一般由“公司名称+文种”构成,如《中外合

营×××有限公司合同》等。

(2)前言。前言是标题后、总则前的文字部分,通常是用概括的语言陈述当事人合营的目的、依据,然后用"订立本合同"过渡。

(3)总则。总则一般是合同的首章,综合陈述合营企业的组成,各方名称、地址,以及合营企业的宗旨、投资总额与注册资本等内容。也可以把总则内容作为正文的第一条款。

2.正文

(1)必备条款,又称为基本条款。这是涉外经济合同的主要部分。

(2)一般条款。它也是涉外经济合同的重要组成部分,一般指合同中法律性较强的条款,如违约责任、不可抗力、解决争议办法、适用法律、合同有效期等内容。

除了必备条款和一般条款外,涉外经济合同中还有一种定义条款,它是指对合同中的重要名词概念定义的界定,目的是使当事人对名词概念所包含的范围有所共识,避免在执行过程中产生不必要的争议。定义条款并非所有涉外经济合同都有,不含需要界定的名词概念,合同中就没有设立定义条款的必要。

3.尾部

(1)结束语。通常用简练文字说明合同使用的文字、生效、合同的报批、合同的正本和副本的份数、合同签订的时间、地点以及附件等。

(2)落款。签订合同当事人签名盖章,并注明年月日。

七、订立合同的程序

这是指订立合同的双方当事人就合同的各项条款内容进行协商,从初步意向到取得一致同意,达成协议的必要程序。订立合同一般要包括两个主要阶段,即要约和承诺。但在实践中,一项合同的订立往往还要经过反复协商后双方才能达成一致,这就要经过邀约——要约——反要约——再要约——再反要约——承诺的过程。

1.邀约

邀约指的是要约邀请,是指合同一方欲寻求合作或交易的伙伴而向不特定的对象发出的要求合作或交易的信息,其对象往往有很多个,这是合同未订立之前的一个询问。

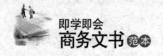

2.要约

要约是订约提议,即当事人一方(要约方)向另一方(受约方)提出订立合同的要求。要约除了向对方表示订立合同的愿望和决心外,还必须提出合同所具备的主要内容,以便对方考虑后决定是否同意订立此项合同,一旦要约被对方无条件接受,合同就成立了,而不需要要约人的再同意。

3.反要约

反要约指受约人对要约的内容提出修改意见或带有局限性的条件,反要约不是承诺,而是对原要约的拒绝,属于一种新的要约。

4.承诺

承诺是指接受提议,即最后的受约人在有效期限内对要约方提出的订约提议完全同意。承诺一旦作出,合同即告生效。

订立合同的这些过程是可能的,也是必要的。这有利于双方当事人在充分协商的基础上,经多方考虑而达成协议,能够在相当的程度上保障合同的严密、合法和有效。

八、合同的生效方式和成立时间

要约一经承诺,合同就生效。对于涉外经济合同生效,我国法律明确规定有3种方式。

1.协议成立生效

一般的涉外经济合同经当事人达成协议并签字后便自然生效,签字日便是合同的生效日。

2.确定成立生效

通过信件、电报、电传达成的协议,如果当事人要求签订确认书,则在确认书签订后,合同方能生效。

3.批准成立生效

凡我国法律、行政法规规定应当由国家批准的合同,获得批准时合同才能成立。批准的日期是合同的生效日期。

━━━⋇❀❀ 范文经典 ❀❀⋇━━━

范例 1 中外货物买卖合同

中外货物买卖合同

合同编号：xxxxx

买方：_____

地址：_____　　邮编：_____　　电话：_____

法定代表人：_____　　职务：_____

卖方：

地址：_____　　邮编：_____　　电话：_____

法定代表人：_____　　职务：_____

买方和卖方在平等、自愿、互惠、互利原则上，经充分协商签订本合同。双方同意按下述条款全面履行：

第一条 品名　　规格　　数量及单价

第二条 合同总值

第三条 原产国别及制造厂

第四条 装运港

第五条 目的港

第六条　装运期

1.分运

2.转运

第七条　包装

所供货物必须由卖方妥善包装，适合远洋及长途陆路运输，防潮、防湿、防震、耐野蛮装卸，以确保货物不致由于上述原因受损，使之完好完全到达安装或建筑工地。任何由于包装不善所致损失均由卖方负担。

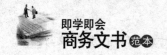

第八条 唛头

卖方必须用不褪色油漆于每一包装箱上印刷包装编号、尺码、毛重、净重、提吊置以及"此端向上"、"小心轻放"、"保持干燥"等字样。

第九条 保险

在 CIF 条款下,由卖方出资按 110%发票金额投保。

在 CFR 条款下,转运后由买方投保。

第十务 付款条件

卖方在装运期前××天,通过__银行开立由买方支付以卖方为受益人的不可撤销信用证,其金颇为合同总值的__%,计__。该信用证在银行收到下列单证并核对无误后承付(在分运情况下,则按分运比例承付)。

全套可议付已装船清洁海运提单,外加两份副本,注明"运费已付"、空白抬头空白背书、已通知到货口岸__运输公司。商业发票一式五份,注明合同号、信用证号和唛头。

1.在 CFR 条款下

(1)装箱单一式四份,注明每包装货物数量、毛重和净重。

(2)由制造厂家出具并由卖方签字的品质证明书一式三份。

(3)已交付全套技术文件的确认书一式两份。

(4)装运后即刻发给买方的已装运通知电报/电传附本一份。

2.在 CIF 条款下

(1)全套按发票金额×%投保__的保险费。

(2)卖方在装运后××天内,须航空邮寄三套上述文件,一份寄给买方,两份寄目的港__运输公司。

(3)银行在收到合同中规定的、由双方签署的验收证明后,在××天内承付合同金额的百分之__,金额为__。

(4)按本合同第十五条和第十八条规定,买方在付款时有权将应由卖方支付的延期货物罚款扣除。

(5)所有发生在买方国境内的银行费用应由__方承担。

第十一条 装运条件

所有发生在买方国境内的事宜,双方应遵守以下条件:

1.卖方必须在装运前××天向买方通知预订的船只及其运输路线,供买方确认。

2.卖方必须在装运前××天通知买方预计发货时间、合同号、发票金额、发运件数、件数的重量和尺码。

3.卖方必须在装船完毕后××小时内以电报/电传方式向买方通知货物名称、数量、毛重、发票金额、船名和启运日期。

4.如果任一单件货物的重量达到或超过____吨,长____米,宽____米,卖方须在装船期前××天向买方提供×份详细包装图纸,注明详细的尺码和重量,以便买方安排内陆运输。

5.在 CFR 条款下,如果由于卖方未及时按第十一条第 3 款执行,以致买方未能将货物及时保险而造成的一切损失,由卖方承担。

第十二条 技术文件

1.全套英文本技术文件一份必须随每批货物一同包装发运,其中包括:

(1)基础设计图。

(2)说明书、电路图、气/液压联图。

(3)易磨损件的制造图纸和说明书。

(4)零配件目录。

(5)安装、操作和维修说明书。

2.此外,在签订合同××天内,卖方必须向买方或最终用户挂号航空邮寄本条第 1 项中规定的技术文件,否则,买方有权拒开信用证或付货款。

第十三条 保质条款

卖方必须保证所供货物是用上等材料和一流工艺制造,崭新、未曾使用,并在各方面与合同规定的质量、规格和性能相一致,在货物正确安装、正常操作和维修情况下,卖方必须对合同货物的正常使用给予_天的保证期,此保证期从货物到达起开始计算。

第十四条 检验

1.卖方/制造厂商必须在交货前全面、准确地检验货物的质量、规格和数量,签发质量证明,证明所交货物与合同中有关条款规定相符,但此证明书不作为货物质量、规格、性能和数量的最后依据,卖方或制造厂商应将记载检验细节和结果的书面报告附在质量说明书内。

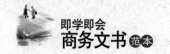

2.在货物抵达目的港之后,买方须申请××国商品检验局(以下称商检局)就货物质量、规格和数量进行初步检验,并签发检验证明书。如果发现到货的质量、规格和数量与合同不符,除应由保险公司或船方负责外,买方在货物抵达目的港后____天内有权拒收货物,向卖方索赔。

3.如果发现货物的质量和规格与合同规定不符或货物在本合同第十三条所述保证期内被证明有缺陷,包括内在缺陷或使用不适当的原材料,买方将安排商检局检验,并有权依据检验证书向卖方索赔。

4.如果由于某些不能预料的原因在合同有效期内,检验证书来不及办妥,买方应电告卖方延长商检期_天。

第十五条 索赔

1.若卖方的货物与合同规定不符,且买方在本合同第十三条、第十四条规定的检验和质量保证期之内提出索赔时,卖方在征得买方同意后,须按下列一种或几种方式索赔:

(1)同意买方退货,并将所退货物金额用合同规定的货币偿还买方,并承担因退货造成的一切直接损失和费用,包括利息、银行费用、运费、保险费、检验费、仓储、码头装卸费以及监管保护所退货物的一切其他必要费用。

(2)按照货物质量低劣程度、损坏程度和买方蒙受损失金额将货物贬值。

(3)用符合合同规定的规格质量和性能的新部件替换有瑕疵部件,并承担买方所蒙受的一切直接损失及费用,新替换部件的保质期须相应延长。

2.卖方收到索赔书后×个月之内未予以答复,则视为卖方接受索赔。

第十六条 不可抗力

1.如签约双方中任何一方受不可抗力所阻,无法履约,履约期限则按照不可抗力影响履约的时间作相应延长。

2.受阻方应在不可抗力发生和终止时尽快电告另一方,并在事故发生后××天内将主管机构出具的事故证明书挂号航空邮寄给另一方认可。

3.不可抗力事件持续超过××天,另一方有权用挂号航空寄书面通知,通知受阻一方终止合同,通知立即生效。

第十七条 仲裁

由于执行本合同而发生的一切争执,应通过友好协商解决,如果不能解决,

按下述第(　)项仲裁:

1.提交中国××中国国际经济贸易仲裁委员会,按照其程序仲裁。

2.提交双方同意的第三国仲裁机构仲裁。

仲裁机构的裁决具有最终效力,双方必须遵照执行。仲裁费用由败诉一方承担,仲裁机构另有裁定者除外。

仲裁期间,双方应继续执行除争议部分之外的合同的其他条款。

第十八条　延期和罚款

如卖方不能按合同规定及时交货,除因不可抗力事故之外,若卖方同意支付延期罚款,买方应同意延期交货,罚款通过议付行在议付时扣除,但是罚款额不得超过货物总值的×%。罚金率按每星期×%计算,不足×星期者按×星期计。如果卖方交货延期超过合同规定船期×星期,买方有权撤销合同,尽管撤销了合同,卖方仍须向买方立即支付规定罚款。

第十九条　附加条款

本合同由双方于＿＿＿年＿＿＿月＿＿＿日在＿＿＿国＿＿＿市用＿＿＿文签署,正本一式＿＿＿份,买卖双方各执＿＿＿份,合同以下述(　)条款生效方式:

1.立即生效

2.合同签署后＿＿＿天内,由双方交换确认书后生效。

买方:＿＿＿＿＿＿＿＿＿＿＿

签名:＿＿＿＿＿＿＿＿＿＿

卖方:＿＿＿＿＿＿＿＿＿＿＿

签名:＿＿＿＿＿＿＿＿＿＿

签署日期:＿＿＿＿＿＿＿＿＿

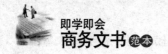
第五节　出口货物申请书及许可证

──── 撰写要领 ────

一、出口许可制度的概述

出口许可制度是指国家对某些出口货物实行管制,某些出口货物要按规定向政府有关部门申请出口许可证,海关凭出口许可证查验放行的一种管制制度。

二、出口申请及许可证的写作格式

1.出口申请书及许可证除有效期限和签证机关签章以外,其他项目均由申请单位填写。

2.许可证必须用中文填写一式四份,填写后附对外成交合同或有关证件、发票,以供有关机关核发。

3.表格中出口货物的数量、重量的计量应符合规定。

4.货物单价的填写,应填 FOB 价格(离岸价)。

5.在填写表格中总值一栏原币折美元一项时,应按照中国人民银行公布的当天外汇牌价将原成交货币折算为美元填入。

──── 范文经典 ────

范例 1　出口申请书及许可证

中华人民共和国出口申请书及许可证

第×联

申请单位名称及地址:＿＿＿＿＿＿＿＿

＿＿＿年＿＿＿贸出许字第＿＿＿号

许可证编号：_____

出运口岸：_____

联系人电话：_____

我公司(厂)拟申请出口下列货物请予核准：

品格规格：_____

单位：_____

申请数量或重量(净重)：_____

货物件数：_____

包装种类与标记唛头：_____

单位(FOB)：_____

总值：_____

备注：_____

原币：_____

折美元：_____

输往国家(地区)及目的地：_____

购货人名称及地址：_____

发货人名称及地址：_____

运输方式：_____

收款方式：_____

贸易方式：_____

申请单位签章：_____

申请日期：_____

上述各项已经审核批准,请按申请数量或重量结汇出口。

有限期限：_____

签证机关签章：_____

签发日期：_____

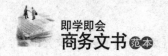

第六节 外贸代理协议

✦ 撰写要领 ✦

一、外贸代理协议书的概述

在国际贸易活动中,出口企业与外商进行商品交易、经济合作,在协商一致的基础上,最后都需要签订协议书或合同。外贸代理协议指出口企业与国外代理商就贸易中双方的共同目标、权利、义务和业务关系、法律关系等进行磋商而达成的书面协议。

二、外贸代理协议书的写作要点

代理的权限及义务。代理商的权限或限于为委托人寻找买主、中介交易或代委托人缔约,以及规定是否授予独家代理商以约定商品的专营权。

代理佣金。代理方式是委托关系,不拥有货物的所有权,不承担风险,而由委托人向他支付佣金。在代理协议中,除明确规定佣金率外,还规定佣金的计算基础和支付方法。佣金的计算基础可按发票总值,也可按 FOB 值。一般是按发票总值。支付方式可以逐步结算,逐笔支付,也可以定期结算,累计总付。

✦ 范文经典 ✦

范例 1 外商代理协议

外贸代理协议

本协议于 20××年×月×日在×××签订,协议双方为:

名称:中国×××公司(下称甲方)

地址:中国××省×××市

名称：×国××销售公司(下称乙方）

地址：××国×××市

双方一致同意按下列条款签订本协议。

第一条　定义

1.1 产品：本协议中所称"产品"，系指由甲方制造并销售的(产品名称)和随时经双方以书面形式同意的其他商品。

1.2 地区：本协议中所称"地区"，系指×国。

1.3 商标：本协议中所称"商标"，系指××(商标全称)。

第二条　委任及法律关系

2.1 委任：在本协议有效期内，甲方委任乙方作为其代理，以便在"地区"获得"产品"的订单。乙方愿意接受并承担此项委托。

2.2 法律关系：本协议给予乙方的权利和权力只限于一般代理的权利和权力，本协议不产生其他任何关系，或给予乙方以代表甲方或使甲方受其他任何协议约束的任何权利，特别是本协议并不构成或委派乙方为甲方的代表、雇员或合伙人。双方明确和理解并同意，在任何情况下，乙方可能遭受的任何损失，不论部分或全部，甲方均不承担责任。

2.3 指示：乙方应严格遵守甲方随时发来的指示。由于乙方超越或违背甲方指示而造成的任何索赔、债务和责任，乙方应设法保护甲方利益并赔偿甲方因此而遭受的损失。

第三条　甲方的责任

3.1 广告资料：甲方应按实际成本向乙方提供合理数量的"产品"样品、样本、价目表、广告宣传用的小册子及其他有关"产品"推销的辅助资料。

3.2 支持推销：甲方应尽力支持乙方开展"产品"的推销；甲方不主动向乙方代理"地区"的其他客户发盘。

3.3 转介客户：除本协议另有规定外，如"地区"其他客户直接向甲方询价或订购，甲方应将该客户转介乙方联系。

3.4 价格：甲方提供乙方的"产品"价格资料，应尽可能保持稳定，如有变动应及时通知乙方，以利推销。

3.5 优惠条款：甲方提供给乙方获取订单的条款是最优惠的。今后如甲方向

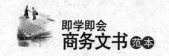

"地区"其他客户销售"产品"而提供比本协议更有利条件时,甲方应立即以书面形式通知乙方,并向乙方提供比此项更有利的条件。

3.6 保证:甲方担保凡根据本协议出售的"产品"如经证实在出售时质量低劣,并经甲方认可,则甲方应予免费修复或调换,但此项免费修复或调换的保证,以"产品"在出售后未经变更或未经不正确地使用为限。除上述保证外,甲乙双方 均同意不提供任何其他保证。

第四条 乙方的责任

4.1 推销:乙方应积极促进"产品"的推销,获取订单,并保持一个有相当规模和足够能力的推销机构,以利"产品"在"地区"的业务顺利开展和扩大。

4.2 禁止竞争:乙方除得到甲方书面同意外,不准协助推销与本协议"产品"相同或类似的其他国家商品,或将本协议内"产品"转销其他国家和地区。

4.3 最低销售额:在本协议有效期间的第一个12个月内,乙方从"地区"客户获得的"产品"订单,总金额应不少于××万元,以后每12个月递增××%。

4.4 费用:在本协议有效期内,乙方应承担在"地区"推销和获取"产品"订单的全部费用,如电报费、旅费和其他费用,本协议另有规定者除外。

4.5 "产品"的价格与条件:乙方保证按照甲方在本协议有效期内随时规定的价格和条件进行推销。在获取订单时,乙方应充分告知客户甲方的销售确认书或合同内的一般条款以及任何订单均须经乙方确认接受后方为有效。乙方收到的"产品"订单,应立即转给甲方以便于确认或拒绝。

4.6 督促履约:乙方应督促客户严格按照销售确认书或合同的各项条款履约,例如及时开立信用证等等。

4.7 市场情况报道:乙方应负责每月(或每季)向甲方提供书面的有关"产品"的市场报道,包括市场上同类产品的销售情况、价格、包装、推销方式、广告资料、客户的反映和意见等。如市场情况发生重大变化时,乙方应及时以电报通知甲方。

第五条 佣金

5.1 佣金率及支付方式:凡经乙方获得并经甲方确认的订单,甲方在收妥每笔交易全部货款后,将按发票净售价付给乙方的××%佣金。为了结算方便,佣金每月(季)汇付一次,如有退货,乙方应将有关佣金退还甲方。

5.2 计算基础:上述"发票净售价"系指甲方开出的"产品"发票上的总金额(或毛售价)减去下列费用后的金额,但以这些费用已经包括在毛售价之内者为限:

(1)关税及货物税。

(2)包装、运费和保险费。

(3)商业折扣和数量折扣。

(4)退货的货款。

(5)延期付款利息

(6)乙方佣金。

5.3 甲方直接成交的业务:凡乙方"地区"的客户,虽已了解甲乙双方的贸易关系,或经甲方转介于乙方,但仍坚持与甲方直接交易,则甲方有权与之成交,保留佣金的×%于乙方,并将此项交易作为本协议第4.3款最低销售额的一部分。

如乙方"地区"的客户在中国访问期间(包括参加在中国举办的各种交易会)与甲方达成"产品"的交易,目的港为乙方代理"地区"者,甲方有权接受其订单,但不为乙方保留佣金,亦不计入上述最低销售额。

5.4 超额佣金:如乙方在本协议有效期内积极推销"产品"并超额完成年度最低销售额(按实际出运金额计算),甲方对超额部分除支付规定的佣金外,应另付乙方奖励佣金:超额××%时,奖励佣金为××%;超额××%及以上时,奖励佣金为××%。奖励佣金在年度末由甲方结算后一次汇付给乙方。

第六条 协议有效期

本协议有效期为××年,期满自动失效,如双方同意延续本协议,任何一方应在期满××天前用书面通知对方以便相互确认。

第七条 协议的终止

7.1 终止:协议双方应认真负责地执行各项条款。在下列条件下,每一方须以书面通知另一方立即终止本协议或取消其中某一部分:

(1)如一方未能履行本协议的任何一项义务,而此项违约者在接到另一方书面要求纠,正的通知后××天内又未能加以纠正;

(2)如一方自动或被迫申请宣告破产,自动或被迫申请改组、清理、解散;

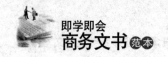
（3）如发生违反本协议第八条有关商标使用或注册的情况；

（4）如发生本协议第九条不可抗力事由，一方在超过××天期限后仍无法履行其义务时。

7.2 终止的影响：本协议的终止并不解除双方按照本协议规定业已产生并未了结的任何债务。凡在协议终止前由于一方违约致使另一方遭受的损失，另一方仍有权提出索赔，不应受终止本协议的影响。

乙方特此声明：由于终止本协议而引起的损害，乙方放弃要求补偿或索赔，但终止本协议前，甲方应付乙方的应得佣金仍应照付。

第八条　商标

甲方目前拥有和使用的商标、图案及其他标记均属甲方产权，未经甲方特别以书面形式同意，乙方均不得直接或间接地、全部或部分地使用或注册。即使甲方特别以书面形式同意乙方按某种方式使用，但在本协议期满或终止时，此种使用应随即停止并取消。

关于上述权利，如发生任何争议或索赔，甲方有权立即单方面取消本协议并且不承担由此而产生的任何责任。

第九条　不可抗力

任何一方由于人力不可抗拒事由，以致直接或间接地造成任何迟延或无法履行本协议全部或部分条款时，另一方不得提出索赔要求。此类事由包括水灾、火灾、风灾、地震、海啸、雷击、疫病、战争、封锁、禁运、扣押、战争威胁、制裁、骚乱、电力控制、禁止进口或出口或其他非当事人所能控制的类似原因，或双方同意的其他特殊原因。

有关一方应在事故发生后××天内以书面形式通知另一方，并提供当地有关机构的证明文件，证明不可抗力事故的存在。

第十条　仲裁

凡有关协议或执行本协议而发生的一切争执，双方应通过友好协商解决。如协商不能解决，双方同意提交中国国际经济贸易仲裁委员会，按该会的仲裁规则进行仲裁。仲裁裁决是终局的，对双方都有约束力，任何一方不得再以诉讼或其他方式向法院或其他机构申请变更。仲裁费用由败诉一方负担，仲裁裁决另有规定者按照规定办理。

第十一条　转让

本协议任何一方在未经征得另一方书面同意之前,不得将本协议规定的任何权利和义务转让给第三者。任何转让,未经另一方书面明确同意,均属无效。

第十二条　协议生效及其他

12.1 生效日期:本协议自双方签字之日起立即生效。

12.2 未尽事宜:本协议如有未尽事宜须加补充或修改时,应以书面提出并经双方正式授权的代表签署后方能生效。

12.3 标题:本协议各项条款的标题仅为方便而设,不应限制或影响协议中任何条款的实质。

12.4 全部协议:本协议系双方关于本协议主题的全部协议和谅解。除本协议有明文规定者外,以前其他有关本协议主题的任何条件、声明或保证,不论是以书面形式或口头提出的,对双方都无约束力。

12.5 正式文本:本协议及附件以中文和英文缮就,每种文本有二正二副,签署后双方执正副本各一份,两种文本具有同等效力。

12.6 政府贸易:本协议不适用于双方政府之间的贸易或甲方与乙方政府之间达成的交易,亦不适用于易货贸易或投标交易。

甲方(签章):＿＿＿＿＿＿＿　　乙方(签章):＿＿＿＿＿＿＿

××××年×月×日

第七节　涉外经济谈判方案

❧ 撰写要领 ❧

一、涉外经济谈判方案的概述

对外贸易谈判是商品买卖双方为达成某项交易而进行的面对面的商洽。谈判方案即事先对洽谈项目,交易条件,谈判的方式、方法、步骤以及可能出现的

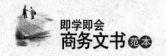

问题和采取的应变措施等作出具体安排的书面报告。

二、涉外经济谈判方案的写作格式

1.首部

(1)标题由"谈判事由"加"谈判方案"组成；

(2)简要介绍谈判背景及洽谈内容。

2.正文

一般包括前言、主体部分：

(1)前言。简要介绍谈判背景及洽谈内容。

(2)主体。这部分内容较多,可以分项列条写：

①谈判的主题,即洽谈的中心内容。

②谈判的目标,即通过谈判所要达到的目的。目标要定得合理,要有适度的弹性。

③谈判的策略和方法。只有善用谈判技巧,才能达到预期目的。

④谈判程序。要根据洽谈内容分成若干步骤进行,把握好进度。

⑤谈判人员分工。

3.附件

除正文以外,还需要附上对方案内容有说明、补充意义的材料作为附件。

4.签署

在正文结束后,在其右下方署名(即制订方案单位)、注明制订方案时间,并加盖公章。

━━━━━━✦❋ 范文经典 ❋✦━━━━━━

范例 1 涉外经济谈判方案

关于引进×××公司矿用汽车的谈判方案

××年前,我公司曾经引进了×××公司的矿用汽车,经试用,性能良好。为适应我矿山技术改造的需要，打算通过谈判再次引进×××公司矿用汽车及有关部件的生产技术。×××公司代表将于×月×日应邀来我处洽谈。

1.谈判主题

以适当价格谈成××台矿用汽车及有关部件生产技术的引进。

2.目标设定

（1）技术要求

①矿用汽车车架运行××小时不准开裂。

②在气温为××℃条件下，矿用汽车发动机停止运转××小时以上，在接入××伏电源后，发动机能在××分钟内启动。

③矿用汽车的出勤率在×%以上。

（2）试用期考核指标

①一台矿用汽车试用××个月（包括一个严寒的冬天）。

②出勤率达×%以上。

③车辆运行××小时，行程××公里。

（3）技术转让内容和技术转让深度

①利用购买××台车为筹码，×××公司无偿（不作价）地转让车架、厢斗、举升缸、转向缸、总装调试等技术。

②技术文件包括：图纸、工艺卡片、技术标准、零件目录手册、专用工具、专用工装、维修手册等。

（4）价格

①20××年购买×××公司矿用汽车，每台车单价为××万美元；××年后的今天，如果仍能以每台××万美元成交，那么定为价格下限。

②××年按国际市场价格浮动×%计算，今年成交的可能价格为××万美元，此价格为上限。

小组成员在心理上要做好充分准备，争取价格下限成交，不急于求成；与此同时，在非常困难的情况下，也要坚持不能超过上限达成协议。

3.谈判程序

第一阶段：就车架、厢斗、举升缸、转向缸、总装调试等技术附件展开洽谈。

第二阶段：商订合同条文。

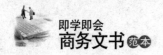

第三阶段:价格洽谈。

4.日程安排(进度)

×月×日上午××:××～××:××,下午××:××～××:××为第一阶段;

×月×日上午××:××～××:××为第二阶段;

×月×日晚××:××～××:××为第三阶段。

(注:较长的谈判应每一阶段都有具体的方案)

5.谈判地点

第一、第二阶段的谈判安排在公司总部洽谈室,第三阶段的谈判安排在××饭店××厅。

6.谈判小组分工

主谈:×××,为主谈判小组总代表。

副主谈:×××,为主谈判提供建议或伺机发言。

翻译:×××,随时为主谈、副主谈担任翻译,还要留心对方的反映情况。

成员 A:负责谈判记录和技术方面的条款。

成员 B:负责分析动向、意图,负责财务及法律方面的条款。

×××公司矿用汽车引进小组

20××年×月×日

第八节　涉外商情调研报告

撰写要领

一、涉外商情调研报告的概述

涉外商情调研是运用科学方法,对当前世界经济与贸易的现状、变化趋势以及对各国市场商品的供求情况或重要经济现象进行直接调查、认真研究,以分析产品营销活动的客观现状、探索市场运作规律性的过程。

涉外商情调查报告是反映商情调查分析研究成果的一种书面文字，它是研究世界经济贸易、市场现状和变化的重要手段。

涉外商情调研报告是外贸部门认识世界市场、取得商情信息的最基本的方法。它能正确地反映情况，揭示世界经济贸易市场变化的特点及变化的原因、作出恰当的结论并提出合理的建议，为有关部门和企业制定政策、确定具体的经营措施提供信息和依据。涉外商情调研是外贸业务工作的一个重要部分，对促进我国对外经贸业务的发展起着重要作用。

二、涉外商情调研报告的特点

1.真实性

涉外商情调研的真实性包括材料真实可靠和方法灵活多样两方面。写入商情调研的一切材料，包括历史资料、现实资料、统计数据和典型事例等，都应该出之有据、准确无误。在调查方法上，可以根据调查对象和范围选取适当的调查方法，诸如现场观察法、调查询问法、实验探测法和资料统计法等。调查方法正确、灵活多样，才可以得出多样真实的材料。

2.科学性

科学性包括两个方面：一是认真分析研究，从调查出来的材料中找出规律性的东西，抓住世界商情发展变化的基本趋势；二是准确、谨慎地下结论。在推导、判断的基础上做结论，要力求准确、可靠，经得起推敲和时间的考验，同时分寸感强，不言过其实。在结论基础上提出的建议也应切实可行，具有预见性、科学性和指导性。

3.实用性

涉外商情调研是适应外贸部门与企业制定贸易决策而产生和存在的，其效用在于促进外贸业务的繁荣与发展。它收集的外国和地区的市场消费需求信息和企业营销活动信息都应与开展经营业务有直接关系，都是为了指导涉外经营活动。因此，商情调研能帮助外贸部门和企业采取有利决策和重要措施，产生实实在在的经济效益，实用性大。

三、涉外商情调研报告的分类

根据调研对象和反映内容的不同，涉外商情调研可分为国别（地区）调研、市场调研、商品调研和客户调研。

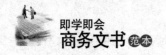

1.国别(地区)调研

国别(地区)调研是指对某一国家(地区)的一般情况作广泛了解,对同贸易有关的情况作重点考察的综合性调查研究。调查的主要内容有:①基本政治情况——政治制度、对外政策、对外关系、对我国的态度等;②基本经济情况——主要指物产资源、工农业生产概况、对外贸易概况(包括进出口商品贸易结构、贸易对象、外汇关税等)等;③社会情况——人口、风俗习惯、宗教信仰、地理环境等。

2.市场调研

市场调研是对国际商品市场复杂、多变情况的调查研究,目的在于分析、预测国际市场上我国进出口商品的供求关系和价格变动,提出有关商品的经营方案。要求研究者研究某一市场对某类商品的需求、容量,了解在该市场某类商品的供应来源及客户情况,了解某类商品的销售情况、消费对象、消费的季节变化等。此外,还须注意对该市场的政治、经济、文化等背景资料的研究。

3.商品调研

商品调研是对某一类商品的特点、生产、消费、进出口的调查研究,主要内容指有关商品的品质、品种、规格、款式、商标、包装装潢和出口情况以及进口国对这类商品的要求,其他国家同类产品的品质、包装等各方面的特点及销售情况。

4.客户调研

客户调研是对国外客户多方面情况的调查研究,目的在于正确选择交易对象,以便使我们的外贸活动建立在可靠有利的基础上。主要内容一般包括客户的政治背景、政治态度、客户的资信("资"指资金,即客户的注册资本、实交资本、资金融通能力;"信"指信誉、信用、经营作风、经营范围和经营能力等。)情况等。

四、涉外商情调研报告的写作格式

涉外商情调研报告的一般格式包括标题、前言、正文、结尾四个部分。

1.标题

标题是涉外商情调研的眉目。好的标题既要概括全文的基本内容,又要写得准确、简洁、醒目。涉外商情调查的标题是根据其调查研究的内容拟定的。标题一般有以下几种形式:

(1)概括出调查研究的内容。这类标题一般是概括出被调查研究的国别、地区、市场、内容、范围等,如《法国当前经济与消费动向》、《印度鞋类产品的消费情况》。

（2）直接揭示出观点或提出问题。这类标题是针对调查到的商情，直接揭示观点或提出问题，如《日本市场花生价格下降》《充分发挥劳动力资源丰富的有利条件，积极扩大劳务出口》。一般来讲，揭示问题的商情调研报告常常用提问式标题，这样可以使问题题目发人深省，如《××货为什么在德国打不开销路》。

（3）双重标题。这类标题既揭示出调查研究的主要内容，又揭示出观点或提出问题。这类标题往往采用正、副标题，如"明春汇价继续下跌，但不会失控"（正标题）"——造成美元疲软的原因有 4 个"（副标题）。

标题的写作力求准确、精练、简洁、新颖、醒目。

2.前言

涉外商情调研报告的前言是它的开头部分，主要是对调查研究的目的、时间、地点、对象、范围、主旨、方式、方法等作概括的介绍。这部分在语言运用上力求简明、扼要。

有的商情调研不写前言，而是开门见山地进行情况介绍，陈述调研的主要内容，揭示调研的主要观点。这种写法一般运用于调研内容简短、单一的调查研究报告。

3.正文

正文是涉外商情调研报告的主干，包括情况介绍、预测、建议这三大部分。

（1）情况介绍。这部分内容是对调查得来的情况、结果加以解释、说明。解释、说明的方法是多种多样的，可以用文字叙述，也可以用数字、图表表示。无论采用什么方法，都要把情况介绍得准确、具体、详尽，从而为结论、预测和建议打下基础。

（2）预测。这部分内容是通过对资料的分析研究，预测今后情况的变化趋势。预测应当具有严格的真实性和科学性，因为预测是否正确将直接关系到决策部门作出的决策、采取的措施是否恰当，因此，这部分的写作必须严肃、慎重。

（3）建议。这部分内容是在对调查研究的情况作出正确的判断后，提出准备采取的对策和措施。这是涉外商情调研报告的最终目的。

4.结尾

结尾起到归纳总结、呼应前言的作用。这部分的写作一般是重申观点，以引起有关部门的注意、重视。

有的商情调研没有结尾部分，或只在建议部分后用一句话简单带过。这种

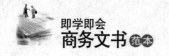
写作方法往往用于不写前言的商情调研报告。

五、涉外商情调研报告的写作要点

写作涉外商情调研报告,必须以国家的外交、外贸方针政策为指导,并以此作为观察问题、分析材料的准绳,要求做到叙事清楚、观点明确、材料翔实、结构严谨、语言简明、文理通顺、持论有据,同时还应注意以下几点:

1.必须及时获取丰富、具体、准确的资料。"及时"是商情调研的生命,商情调研的主要目的是为决策机关或为具体的工作人员展开工作提供决策依据,若资料不及时,则会使信息的时效丧失,起不到依据作用。资料是写作商情调研报告的基础,若资料不丰富、不具体、不准确,就难以说明真实情况,难以得出正确的结论和准确的预测。

2.必须善于从错综复杂的原始资料中提取真实、可靠、有参考价值的材料。外贸商情调研的资料来源是多渠道的,各种不同来源的资料在内容、形式上往往有较大的差异,有的还具有很大的虚假性,因此,需要写作者具有较强的鉴别、分析和理解能力,能够去伪存真,准确筛选出有价值的材料。

3.要对提取的资料作科学的、系统的分析和研究,真实客观地反映市场情况。

4.翻译外文资料必须准确无误,译文要恰当地适用国际贸易、经济写作专用术语和词汇。

❧ 范文经典 ❧

范例 ① 纺织品市场调研报告

××的纺织品市场调研报告

××、××、××和××四国所需的纺织品大部分依靠进口,因此,如何扩大我国对北欧的纺织品市场是值得我们研究的问题。

一、对纺织品的要求

××虽然属于世界上最富有的地区之列,但对纺织品的要求则是中、低档居多,人们对穿着也不甚讲究。如春季,天气多云有雨,温度变化大,人们就贴身穿一件衬衣,套上一件羊毛衫,最外面是一件夹克衫;如遇到晴天温度升高,就随时脱掉最外面的一件,或披在肩上,或系于腰间;夏天,只穿一件衬衫或针织衫即可。

在款式上,××大陆上流行的款式在这里基本上都可以接受,订货时喜欢由卖方提供样品,或稍加改动。

颜色以淡雅为主,虽也有鲜艳的颜色,但也多为单色。花型的特点是单、素、碎,喜欢由卖方提供花型。

在质地方面,喜欢全棉或涤棉混纺,毛衫外套喜欢用化纤的。

讲究颜色的搭配,如帽子、内外衣、裤子和袜子要配色;床单、毛毯套、枕套要配色;床上用品与毛巾、浴巾要配色;每个家庭平均每年用××条毛浴巾,成套地购买或更换,这当然不是用坏了才换,而是根据流行色的变化而进行更换。

××冬季寒冷多雨,人们喜欢运动。运动装的需求量很大,现在流行的是闪光尼龙绸运动衣、内衬羽绒或腈纶棉等,质软料轻。当地生产一部分,主要从×国进口。

每年的订货季节。对夏令品种为××月订货,年底前交货,每年的××月份开始销售;冬令品种在××月份订货,次年3月份前发货,××月份开始销售;毛巾、床上用品等,销售不受季节影响,全年均可订货。订货后××个月内提供销售样品,作为四处推销之用。如不能及时提供销售样品,就会失掉推销机会。

二、需要注意的问题

××人民对我国怀有友好的感情,我国出口的产品对××市场的需求也很适合。因此,我国纺织品对××市场的出口是有一定潜力的。

要做好对××的出口工作,需要注意以下几个问题:

1.充分利用配额

对于实行进口许可证的××和××,应利用有限的配额,多生产一些高档次的品种,增加出口金额。对于实行进口配额制的××和实行全球配额制的××,要选择对路的品种,充分利用该国的配额数量。

2.花型和价格要有竞争性

××进口的纺织品绝大部分来自××国家、××和××等,有的甚至从中国××和×国转口,价格较优惠,但定量少、花型变化快。

3.按时交货,尽量缩短运输途中的时间

有的进口商反映我国的货物在海上要漂泊4个月之久,影响销售。为了解

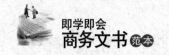

决这个问题,有的口岸已经开始使用大陆桥发货。集装箱可以通过铁路运达××4国的任何主要城市,运输时间短而且安全,客户对这种运输方式很感兴趣。有的口岸还采用从内地经中国××转××的×××船公司的定期班轮,效果也很好,客户很满意。

范例② 连锁商业考察报告

美国连锁商业考察报告

发展连锁经济是我国改革流通体制和实现流通现代化的一项重要举措。20××年××~××月,我们赴美进行了一个月的连锁商业培训和考察。美国作为最发达的国家,其连锁经营的发展现状、迅速发展的主要原因、未来趋势以及在美国经济中的重要作用等,对我国推动连锁经营的发展具有参考价值。

一、美国连锁经营发展的概况

(一)美国连锁商业的迅速发展及其原因

连锁经营方式首创于美国,到现在已有××多年的历史。

1.从 1859 年在纽约出现世界上第一家连锁店到第二次世界大战前,连锁商业处于萌芽与成长阶段,这是传统连锁时代,其主要特征是统一商店、商标名称,但在管理制度上统一性较小。在这一时期,美国的连锁商业发展并不快,1918 年时全美连锁公司仅有 645 家,营业额 10 亿美元,占全社会销售额的比重不到 4%。20 世纪 50 年代以后,伴随着美国经济的繁荣发展,连锁商业也进入了调整发展阶段。

2.到 20 世纪 80 年代,美国连锁商业从内容到形式日益完善,进入现代连锁商业时代。连锁作为一种非常成熟的经营方式被广泛应用于商业零售、餐饮、旅店等许多服务行业。据美国商务部统计,全美 19 个较大的行业都已连锁化。1995 年,美国零售业销售额为 23000 亿美元,占 GDP 的 32%,零售业销售额的50%是连锁商业创造的。

连锁商业在美国迅速发展的主要原因是:

1.第二次世界大战后,美国经济繁荣,市场供应与需求扩大,对连锁商业的发展提出客观要求。战后,美国人口大量增加,城市规模迅速扩大,居民收入和消费水平大幅度提高,国内制造业提供的商品更加丰富,这一切都有力地刺激了连锁商业的发展壮大。

2.交通运输业,特别是高速公路网的迅速发展,为货畅其流创造了便利条件。美国的高速公路贯通全国,现在总长已达7万公里,占世界高速公路的2/3,使商品在全国范围内的配送非常及时、便捷。

3.现代科技的发展和计算机的普及,为连锁经济提供了现代化管理手段。20世纪70年代后,新技术革命的成果在流通业广泛应用,目前,美国90%的连锁商店已基本实现了计算机网络化管理,普遍采用了商品条形码、电子扫描、电子出纳设备等先进技术,通信设施、商品检查、配送中心等都达到世界一流水平,这就为连锁经营的高效管理提供了有力的技术支持。

4.连锁企业的规模优势和组织化程度提高,增强了企业抗风险能力。据统计,美国在5年内开业的商业企业倒闭率为50%,而连锁企业的倒闭率只有5%。

5.一大批高素质管理人才的成长以及现代经营管理科学的发展运用,为连锁企业更好地参与市场竞争提供了智力支持。

(二)美国连锁商业的主要经营形态

连锁经营的基本含义是:经营同类商品、使用统一商号的若干企业,在同一总部的管理下,按统一经营方针进行共同的经营活动,以共享规模效益。一般来说,连锁企业至少要由10个以上分店组成,必须做到统一采购配送商品、统一经营,采购同销售相分离。从组织管理角度分,美国有以下3种连锁形式:

1.正规连锁(又称直营连锁、公司连锁)。有两个特点:一是所有权统一。全部成员归属同一所有者。二是管理总部掌握着全公司的经营管理权和人事权,统一负责采购、计划、配送和广告等,所属各分店实行标准化管理,在美国正规连锁所占比重很大,零售业主要采取这种连锁方式。如著名的沃尔玛公司和科斯科仓储式商店即属于这种类型。

2.特许连锁(又叫合同连锁、契约连锁、加盟连锁)。其特点:一是以特许权的转让为核心,特许权批发商把注册商标和经营模式卖给特许权经营商。总部为转让方,加盟店为受让方。二是所有权分散在加盟店,经营权集中在总部。总部提供技术专利和商品信息,加盟店按总部统一指令经营。美国目前有40%的零

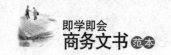

售企业采取特许连锁的形式,餐饮业、旅店业等也广泛采用,如麦当劳、肯德基快餐店和柯达胶卷总印店即为典型。

3.自由连锁(又叫自愿连锁、共同连锁)。其特点:一是所有权、经营权、财务核算都是独立的。二是在协商自愿的条件下共同合作,统一进货,分散销售,成员店的灵活性强、自主性大。通常由一家较大的批发商作为龙头企业,众多的零售商参与,形成一个半松散的连锁集团。我们在洛杉矶考察的金证国际超市集团公司就属于这类形式。

4.美国习惯于从比较直观且便于统计的角度分类。零售业连锁中主要有以下几种经营形态。

超级市场:主要经营杂货和食品两大类商品,以品种齐全、价格低廉、自我服务为特色。每个店平均面积为3252~3716平方米(3.5万~4万平方英尺)。超级市场已全部实行连锁经营。

折扣商店:主要经营食品以外的一般性商品,有的店也经营少量食品。商品大众化,大多削价出售,适合工薪阶层购买。每个店平均面积为8361平方米(9万平方英尺),比超级市场大一两倍。最大的是沃尔玛公司,其次是凯马特公司。1987~1995年,折扣店销售额占零售业销售额的比重由35%上升到47%。

仓储式商店(又称平价俱乐部):这种形式是近10年来连锁商业的后起之秀,经营范围包括食品和非食品类商品,其特色是实行会员制,设施简单,以库为店,内部不装修;实行少品种大批量销售;商品价格低,同种商品的价格比普通商店要低20%~50%。平价俱乐部的目标顾客是小企业主,但由于商品售价比超级市场和折扣商店更低,因此也吸引了不少个人会员。美国人日常消费最多的大宗商品中,相当大的比重来自平价商店。比较著名的店有科斯科公司,其次是山姆公司。

超级购物中心:这是20世纪80年代后期在美国零售商业中出现的最新的连锁类型,其特点是许多连锁店集中在一个商城内,规模大,品种全。一般每个购物中心的面积达13936~15794平方米(15万~17万平方英尺),商品品种达十几万种,有的购物中心面向高收入者。

便利店:经营日常用品和食品,每个店面积为9~19平方米(100~200平方英尺)。20世纪80年代遭到冷落,90年代东山再起。预计今后5年便利店销售额的实际增长幅度将超过一般的超级市场。

此外,还有专卖店、无店铺售货(如通过互联网进行销售)等经营形态,其中网上销售发展势头看好。

(三)连锁店基本运作方式及其管理(略)

(四)连锁企业的发展趋势(略)

二、连锁经营的优势和在美国经济中的积极作用(略)

三、几点启示和建议(略)

第九节　国际劳务合同

撰写要领

一、国际劳务合同的概述

国际劳务合同是指合同当事人一方向另一方派遣劳务人员,提供劳务或技术服务,另一方支付一定报酬,为明确双方权利、义务而签订的书面协议。提供劳务服务的一方称受雇方或受聘方,按受劳务服务的一方称为雇主或聘请方。

二、国际劳务合同的写作格式

国际劳务合同一般由约首、正文、约尾3部分组成。

1.约首(也称首部)

约首部分包括合同的标题和当事人名称。标题写明"国际劳务合同"即可。双方名称可简称为甲方、乙方或派遣方、接受方。比较重要的合同还要在双方当事人名称上方或右上方注明合同编号、签订时间、签订地点。

2.正文

它是国际劳务合同的主干和核心部分,一般有如下内容:

(1)引言。引言的写法与"借款财产抵押合同"引言相似,故不赘述。

(2)主体条款。其中包括:

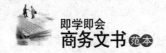

①人员派遣、接受和更换。合同应明确双方议定的派遣人员数目、性别、工种、技术等级、身体状况、派遣时间和对方接纳时间，以及人员因病、因伤或其他原因不能工作时的人员替换问题。

②工资、工时、食宿、加班、休假及旅费。双方应明确工人的工资标准、支付币种和支付时间、支付方法、劳动时间、住宿条件、伙食标准、加班时的工资支付标准和劳动时限、节假日休息及安排、来往的旅费承担、探亲假安排及旅费承担等问题。

③安全、卫生、法律保障及劳动保护。双方应在合同中明确工人到达聘用方后的人身和财产安全保障及费用负担、医疗卫生保障标准和费用负担、所在国的法律环境保障及工作的劳动保护条款及费用负担。近年来，恐怖活动日益增多，传染病出现情况增多，人身安全内容绝对不能有任何马虎，详细周到的安全和卫生等保障条款是必不可少的。

④保险、税金、签证和通关事宜。合同应明确人员保险责任归属和所带设备、财产保险问题，出国和通过接受国海关时的签证、护照办理、资料办理及必要的费用负担情况。工人工资和双方费用结算所应缴纳的税费承担等也应在合同中一并列明。

⑤费用支付和检查监督。合同中应列明双方在费用方面各自承担的内容、工人工资的支付方法，接受方（聘用方）给予派遣方劳务费用的支付办法和支付时间。派遣方为探望工人和检查接受方履约情况的来往及食宿、旅行等各种费用的负担。

⑥违约责任和索赔。合同应明确双方违约的责任。派遣方不能如约派遣合格人员或派遣不合格人员等情况应属违约，接受方付款不及时、不付款、不支付工资、虐待工人及强迫劳动、食宿无保障、违约要求加班等均属违约，这些都应在合同中列明责任承担。此外，违约责任追究方式要明确，即适用违约金并赔偿损失还是罚金抑或解除合同等，不能写成"如违反合同就追究违约责任"等，因为这样的表达太空泛、内容不具体，不利于追究责任。国际商务交往文书务必字斟句酌、交代清楚、责任明确、周到细致，否则一有意外，则可能损失巨大且无法挽回。

⑦不可抗力条款。合同应写明在天灾、罢工、政变或战争、法律变更等人、力不可抗拒的事件发生时的责任免除，以及合同是否推迟履行或改变履行方式等问题。

⑧解决争议的方法。双方应约定选择协商、调解、仲裁或诉讼的争议解决方式。国际商务纠纷一般采用仲裁方式。地处××的中国国际经济贸易仲裁委员会/中国国际商会仲裁院是在世界上享有较高声誉的国际仲裁机构，可供仲裁双方选择。当然，巴黎仲裁院等国外仲裁机构也可选择。此外，仲裁费用的负担也应明确。

3.约尾。约尾部分包括合同附则、保证函、双方资信证明等资料的详细清单。本部分的写法与"借款财产抵押合同"约尾相似，故不赘述。

三、国际劳务合同的写作要点

1.国际劳务合同中最重要的是安全责任承担和意外事故的责任担负以及保险办理责任。

2.提供劳务方务必要查清对方的资质和信用情况。

3.合同中可附注我国驻雇用劳务方国家的领事馆联系方式及外交救援权利和责任。

4.提供劳务方可要求对方在合同中列明保证金或者保证单位，以确保能够拿到劳务收入。

5.提供劳务方务必要求合同列明可接受的卫生和正常休息的保障责任与办法。

──❀ 范文经典 ❀──

范例 1　国际施工劳务提供合同

国际施工劳务提供合同

×××公司（其总部设在＿＿＿，以下称"甲方"）与×××工程公司（其总部设在＿＿＿，以下称"乙方"），经过友好协商，乙方同意为甲方在×国的××项目的施工提供劳务，为此与甲方签订本劳务合同。

一、合同目的

本合同的目的：乙方根据本合同条款向甲方提供技术工人、工程技术人员

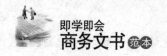

和其他人员(以下称为派遣人员),甲方向乙方支付报酬。

为保证甲方工程的顺利完成,双方应互相协作,认真执行合同。

二、人员派遣

1.应按双方商定的计划派遣人员详见附件1(略)。甲方对所需派遣的人员应提前两个月用书面形式通知乙方。乙方同意在派出前一个月向甲方提交派遣人员一览表,包括姓名、出生年月日、工种、护照号码及×国申请入境所需要的资料。

2.乙方负责办理乙方人员(从其居住国)的出境手续,并承担与此有关的各项费用。在EMS国的入境和居住手续由甲方办理,并负担与此有关的各项费用。

3.根据工程计划的需要,派遣人员可随时增加或减少。

4.如要增加派遣人员时,甲方同意提前两个月向乙方总部提出派遣人员计划。增加人员的工资,按本合同所列工资标准支付。增加如系新工程,其工资标准应由双方驻工地的代表商定。

5.根据工程进度,如现场需要减少人员,则应由双方现场代表商定后实施。

三、准备费

甲方同意付乙方派遣人员的准备费为每人_____美元。准备费应在向乙方提交派遣计划的同时电汇乙方_____银行_____账号。

四、工资

1.派遣人员原工资应按附件中所商定的工资支付。工资的计算应从派遣人员离开乙方所在国××机场之日起到离开×国_____机场之日止。乙方同意在安排航线时尽可能取最短路线,缩短时间。

2.派遣人员的基本工资详见附件1(略)。

3.基本工资以月计算,凡不满一个月的按日计算,日工资为月工资的____%。

4.根据EMS国目前的经济情况,派遣人员基本工资每年应增长____%。

五、工作时间及加班

1.乙方人员的工作时间为每月××天,每周××天,每天××小时。

2.每周休假一天,具体休假日期可由双方在现场安排。

3.由于材料短缺、气候条件等影响不能正常施工时,经双方协商可以临时调整工作内容,如因上述及其他甲方原因造成停工时,甲方同意支付乙方人员的工资。

4.如工作需要并经双方同意,乙方人员可以加班。甲方按下列标准支付加班工资:

(1)平时加班工资为基本工资的×%;

(2)平时夜间加班(××点至次日晨××点)以及休假日加班,工资为基本工资的×%;

(3)节日加班工资为基本工资的×%;

(4)加班工资计算方法如下:(月基本工资÷××小时)×加班小时数×加班工资的百分率;

(5)上述加班工资和基本工资同时支付。

六、伙食

1.甲方同意向乙方提供厨房全套炊餐具及冷藏设备,由乙方自行解决伙食。

2.甲方同意付给乙方每人每天__美元的伙食费,包干使用。

3.食堂用水、用电和燃料以及生活物资采购用车由甲方提供并支付费用。

七、节日和休假

1.所有乙方人员有权享有×国政府的法定节日。

2.所有乙方人员在工作满××个月零××天后,应享受××天的回国探亲假,其×国××机场至××机场的往返机票由甲方支付,应尽可能安排最短的航线。

3.如果现场施工需要乙方人员推迟回国休假,乙方同意说服其人员延期休假。甲方同意为了补偿乙方人员的损失,应给予适当的报酬。

4.关于补偿上述损失的报酬,可根据当时的情况由双方现场代表商定。但这项补偿不应少于×国××机场至××机场之间的单程机票价金额。

5.乙方人员由于家属不幸等原因,工作满半年以上时,经双方现场代表协商同意,可以提前享用探亲假。如有关人员已享受回国休假,其往返旅费应由乙方负担,对这一事假,甲方不支付工资。

八、旅费及交通

1. 甲方负担乙方人员从××机场至工程现场之间的往返旅费和航空公司招待之外的必须的食宿费,但乙方应努力减少这项额外费用的开支,甲方同意支付乙方人员进入×国的入境费用(例如机场税等)。

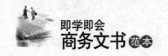

2.甲方负责提供乙方人员上下班交通工具,同时也提供现场代表、工程师及其他管理人员的工作用车。

3.乙方应凭机票或收据(按购票当日银行公布的外汇牌价)向甲方结算。

九、税金

乙方人员应在__(其原居住国)缴纳的一切税金由乙方缴纳,乙方人员在×国缴纳的一切税金由甲方负担。

十、社会保险

1.乙方人员在合同有效期内的人身保险由乙方自行办理。甲方同意支付乙方派遣人员每月__美元的人身保险费。

2.乙方人员在工地发生工伤,甲方只承担其医疗费用;如发生死亡事故,乙方应负担所有费用,包括善后安葬和抚恤。

3.如果乙方人员因工作事故或疾病死亡时,遗体运回其原居住国或就地埋葬,遗物运回其原居住国,一切有关费用由甲方负担。

4.派遣人员经医生证明因疾病或工伤而缺勤××天以内者,发给基本工资;在××天和××天之间者发给基本工资的×%;超过××天者则不发工资。

十一、医疗

1.乙方所有人员在×国发生工伤或疾病时,其医疗及住院费由甲方支付。

2.现场医务室需用的常用药品和器具由乙方向甲方提出购置计划,经甲方同意后,由乙方在其本国或其他地方采购,费用由甲方支付。

3.乙方人员在××人之内配备医生一名、护士一名。超过××人时,是否增加医务人员,由双方现场代表研究确定。

十二、劳保用品

甲方同意支付乙方派遣人员所有的劳动保护用品,包括每人每年两套工作服、工作鞋、手套、眼镜、安全帽、安全带等。

十三、支付办法

1.除机票费和准备费全部支付美元外,甲方应支付乙方的其他各项费用,均按×%美元与×%×国货币×××的比例支付,如需改变这一比例,须经双方代表同意。

2.休假工资和应付乙方的机票费应于休假当月之初支付。

3.乙方现场会计每月末编制派遣人员工资及其他各项费用表,包括基本工资、加班费、伙食费等项,经甲方审查和批准后于次月××日前支付。其中×%美元部分,由甲方电汇_____银行_____账号,银行汇费由甲方承担;×%的×国×××在现场支付。

4.美元与×国×××的兑换率,按支付日当天×国政府银行公布的买卖中间价折算。

5.乙方派遣人员到达现场后,甲方同意预支每人一个月的伙食费,如需预支其他费用,由双方现场代表协商解决。

十四、住房和公共用房

1.甲方将按下列标准免费提供乙方人员的住房:

(1)代表、工程师、总监工每人一间;

(2)助理工程师、技术员、医生、会计师、翻译及其他管理人员两人一间;

(3)其他工人每人约××平方米,但每间不超过××人。

2.住房内包括空调和卫生设备、家具和卧具等备品。

3.甲方同意提供乙方行政人员所使用的办公设备(如打字机、计算器、复印机等)、洗涤设备和用品。

十五、人员替换

1.乙方负责派遣身体健康、技术熟练的合格人员到××国现场工作。如甲方认为派遣的人员不能胜任工作,经双方现场代表同意后,由乙方负责替换,由此而发生的费用由乙方负责。

2.乙方人员必须遵守×国政府的法令和尊重当地的风俗习惯。如违反当地法令和风俗习惯而必须送回国的,经双方协商后,由乙方负责送回,机票费由乙方负担。如需另派人员替代时,则乙方应负责××机场至现场的旅费。

3.乙方人员因疾病和工伤,经甲乙双方指定的医生证明确实不能继续工作者,应回其原居住国的,其旅费由甲方负担。如身体状况不合格者,经双方医生检查证实,是因乙方体检疏忽,必须送回其本国内的,其旅费应由乙方负担。

十六、不可抗力

1.由于天灾、战争、政治事件等人力不可抗拒的事故而导致工作不能继续进行,甲方应负责将乙方人员送回其原居住国。

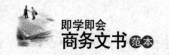

2.如遇上述情况时,甲方人员不撤退,乙方人员亦不撤退,但甲方应支付乙方派遣人员的工资。

十七、争议及仲裁

1.在执行合同中,如双方发生争议时,双方同意通过友好协商解决。如协商无效,可提交被告方的仲裁机构裁决。

2.争议一经裁决,双方必须忠实履行,所发生的费用由败诉方负担。

十八、合同有效期及其他

1.本合同于＿＿＿年＿＿＿月＿＿＿日在签订。本合同自双方签字之日起生效至本工程结束,所派遣人员返回其原居住国,以及双方应付账目结清后失效。

2.本合同与附件及工程内容不经另一方允许,任何一方不得向第三方泄露。

3.本合同用＿＿＿文与＿＿＿文签订;两种文本具有同等效力,双方各持两份。

4.本合同未尽事宜,双方可友好协商补充,经双方同意的补充条款应为本合同的组成部分。

甲方代表:＿＿＿＿＿＿＿＿　　　乙方代表:＿＿＿＿＿＿＿＿

见证人:＿＿＿＿＿＿＿＿　　　见证人:＿＿＿＿＿＿＿＿

附件:(略)

××××年×月×日

第十节　国际货物买卖合同书

❧ 撰写要领 ❧

一、国际货物买卖合同的概述

国际货物买卖合同,又称对外贸易货物买卖合同,它是指在国际间进行贸易的买卖双方经过询盘、发盘、还盘、接受等环节,一方将有形的财产(货物)及其所有权有偿地转移给另一方,另一方接受此项财产(货物),并支付价款而达成的超越一国边界的货物买卖协议。

二、国际货物买卖合同书的特点

国际货物买卖合同书有以下几个特点:

1.合同主体的外方可以是法人,也可以是自然人,但中国当事人必须是法人。

2.缔约双方当事人的营业地分别处于不同的国家或地区。

3.合同的标的是货物,即有形动产,不包括股票、债券、投资证券、流通票据和其他财产(如知识产权、商标权、专利权、专有技术等),也不包括不动产和提供劳务交易。

4.合同一般要跨越一个或几个国境,才能最终到达目的地。

5.价款、佣金及其他费用的结算要跨国界进行。

6.合同适用的法律规范既有我国的涉外贸易法规,也有另一方所在国的涉外贸易法规,还有国际公约和国际贸易惯例。

三、国际货物买卖合同书的写作格式

1.标题

一般由合同文书种类名称构成,可写为中外货物买卖合同、进口合同、出口合同等;或详细标明货物名称和合同文书种类,由货物名称和合同文书种类共同组成,如《中国中药材出口合同》。

2.正文

包括前文、主体和结尾3部分。

(1)前文。包括合同号、签约日期、买卖双方当事人全称、地址、电报挂号、电传号、传真号、签约地点以及同意签约的语句。

(2)主体。详细列出关于双方权利与义务的条款,具体应包括以下几个条款:

①品质和数量条款。一般由货物的名称、规格、质量、等级、产地以及货物的数量、计量单位和计量方法等内容构成。

②价格条款。合同中规定商品单价和总价的条文,要求写明货物价格的计量货币、计量单位和单位价格。有的合同还包括各种费用的采购价格。

③包装条款。主要规定货物的包装种类、包装方法、包装材料、包装费的承担和包装标志等方面。

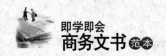
④装运条款。对货物的运输方式、装运期限、装货地点、交货地点以及分运、转运、运输单据处理等方面进行规定。

⑤保险条款。规定买卖双方中的哪一方对货物投保和负责保险费用,以及投保的险别。

⑥支付条款。主要指买方支付货款的方式、工具、时间和金额,还包括买方为取得货款应提供的相关凭证、单据。

⑦不可抗力条款。是规定当买卖双方在合同履行时发生自然灾害、战争或工人罢工等人力不可抗拒的事件,导致合同一方不能履行合同或延迟履行合同,其违约责任可以免除的条款,因此又称免责条款。

⑧检验条款。说明要检验的项目、时间、地点、机构、方式、标准、费用和检验后应出具的证明文件及其法律效力等。

⑨法律适用条款。指双方当事人共同选择的解释合同的法律条款,法庭是否认可双方的选择是需要经过慎重考虑的,因为合同的当事人不能剥夺法定的管辖权。我国合同一般不订立此项条款。

⑩索赔和仲裁条款。规定索赔所需的单证、手续、期限,以及发生争议的解决办法,仲裁的机构、程序、地点、费用等。

(3)结尾。写上合同生效的日期、合同使用的文字和正本、副本合同的份数、使用的语言、法律效力等内容,注明合同的附件份数。

3.落款

双方当事人签字,包括当事人所在单位名称、担任的职务,以及签字时间、地点。

范文经典

范例1 国际货物买卖合同

国际货物买卖合同

本合同由×××公司(总部设于中国××市××路×号)(以下简称卖方)与×××公

司(总部设于×国××州××市××街×号)(以下简称买方)于××××年×月×日签订。双方同意按下述条件买卖下列货物:

1.货物:以买方的样品为准。

2.规格:××××。

3.数量:××××。

4.单价:××××港口到岸价为××美元,总金额××××(汉字大写)美元。

5.包装:每打装 1 纸盒,10 纸盒装 1 纸箱。

6.装运:在××××年×月至×月间从××××口岸海运至××××或陆运至××××,允许分批和转船,但信用证须于装运开始前××天开到。

7.付款:凭一流银行不可撤销的即期信用证付款,信用证以卖方为受益人,并按照货物金额 100%开具。

8.保险:卖方应安排投保一切险,投保金额按发票金额的 110%投保,保至目的地港为止,并须规定如有索赔应在××××地以××××货币现金支付。

9.检验:货物须经双方同意的检验机构进行检验,其出具的质量及数量检验证明书应为最后认定标准。

10.运费、保险费、币值等的变动。

(1)兹同意本合同内所列价格均是以目前国际货币基金平价汇率××币××元兑换 1 美元为准。倘若这一汇率在押汇时有任何变动,则价格应根据这一变动比照调整及清偿,以保证卖方的实际收入量不因此减少。

(2)合同中所列价格均以目前运费率和(或)战争险及水险保险费为准。装运时,运费率和(或)保险费率如有增加,应由买方负担。

(3)交货前如原料或者组件成本增加,卖方保留调整合同中所列价格的权利。

11.税捐等:对货物、包件、原料或履行合同有关活动所课征的关税或其他税费,如由产地国课征,则由卖方负担;如由目的国课征,则由买方负担。

12.索赔:对所装运货物如有索赔事情发生,则请求索赔的通知必须于货物抵达货港后立即以书面形式通知卖方,且必须给予卖方调查的机会。如果运送船只到达卸港后×天内未提出这项预先的书面通知及提供调查机会,则索赔不予受理。在任何情况下,卖方对于使用货物引起的损害或对于间接或特别的损害,或对于超出瑕疵货物发票金额的款项均不负责。

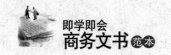
13.不可抗力:因战争、封锁、动乱、民众骚动、罢工、恶劣气候、疫病或其他传染病、火灾或水灾,或在装运前任何其他卖方无法控制的事故发生,致使货物的全部或一部分未能交货,这些未交部分的合同应予取消。如果在装运期限截止前,货物已经备妥待运,因前述事故之一发生而导致未能装运,则买方在接到卖方请求时,应以修改信用证方式或其他方式延长装运期限。

14.仲裁:本合同买卖双方间所引起的任何纠纷、争议或歧见,均可付诸仲裁。仲裁应在××××国进行,并应按照××××国仲裁法规进行裁决。

15.适用法律:本合同的成立、效力、解释以及履行均应受×国法律管辖。

本合同书一式两份,卖方和买方授权的高级职员或代表于上述日期签订本合同,特此证明。

卖方:××××公司(公章)　　　　法定代表人:(签字)＿＿＿＿＿

买方:××××公司(公章)　　　　法定代表人:(签字)＿＿＿＿＿

　　　　　　　　　　　　　　　　　　　××××年×月×日

最新
适用版

第八章

工商税务类公文写作

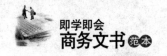

第一节　企业法人登记申请报告

撰写要领

一、企业法人登记申请报告的概述

企业法人登记申请报告，又称开业登记申请书，它是指开办独立承担民事责任、具有法人资格的企业在开业时为取得法人资格而向工商行政管理机关提交的说明理由及所具主要条件的书面申请材料，它必须由企业组建负责人签署。它是工商行政管理机关确定企业法人权利义务关系的重要依据之一，一经登记核准，便具有相应的法律效力。

二、企业法人登记申请报告的写作格式

企业法人登记申请报告一般由标题、主送机关、正文、附件、申请人、申请日期、抄报抄送单位等几部分组成。

1.标题

最好采用规范标准格式，如《关于办理××市××商店企业法人登记的申请报告》。

2.主送机关

在标题下空一至两行的顶格处写上负责管辖申请企业登记注册的工商行政管理机关名称。

3.正文

这是申请报告的主体部分，一般采取逐项分段单列的结构说明以下主要事项：

(1)企业宗旨，简要说明开办目的。

(2)批准机关。

(3)企业名称。

(4)企业地址。

(5)注册资金总额及其来源。

(6)从业人数,一般指企业固定的从业人员。

(7)法定代表人。

(8)经济性质。

(9)经营范围。

(10)经营方式。

4.附件

一般都将批准机关的批准文件作为附件附在申请报告后面,但要在正文结束后注明。

5.申请署名

即落款。

范文经典

范例 1　企业法人登记的申请报告

企业法人登记的申请报告

××市工商行政管理局:

为促进商品流通,方便人民生活,××市××厅已批准成立××市××代销店。现将该店的主要情况申报如下:

一、企业地址:××市××区××路××号。

二、注册资金:总额××万元。

三、从业人数:××人。

四、法定代表人:×××。

五、经济性质:集体所有制。

六、经营范围:主营日用百货,兼营服装、鞋帽、针纺织品、文化体育用品。

七、经营方式:零售、批发。

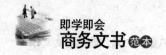

××市××代销商店已筹备就绪,拟于××××年×月×日正式开业,特申请办理企业法人登记注册,请审查核准,予以登记。

附件:××市××厅《关于成立××市××代销店的批复》(××发字〔××〕×号)

××市××代销店

组建负责人×××(签字盖章)

××××年×月×日

第二节　开业税务登记申请

撰写要领

一、税务登记的概述

税务登记是指税务机关根据税法规定对纳税义务人的生产经营活动进行登记管理的一项制度,是纳税人已经纳入税务机关监督管理的一项证明。

从事生产、经营的纳税人应当自领取营业执照之日起 30 日内,持有关证件向生产经营地或者纳税义务发生地的主管税务机关申报办理税务登记。从事生产、经营的纳税人所属的跨地区的非独立经济核算的分支机构,除由总机构申报办理税务登记外,应当自设立之日起 30 日内,向所在地税务机关申报办理税务登记。

其他纳税人,除国家机关和个人以外,应当自纳税义务发生之日起 30 日内,持有关证件向所在地的主管税务机关申报办理税务登记。个人所得税的纳税人办理税务登记的办法由国务院另行规定。

二、税务登记申请的适用范围

根据《中华人民共和国税收征收管理法实施细则》的规定,应办理税务登记的包括:

1.企业。

2.企业在外地设立的分支机构。

3.企业在外地设立的从事生产经营的场所。

4.个体工商户。

5.不从事生产经营但依照法律、法规负有纳税义务的单位和个人。

6.从事生产、经营的事业单位。

值得注意的是除临时取得应税收入或发生应税行为的纳税人和只缴纳个人所得税和车船使用税的纳税人外,都应按规定向主管税务机关办理税务登记。

三、开业税务登记的程序及内容

1.填写税务登记表从事生产、经营的纳税人应当在规定的时间内,向税务机关提出申请办理税务登记的书面报告,如实填写税务登记表。

税务登记表的主要内容包括:单位名称、法定代表人或者业主姓名及其居民身份证、护照或者其他合法证件的号码;住所、经营地点;经济性质;企业形式、核算方式;生产经营范围、经营方式;注册资金(资本)、投资总额、开户银行及账号;生产经营期限、从业人数、营业执照号码;财务负责人、办税人员;其他有关事项。此外,企业在外地设立的分支机构或者从事生产、经营的场所,应登记总机构名称、地址、法定代表人、主要业务范围、财务负责人。这样规定便于税务机关对总机构与分支机构之间的经济往来进行税务管理。

除填写税务登记表外,实务中,税务机关还要求纳税人填写税种登记表,符合增值税一般纳税人条件的纳税人还应填写增值税一般纳税人申请认定表。

2.提供有关证件、资料纳税人向税务机关填报税务登记表的同时,应当根据不同情况相应提供下列有关证件、资料:

营业执照;有关合同、章程、协议书;银行账号证明;居民身份证、护照或者其他合法证件;税务机关要求提供的其他有关证件、资料。

3.对纳税人填报的税务登记表,提供的有关证件及资料,税务机关应当自收到之日起 30 日内审核完毕。符合规定的,予以登记,并发给税务登记证件;对不符合规定的,也应给予答复。

4.建立纳税人登记资料档案所有的登记工作完毕后,税务登记部门应将纳税人填报的各种表格以及提供的有关资料及证件复印件建成纳税人登记资料档案,并制成纳税人分户电子档案,为以后的税收征管提供可靠的信息来源。

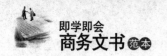

—⊰⊱ 范文经典 ⊰⊱—

范 例 1 开业税务登记申请书

关于办理开业税务登记的申请

××国税局：

为解决我厂劳动制度改革中富余人员的安排和部分职工子女就业问题，拟成立炉具经销商店。商店共××人，为集体所有制，注册资本××万元，主要经营炉具及其配件，经营方式为批发兼零售。现已由市轻工局批准，并报经工商行政管理局核发了"营业执照"，同意开业。现按税法规定，特申请办理开业税务登记，领取税务有关证件、票证等，以便及时缴纳税款。

如无不妥，请准办。

附：税务登记表（略）

××市铸造厂

20××年×月×日

第三节　纳税申请文书

—⊰⊱ 撰写要领 ⊰⊱—

一、纳税申请文书的概述

纳税申报文书是纳税人履行纳税义务时使用的文书。根据税法规定，纳税人应当按照税务机关核定的纳税期限填报《纳税申请表》进行纳税申报。

二、纳税申请文书的适用范围和特点

纳税申报文书有它特定的使用范围和特点：

国有企业和财会制度比较健全的集体企业，经税务机关核定为自核自交税款的单位，可以按照税务机关核定的纳税期限自行计算税款、自己填写、自核自交缴款书、自行交纳入库，同时按规定格式向税务机关报送纳税申报书。

对不具上述条件的企业，采取企业申报税务机关核实征收的办法。

对于个体工商业者，均由纳税人向当地税务机关呈送纳税申报书。

须交地方有关税款的纳税人，应按地方税务规定呈送纳税申报书。

三、纳税申请文书的写作格式

税务申报文书一般分项申报，它由标题、表首、正表、签署四部分组成。

1.标题

如《所得税申报表》。

2.表首

包括企业名称、税款所属日期、纳税项目、核定期限4项内容。

3.正表

由项目、企业申报数、税务机关审核3部分构成。

4.签署

包括申报单位印鉴、财务负责人签署、经办人、税务专员、税务专管员签署。

—————— 范文经典 ——————

范例 1　**一般纳税人申请报告**

纳税申请报告

××市国家税务局一分局：

我公司是经××市工商行政管理局批准于20××年×月×日成立的有限责任公司，注册资本××万元人民币，主要销售纺织面料、辅料、服装扣件、各类纱线原

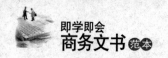

料、服装鞋帽、箱包、玩具、电器设备、日化用品、五金建材,办公地址在××××。

本公司现有职工××人,配有专职会计人员××名,配备有防盗门、保险柜、防盗窗等安全防范设备;能正确设置会计账簿,能准确核算应交增值税进项税额、销项税额,能准确计算应交纳的税金,能准确核算主营收入;所有发票存入公司保险柜,并由专人保管和开具发票,建立发票领用管理制度;预计全年主营业务收入将超过××万元。

为了我公司能正常开展生产经营工作,特向贵局申请将我公司认定为增值税一般纳税人。如果将我公司认定为增值税一般纳税人,我公司将按照国家的税法规定履行纳税义务,及时足额缴纳应纳税金。

特此申请,盼予批准为感!

单位名称:×××

20××年×月×日

范例 2 工商企业纳税鉴定申请表

工商企业纳税鉴定申请表

纳税单位名称:＿＿＿＿＿＿＿＿

经济性质:＿＿＿＿＿＿＿＿

主管部门:＿＿＿＿＿＿＿＿

联系人:＿＿＿＿＿＿＿＿

电话:＿＿＿＿＿＿＿＿

填报日期:＿＿＿＿＿＿＿＿

＿＿＿＿＿＿＿市税务局印制

填表说明:

1.此表可参照企业产品销售或经营收入明细账填列,填写要准确清楚。

2.经营方式:

工业企业(包括商办工业)销售给商业零售单位、个体商贩或使用单位和消费者的都要经商业企业批发、零售及代理购销,前店后场,农产品采购要注明。

3.填表范围：

凡在本市范围内依法缴纳产品税、增值税及营业税的单位均应向主管税务机关领取并填报此表。

4.本表一式三份，盖章后报主管税务机关两份，一份留企业。

5.纳税核定申报项目栏不够填写时可另附说明。

纳税核定申报项目	
产品名称或经营项目	经营方式

纳税单位盖章：

以下由税务机关填定

核发纳税核定书时间：_____　　　　　　　　　　年　　月　　日

核定书编号：_____　　　　　　　　　　　　税核字第_____号

经办人盖章：

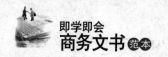

第四节　减免税申请书

撰写要领

一、减免税的概述

减免税是指国家根据一定时期的政治、经济、社会政策的要求而对某些特定的生产经营活动或某些特定纳税人给予减轻或免除税收负担的优惠行为。

纳税人可以依照法律、行政法规的规定向税务机关书面申请减免税。纳税人在生产经营活动中，因生产新产品、少数民族特需商品、以"三废"为原料的产品和开办初期或遇自然灾害以及其他客观原因，纳税有困难，可依据上述规定及有关税种的规定申请减免税。企业所得税减免申请书，是指企业根据国家政策或遇有特殊情况而向税务部门申请减免税的文字材料。企业所得税的纳税期限是由税务机关根据纳税人应纳税额的大小分别核定，并要求按日、按旬、按月预缴的，而且应在纳税期满后 3 日内缴纳完毕。预缴税款又是按季结算，纳税人应分别于月底或季终后 10 日、20 日内报送纳税申请表办理结算，年终办理汇算清缴。年度末应于 35 日内填报纳税申请表，办理多退少补手续。减免申报书必须在规定清缴时间前呈送，否则会受到纳税法有关规定的处罚。

二、减免税申请书的写作格式

企业所得税减免申请书由减免税申请审批表和申请报告书两大件组成。申请报告书则由标题、受文单位、正文、尾部等 4 部分组成。

1.标题

写明《关于免缴国有企业所得税的申请》即可。

2.受文单位

写明文件的编号及收文税务机关名称，税务机关为税务邮门征收局。

3.正文

写明申请减免税的项目、税种、税款、减免期限和原因,重点是由申请减免理由和申请减免要求两大块组成。撰写申请理由时,要认真研究税收政策,从下述两个方面提出充分理由:首先要根据财政部规定,研究本企业生产的产品是否属于减免税范围;其次要提出本企业所遇到的特殊情况,并说明它给本企业所造成的特殊困难,申请一次性或定期减免税。撰写申请减免税要求时要注意写明申请减免税的时间期限,有的要写明减免税款额。

例:我单位是××××年××月在民政部门和××厂的扶植下办起来的,现有职工×××人,其中残疾人×××人,占生产人员总数的×%。根据×民发〔××××〕第××号文件《关于保护和支持社会福利企业安置残疾人员就业的若干问题的规定》、×政发〔××××〕第××号文件《××市残疾人安置管理办法》和国家税务局对安置残疾人员就业的有关规定的精神,特申请免缴所得税,时间自××××年×月×日起至×月×日止。

该例文言简意赅地写明了申请免缴所得税的理由、根据和期限。

4.尾部

由结尾用语、落款和附件构成。结尾用语一般使用"请审批"、"请批准为盼"等。落款写明申请单位全称和申请日期,并加盖单位公章。工业企业申请产品减免税,必须附送有关成本表;商业、服务业以及事业单位申请减免税,必须附送经营情况表。写明随申请书递交的附件名称、件数,并标明序号。

三、减免税申请书的写作要点

1.申请减免所得税的理由要充分

减免税申请书的理由有:政策性减免、社会减免、灾情减免、企业因经营困难申请减免等。要根据减免所得税的政策规定,有针对性地写明企业的特殊困难。

2.必须如实填写表格所列各项内容

减免税申请审批表的格式内容包括:

(1)纳税单位名称全称。工商企业填写经工商行政管理局核发的营业执照的全称,其他纳税单位填对外公章的全称。

(2)纳税单位负责人姓名。填纳税单位的主要行政负责人,如厂长、总经理、

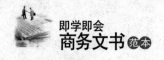
经理等。

(3)营业执照号码。填工商行政管理局核发的营业执照号码,未领营业执照的应填"未领"。

(4)生产经营业务范围。填纳税单位生产的主要产品和兼营产品,或纳税单位的主营业务和兼营业务,以及自产自销、代销经销等经营方式。

(5)申请减免税前一年度生产经营情况。填纳税单位申请减免税前一年度本单位全年度总的经营成果和缴纳营业税税额、增值税税额、所得税税额。

(6)申请减免税时缴纳各税情况。填写申请减免税时,是否已按期缴纳增值税、营业税、所得税,缴纳税款数额,以及应交未缴和滞欠税款的情况和税款数额。

(7)本年度生产经营计划和计划利润。填申请减免税年度本单位的生产经营计划和利润计划数。

(8)申请减免税的产品或经营业务。填申请减免税的产品名称或业务项目。

(9)预计减免税款。填写申请减免税的产品销售或经营业务在申请减免税期限内欲减免税的数额。

(10)附送资料。工业企业申请产品减免税,必须附送有关成本表;商业、服务业以及事业单位申请减免税,必须附送经营情况表。

3.填写减免税申请书时应注意的问题

(1)申请书应按增值税、营业税、所得税等不同税种分别填报,各项内容必须逐项如实填报,一式两份,加盖公章报送主管税务机关。

(2)税务分局、县税务局审核意见的审查程序由分局、县局自行确定。

(3)封面"编号"由税务分局、县税务局填写。

范文经典

范例 1　减免税申请书

减免税申请书

申请日期：年 月 日　　税收管理员姓名：＿＿＿＿＿＿＿

申请人	纳税人名称		税务登记证号	
	法定代表人		身份证号码	
	地　　址		邮政编码	
	经 办 人		联系电话	
申请减免税项目	税　　种	所属期间	应纳税额	减免税额
申请资料	1		5	
	2		6	
	3		7	
	4		8	
申请减免税理由及依据				
申请人承诺	以上申请资料真实、合法。 　　　　　　　　　　　　　　　签章＿＿＿＿＿＿ 　　　　　　　　　　　　　　　　年 月 日			

注:本表一式三份,一份由申请人留存,一份随减免税资料流转归入减免税管理档案,一份归入纳税人户管档案。

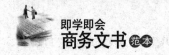
范例 ② 请求减征税额的申请

×××酒店请求减征税额的申请

××县地方税务局领导：

您好！

由于以下种种因素使得本单位的成本日益增加，资金亏损严重，再加之酒店资金周转困难，因此在经营上出现了严重的滑坡，特向贵局提交减征税额的申请。

一、近年来市场竞争激烈，开业初期，我店定税为××元，当时××县大型餐饮企业只有以××酒店为龙头的一家大型酒店，消费者可选择的场所不多，酒店客源比较稳定。但近两年来，大型餐饮企业××、××、××、××等酒店相继开业，小型酒店更如雨后春笋层出不穷，迅速抢占了××县有限的市场份额，造成我酒店大部分客源分流。

二、食品原材料持续涨价，以猪肉为例，我店开业初期，猪肉价格在××元左右一斤，现在猪肉价格维持在××元一斤，上涨率达到了×%，而各大餐饮企业开业后，为了有效地稳定客源而竞相降低食品价格，我店3年以来只得一直保持在不降价的基础上。

三、大型企业大规模招工，人力资源短缺，工作人员极其不稳定，招工相当困难以致服务质量下降，顾客投诉增加造成客源急剧流失，人力开支扩大又造成成本的增长，以服务员为例，××××年服务员月工资行情在××元左右，维持在最低保障工资线，现在服务员月工资××元还无法招到人。

四、贵局征税额由原来的××元增至现在的××元，所定税额过高，而我店营业额已连续多月下滑至××万左右，为与所征税金保持正比，我店只有连续多月将发票预先开出保存，其中所开票额每月还不乏数万的赠送人情发票。

以上几点以及各项杂费成本开支的增涨，如：环卫、卫生、劳动保险、水电费、洗涤费等诸项，从而造成成本与销价基本持平，营业额与成本开支形成背道而驰的顺差，根本无利润可言。更由于各单位签单过多，缺乏现金流，酒店资金周转困难,只得赊欠供用商材料费用,进而导致供应商哄抬原材料价格,因此,在经营上出现了严重的滑坡,加之没有把控好原材料的采购及产品特色和成本的支出,造成一定的经济损失,近年来一直处于严重亏损状态,不仅投资成本无法收回,每月更借款支付人员工资,过高的征税已无力支付。为扶持招商引资项目企业,也为了不损害国家税收利益且又能照顾到个人的经济承受能力,望能将征税额调整为我店开业初期的××元,特向贵局申请给予本店减免征部分税收的照顾。

特此请示,望批准为感。

负责人:××××

××××年×月×日

第五节　企业变更登记申请书

◆ 撰写要领 ◆

一、企业变更登记申请的概述

工商企业行政管理文书一经依法核准,便产生法律效力。但随着市场的变化和企业本身情况的变化,往往在经营过程中会对企业名称、法人代表、经济性质、注册资金、经营范围、经营方式等进行调整与变更,由此必须重新按规定程序办理手续,才能受到国家法律保护。完成某项变更法定程序的申请文书形成相应文体:变更企业名称登记申请文书、企业变更登记法定代表人登记申请文书、企业变更经济性质登记申请文书、企业变更注册资金申请报告、企业变更经营范围的登记申请报告、企业变更经营方式登记申请报告。

二、企业变更登记申请的写作格式

公司变更登记申请书由标题、正文和落款3部分组成。

1.标题

标题只需写明"公司变更登记申请书"即可。

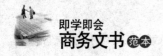

2.正文

开头顶格写明送达机关,然后写明公司名称,无论公司名称是否变更,都应写明原核准登记的名称。若名称不改变,写出原名称即可;若要改变公司名称,还得写明申请变更的公司名称。接下来需写明申请变更登记的事项。

3.落款

其中包括申请公司名称和法定代表人签字、成文日期及附件。

公司名称要写出原登记的全称、加盖公章,法定代表人签字。此两项既可写成一行,也可分两行排列。

成文日期另起一行,与公司名称大致对齐。

最后空两行或三行,在左下角注明必备的附件名称。

范文经典

范例 ①　变更登记项目申请书

×××公司变更登记申请书

××市工商行政管理局:

根据《中华人民共和国公司法》、《中华人民共和国登记管理条例》的有关规定,经我公司股东大会审议通过,变更我公司之注册资本、经营范围和股东等项目,请予以审核。

一、公司名称:××市×××有限责任公司,公司法定代表人:×××。

二、变更登记事项:

1.变更注册资本:原核准登记注册资本为人民币 1000 万元整;现申请变更增加注册资本为人民币 2000 万元整。

2.变更经营范围。原核准登记的经营范围为家用电器批发、零售,服装鞋帽批发、零售,装饰材料、家具批发、零售。现申请在原经营范围基础上增加五金、建材批发、零售和家电维修。

3.变更股东:原核准登记的股东为××人:

(1)×××百货公司(发起人)代表:×××

(2)××副食品商场:×××

(3)××家具商场:×××

现变更增加股东××名,共计股东××名:

(1)×××装饰公司代表:×××

(2)××服装厂:×××

(3)×××五金家电公司:×××

以上变更登记项目,请予以审核批准登记。

××市×××有限责任公司(公章)

法定代表人:×××(签字)

20××年×月×日

附件:

1.发起人股东会议记要;

2.股东出资比例及金额;

3.《××市×××有限责任公司章程》;

4.发起人法人资格证明;

5.股东的自然人身份证明;

6.公司住所证明。

范例 ② 变更企业登记名称的申请报告

关于变更企业登记名称的申请报告

××市××区工商行政管理局:

　　××市××服装商店近年来由于经营规模的扩大和经营项目的调整,现在已由主要经营服装变为主要经营百货,原企业名称已不能反映商店所属行业。为此,经××市纺织工业局批准,拟将企业名称改为××市×××百货商店,特申请办理名称变更登记手续,请审查核定,予以变更登记。

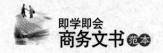
附件：

xx市纺织工业局《关于改变xx市xx服装商店企业名称的批复》

x纺发字(xxxx)xx号

xx市xx服装商店(盖章)

法定代表人：xxx(签名盖章)

第六节 停业税务登记申请书

撰写要领

一、停业税务登记的概述

停业税务登记是指纳税人由于生产、经营等原因，需要暂停生产经营活动的，应在有关部门批准后，到税务管理机关办理停业税务登记。

停业税务登记申请是指纳税人经有关部门批准需要停业（3个月至1年以内)向主管税务机关办理停业登记手续的一种申请类的文书。

二、办理停业税务登记程序

1.提出停业登记申请。纳税人应在规定的期限内向主管税务机关提交停业申请书，工作人员初审后发给《停业登记申请表》。

2.填报《停业登记申请表》。纳税人领取《停业登记申请表》后应如实填写，并报主管税务机关审核。

3.结清税务事项。纳税人在报送《停业登记申请表》的同时，应缴清税款，缴销发票，交回有关税务证件(如税务登记证正、副本，发票领购簿等)。

4.领取核准停业通知书。主管税务机关接到纳税人报送的《停业登记申请表》后，审核完毕封存有关单证，向纳税人核发《核准停业通知书》。纳税人领取《核准停业通知书》后方可停业。

5.纳税人遇有特殊情况，需延长停业时间，应在停业期满前向主管国税机关提出申请,经核准后方可延期。

6.纳税人在停业期间发生纳税义务的,应当按照税收法律、行政法规的规定申报缴纳税款。

三、停业税务登记的写作格式

1.首部

(1)标题通常是固定的,例如写成"关于办理停业税务登记的申请";

(2)称谓通常顶格写税务局名称。

2.正文

(1)申请停业的理由;

(2)尚在办理中的税务事项、计划停业时间;

(3)填写《停业税务登记表》。

3.落款

署明编制申请书的单位名称及日期。

范文经典

范例 1　停业税务登记申请书

关于办理停业税务登记的申请

××国税局:

由于受季节性经营限制,经请示××区工商局已批准本公司停业3个月,计划于××月复业。现我公司税款已缴,尚有两本商业零售发票未用完,请贵局来公司审查核实,批准为盼。

附:××区工商局批准停业批复(略)

×××冷冻食品公司

20××年×月×日

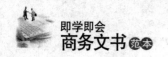

第七节　注销税务登记申请书

撰写要领

一、注销税务登记申请书的概述

税法规定,凡纳税人由于联营协议终止、改组、分设、合并等原因而宣告撤销、经营期满、改变经济性质、歇业破产和自行停止生产经营 6 个月以上、脱离原税务管辖区、被吊销营业执照的,应于有关部门批准或宣告废业之日起 30 日内到主管税务机关申报办理注销登记。注销税务登记申请是办理注销登记时提交的申请书。

二、注销税务登记申请书的写作格式

遵循申请书的常用格式,包括标题、称谓、正文 3 部分。

1.标题

有两种写法,一种是直接写"申请书",另一种是在"申请书"前加上内容,一般采用第二种。

2.称谓

顶格写明接收申请书的单位、组织或有关领导。

3.正文

正文部分是申请书的主体,首先提出要求,其次说明理由。理由要写得客观、充分,事项要写得清楚、简洁。

三、注销税务登记申请书的写作要点

书写注销税务登记申请应注意以下几个环节。

1.材料要齐全

(1)原税务登记证件(正副本)、税务登记表。

(2)工商行政管理部门批准注销登记注册书。

（3）主管部门（单位）或审批注销机关的批准文件。

（4）其他有关证件。

2.内容要具体

书写注销税务登记申请时，主要应写清注销登记的理由，如经营不善、经营期满、经营场所拆迁等，还要写清尚在办理中的纳税事宜和发票用存情况等。

―――― ❧ 范文经典 ❧ ――――

范例 1　注销税务登记申请

关于申请注销税务登记证的报告

×××国税局：

我公司因经营不善，年年亏损，目前资金只有××万元，而且债务达××万元，无法经营下去，经主管部门批准，决定在20××年××月底撤销，并向工商行政管理机关申请办理营业执照注销手续。根据《中华人民共和国税收征收管理法实施细则》第十条："纳税人发生解散、破产、撤销以及其他情形，依法终止纳税义务的，应当在向工商行政管理机关或者其他机关办理注销登记前持有关证件向原税务登记机关申报办理注销税务登记"的规定，现将撤销时的财务报表、纳税申报表及主管部门批准复印件，报给贵局，请速审查计算应纳税款，准予办理税务登记注销。

×××公司（公章）

20××年×月×日

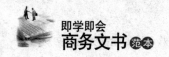

第八节　复业登记申请书

——❀ 撰写要领 ❀——

一、复业登记申请的概述

对已办理停业登记的纳税人,应于停业期满前 10 日内持原批准停业部门批准复业证明和原签批的"停业复业税务登记表"到主管税务机关办理复业登记。

二、复业登记申请书的写作格式

遵循申请书的常用格式,包括标题、称谓、正文 3 部分。

1.标题

有两种写法,一种是直接写"申请书",另一种是在"申请书"前加上内容,一般采用第二种。

2.称谓

顶格写明接收申请书的单位、组织或有关领导。

3.正文

正文部分是申请书的主体,首先提出要求,其次说明理由。理由要写得客观、充分,事项要写得清楚、简洁。

三、复业登记申请书的写作要点

复业登记申请的写作同注销税务登记申请、开业税务申请类似,须做到以下几点:

1.申请的事项要清楚、具体,涉及到的数据要准确无误。

2.理由要充分、合理、实事求是,不能虚夸和杜撰,否则难以得到上级领导的批准。

3.语言要准确、简洁,态度要诚恳、朴实。

───❧ 范文经典 ❧───

范例 1　关于办理复业登记的申请

关于办理复业登记的申请

××区国税局:

根据贵局(××)××号《关于批准×××食品公司停业申请的批复》,我公司拟于20××年×月×日复业,现××区工商局已经同意,请贵局批准按期复业为盼。

附:××区工商局关于复业的批复(略)

×××食品公司

20××年×月×日

第九节　退税申请

───❧ 撰写要领 ❧───

一、退税申请的概述

退税申请表是纳税人因故要求退还税款时向税务机关提交的申请文件。

纳税人在申报纳税或自核缴税款时,由于划错税目、错用税率或因工作疏忽而发生计算错误等原因而错缴税款时,要及时向税务机关报告,说明原因及错缴金额。凡是多缴了税款的可填写退还税款申请书,经税务机关审查批准后,纳税人凭填发的收入退还书办理退税手续。退税申请书的内容除了纳税人、税务登记证号码、经济性质、开户银行、账号以及错缴的税种、税款所属时间、缴纳

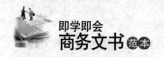

时间、金额之外,要着重填好申请退税理由。

按照税法规定,纳税人超过应纳税额缴纳的税款,税务机关发现后应当立即退还。纳税人自结算缴纳税款之日起3年内发现的,可以向税务机关要求退还,税务机关查实后应当立即退还,但依照《中华人民共和国进出口关税条例》的规定,纳税人办理关税退税的期限应自多缴税款之日起1年内办理。

二、退税申请书的写作格式

1.标题

标题由事由和文种两部分组成,如《关于退还超缴增值税税款的申请》。

2.收文机关名称

3.正文

正文部分要详细说明税收收入所属时间、退税所属时间以及交纳书或票证的填开时间、字、号、名称等和退税原因及退税金额。

4.结尾

加盖公章并写明具体日期。

5.附件(略)

───※ **范文经典** ※───

范例① 关于退还多缴纳税款的申请

关于退还多缴纳税款的申请

××国税局:

我公司20××年××月份销售给×××公司一批材料,已开具专用发票,货款××元,税额××元,货未发,款未收,按照税法规定已在××月份作商品销售收入入账。××月份共实现商品销售收入××元,销项税额××元,进项税额××元,×月×日已向贵局申请了增值税××元,于×月×日从银行转账入库,缴款号为××××号。现×××公司提货时,认为这批货质量不好,不要此货,并将开具的专用发票全部退还。我公司已冲减商品销售收入和销项税额,造成多缴增值税××元。由于公司资金紧张,周转相当困难。根据国家税法的有关规定,请贵局审查,将多缴税款××元给予退还为谢。

×××公司

20××年×月×日

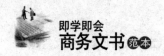

附:

参 考 文 献

1.熊越强主编:《商务写作与实训》,清华大学出版社,2008 年版

2.年素英主编:《财务文书写作与管理制度范本》,中国纺织出版社,2009 年版

3.李玉珊主编:《商务文案写作》,高等教育出版社,2008 年版

4.樊丽丽主编:《企业常用业务文件》,中国经济出版社,2009 年版

5.柯琳娟主编:《企业财务文书写作技巧与范例》,人民邮电出版社,2008 年版

6.张小乐主编:《实用商务文书写作》,首都经济贸易大学出版社,2008 年版

7.杨文丰主编:《现代经济文书写作》,中国人民大学出版社,2008 年版

8.张凤丽主编:《营销写作》,西北农林科技大学出版社,2007 年版

9.宋湛编著:《人力资源管理文案》,首都经济贸易大学出版社,2008 年版

10.王涛著:《半天会学商务文书》,北京大学出版社,2008 年版

11.倪宁主编:《文案必备全书》,中央编译出版社,2007 年版

12.张易主编:《企业常用商务文书》,中华工商联合出版社,2007 年版

13.晓佳编著:《商务文书范本大全》,中国言实出版社,2008 年版

14.王舒编著:《新编商业计划书写作一本通》,中国致公出版社,2007 年版